JN045380

奇跡の女優◎芦川いづみ

倉田剛

鳥影社

写真提供　日活株式会社

奇跡の女優◎芦川いづみ

目次

1959年『祈るひと』『東京の孤独』『男なら夢をみろ』『清水の暴れん坊』『男が命を賭ける時』

【目次画像出典】
『春の夜の出来事』『佳人』『白い夏』『知と愛の出発』
『堂堂たる人生』『コルトが背中を狙ってる』
『霧笛が俺を呼んでいる』『祈るひと』

はじめに

芦川いづみは「恋する女優」という企画名で二〇一五年、神保町シアターで特集上映が行われるや大ヒットを記録し数回のアンコールを経て、二〇一九年にはデビュー65周年記念スペシャルということで、同館での特集上映で二十作品が上映され、さらにDVD十作品がリリースされた。芦川いづみは日活黄金時代のスター女優であり、石原裕次郎の相手役が多いが、今なぜこれほどの人気で注目されるのか？　吉永小百合や浅丘ルリ子が、今このように特集上映されることはない。そこには彼女の女優としての感性の新しさ、そして現代を生きる女性のヒントになる何かがあるのではないかと考えられる。「おムギ」というニックネームで愛された芦川いづみを再評価することが、現代の映画や女優が失った輝きを新発見することにつながるのではないか！

芦川いづみについて書こうと思った契機は、大阪の淀川文化創造館シアターセブンの「十三藝術市民大学」で「銀幕が恋した女優たち―黄金時代・昭和の女優を語る」を企画したことに始まる。一九五〇年代から六〇年代という日本映画の黄金時代は女優もスクリーンで輝き、多くの女優が活躍したが私としては単純なファン気質から岡田茉莉子（一九三三年生まれ）、若尾文子（一九三三年生まれ）、芦川いづみ（一九三五年生まれ）の三女優についてシリーズで語る予定であった。折しも大阪のシネ・ヌーヴォで「芦川いづみ映画祭」が五週（全二十二作品）にわたり特集上映され、それに合わせて第一回を『芦川いづみ♡オムギちゃんに全員集合！』というタイトルで開催した（芦川いづみのニックネームは〝おムギ〟で、有馬稲子に似ていることから〝お稲（イネ）〟に対して〝お麦（ムギ）〟である。講座の時は、あえて「オムギ」とした）。芦川の代表作を解題し、同僚というか同時代を日活で過ごした女優たち——北原三枝、浅丘ルリ子、吉永小百合、中原早苗、清水まゆみ、松原智恵子、和泉雅子、梶芽衣子などにも言及した。日活だけでなく戦後の日本映画には戦前からの女優もふくめ多くの人が活躍したが、「清純派」ということで人気があったのは、久我美子、八千草薫、香川京子という一九三一年生まれの三人を筆頭に、一九三五年生まれの芦川もそうなのだが、民主主義時代の若い映画ファンにとって、そういったタイプの女性が理想像であったことは想像に難くない。先に挙げた日活女優もそうだが、若山セツ子（一九二九年生まれ）、桂木洋子（一九三〇年生まれ）、野添ひとみ（一九三七年生まれ）、岩下志麻（一九四一年生まれ）、桑野みゆき（一九四二年生まれ）といった人たちが挙げられるだろう。芦川はその中でも極めつけの清純派として当時のファンの心にいつまでも刻まれたであろう。そして本書を書くもう一つの大きな要因として、今も続くファンクラブの方から私の講座を知って連絡をいただいたということがある。長年にわたるファンとしての熱い声援や活動を通じての実績からすると、一知半解の小生などが図々しく芦川さんを語ったことなど恥じ入るばかりであった。ところが寛容なるそのファンの方々から私が知ることもなかった芦川いづみの全貌を次々とご教示いただくことになったのが本書を纏める大きなきっかけとなった。

二〇二〇年三月、コロナウイルス感染が拡大しＷＨＯはパンデミックを宣言、社会も一個人の生活も変化を強いられることとなった。映画を見に行くために外出することもなくステイホームの日々となったが、芦川ファンの方から恵送された芦川いづみの出演作のソフトを見る時間がとれることになった。古典派の映画ファンとして映画は映画館で見るものだという思いはあるものの、芦川出演作がいつも映画館で見られるわけではないし、その大半は上映される機会もない。また出演作のソフト化が進んでいることもあった。「日活デビュー55周年記念！　芦川いづみＤＶＤセレクション」がリリース（二〇一〇）。「銀幕に咲いた、清楚な白い花、永遠の佳人…日本のオードリー・ヘップバーン」という芦川本人が選んだのは『誘惑』（一九五七）『あした晴れるか』（一九六〇）『硝子のジョニー　野獣のように見えて』（一九六二）という珠玉の三作品である。さらに「芦川いづみデビュー65周年記念シリーズ！」（二〇一九）としてリリースされた次なる十作品『青春怪談』（一九五五）『佳人』（一九五八）『祈るひと』（一九五九）『風のある道』（一九五九）『学生野郎と娘たち』（一九六〇）『いのちの朝』（一九六一）『その人は遠く』（一九六三）『真白き富士の嶺』（一九六三）『若草物語』（一九六四）『嵐を呼ぶ男』（一九六六）はファン感涙！　であった。

新型コロナという世界を覆う暗雲の中で、芦川いづみ作品を自宅に籠って見るということは、不幸な現実から逃避するような自己救済的なものであったろうか？　いや、あらためて映画の中での芦川の豊かな「表情」に単なる自己中心的なものではなく、これから生き延びてやるという勇気を与えられた。

二〇二三年三月、神保町シアターで、芦川いづみデビュー70周年記念の特集上映が始まった。ここで当館の特集上映を振り返っておく。

(1)「恋する女優　芦川いづみ」二〇一五年八月、九月
(2)「恋する女優　芦川いづみ　アンコール」二〇一六年一月、二月
(3)「恋する女優　芦川いづみ　アンコール&リクエスト」二〇一六年七月
(4)「恋する女優　芦川いづみ　デビュー65周年記念スペシャル」二〇一九年三月、四月
(5)「恋する女優　芦川いづみ　70周年記念」二〇二三年三月、四月

このように繰り返され、人々はスクリーンで芦川いづみを見つめ続ける。映画の中の彼女は不滅だが、ファンの想いもまた継続している。

芦川いづみは映画女優として『東京マダムと大阪夫人』（川島雄三監督、一九五三）から『孤島の太陽』（吉田憲二監督、一九六八）まで一〇〇本を超える映画に出演している。本編以外のテレビドラマも含めると十五年という短い間に充実した仕事を残したと言えるだろう。本論を起草するにあたって彼女の出演した全体像を展望すると、実に多彩なキャラクターを演じていることに驚く。

短くも美しく燃えた女優・芦川いづみが、今半世紀をこえて瑞々しくよみがえる。

『陽のあたる坂道』より

第一部
芦川いづみ論

透明なヒューマニズム——芦川いづみ論

いづみとひとみ

芦川いづみという名前の女優は、それほど親しいものではなかった。ただ漠然と品の良い映画スターとして「タカネの花」という感じであった。大映入社時に、永田雅一社長に「ヒクネの花」と言われた大女優・若尾文子は芦川より早くから多くの映画を見て親しかった。また、若尾が女優として生涯現役であるのに対して、芦川は一九六八年に映画界を引退し、以後一切公の場に登場することはなかった。一九六八年、若尾は増村保造監督『濡れた二人』という名コンビの末期的傑作があり、芦川は三本の日活映画に出演し、銀幕から姿を消した。高校三年生だった私は田舎でもなぜか、ゴダールの『気狂いピエロ』（一九六五）がかかり、全身カミナリに打たれたような衝撃（ショック）を受けて、アンナ・カリーナに夢中になった。

現在、芦川の出演作のほとんどである一〇〇本以上を見て、芦川いづみに恋（ラブ）してしまったわけだが、それは二〇一五年の神保町シアターでの「恋する女優　芦川いづみ」から始まっている。なんと遅れてきた芦川ファンであることか！　東京での特集はアンコールを重ね、大阪でも二〇一六年にはシネ・ヌーヴォで「芦川いづみ映画祭」が開催された。

定年後数年たって山懐に囲まれた田園の居で、百姓のマネゴトでも始めようとしていた矢先の私に、伝説の女優が降臨してしまった。若尾文子と岡田茉莉子を別格として妖艶な成熟型・ヴァンプ系女優よりロリータ系を偏愛するワタクシにとって、芦川いづみは元祖マイ・アイドルといえる存在であった。「映画芸術」（一九六六年一月号）の「美男美女論」エッセイで、白坂依志夫の『小津安二郎とマリリン・モンロー』と題した一文には共感するところがあった。「ホモ・セクシュアルな傾向をもつ人間は、女性に関しては、小児科である。」という一節であり、そこに「『ミドリはるかに』の頃の浅丘ルリ子さん、ややのちにデビューした清水まゆみさん、『青春残酷物語』までの桑野みゆきさん、松竹時代から、『くちづけ』までの野添ひとみさん、『十代の性典』『秘密』の若尾文子さん、変な芝居をしないときの九重祐三子さん、裸になっても、サッパリ、アピールのない中村晃子さん、『二匹のメス犬』のミドリ・魔子さん等が、好きだ。」（原文ママ）と列挙している。ここに芦川いづみさんの名前はないのだが、日活の人でいうと私は清水まゆみがタイプであるし、ほとんど大映作品しか見ていない野添ひとみも、大ファンである。いや、告白してしまうと芦川以前は、野添に恋（ラブ）していたのであった。本書の作品論で触れているが、芦川と野添の接点について語ることは、大変重要なところである。

芦川いづみと野添ひとみは、ＳＫＤ（松竹歌劇団）付属音楽舞踊学校の戦後八期に入学、つまり同期生である。野添は芦川より一足先に映画界に入り、松竹、新東宝、独立プロ作品に出演後、大映に入社した。『くちづけ』（一九五七）『暖流』（一九五七）『巨人と玩具』（一九五八）など増村作品が印象に残るが、このＳＫＤ出身の二人は、映画の黄金時代を生きた女優であり、そこに戦後日本社会の変遷を重ねてみると、特にファッションと民主主義のシンボル的存在であったと思える。この二人は、若い同世代の女性のファッションリーダーであり、「女学生の友」や「それいゆ」という少女雑誌に頻繁に登場している。

森英恵は、映画界における衣装デザインの先駆者として活躍したが、芦川・野添の出演した森衣装担当の

『男なら夢をみろ』芦川いづみ、石原裕次郎

映画を比べて二人の女優の資質を考えてみたい。

『男なら夢をみろ』（牛原陽一監督、一九五九）で、芦川は洋裁学校に通っているが、この役はいかにも彼女にふさわしく、映画の中のファッションショーの場面では、芦川本人が自らデザインしたウェディングドレスを着て登場するシーンがあり、本作の衣装デザイン担当の森英恵が、ドレスはもちろんショーなども担当したと思われる。石原裕次郎と葉山良二の二人の男性の間で揺れ動く芦川であるが、誠実な良妻賢母型の女性として、そのウェディングドレスを着て結婚する。

『白い悪魔』（斎藤武市監督、一九五八）は野添ひとみが、血のつながらない義父である中年の森雅之を愛する「禁断のメロドラマ」である。森は函館で洋装店を営み、野添は東京の女子美へ進むなど、ここでも森英恵が衣装デザインを担当したことが魅力的な作品となっている。当時の社会通念をこえて森と野添は結ばれるという大胆な映画で、割と平凡な作風の斎藤武市としては異色作だが、この中年男を愛する役は芦川では無理であったと思う。それは、無軌道型の野添と、あくまでノーマルな芦川の違いであり、どちらがいいというのではない。

野添も神保町シアターの「夢みる女優　野添ひとみ」（二〇一八）の特集上映で見ているのだが、十代で映画キャリアをスタートし、なんとなく大映―増村―川口浩というラインをイメージするが、結構多彩な役を、その大きな瞳と今でもイケてるスタイルで体現している。

芦川は川島雄三監督の『風船』（一九五六）で森雅之の実娘を演じたが、これを野添が演じることは想像すらできない。『風船』における芦川を考えると、彼女の存在なしには成立しない作品と思える。本作も森英恵の衣装デザインで、登場する四人の女性―北原三枝、新珠三千代、左幸子そして芦川いづみの衣装を見ると、当時の各層の女性の生活実態がうかがえる。映画としては、三橋達也の愛人で美しいが薄幸のバーの女給の新珠とコケティッシュでコスモポリタン的なシャンソン歌手の北原のファッションが重点で、それは実に魅力的だが、京都に暮らす左の庶民的ないでたちにはリアリティがあるし、ポリオで手が不自由な画学生の芦川の、いつも可愛い女児的服装も、たぶん当時の乙女系文化が背景にあるのだろう。

監督は嫌がるだろうが、『風船』が真にヒューマニズムの名作であることを芦川の持つ「希望」が示している。囲われ者と病者という社会的弱者である新珠と芦川の深い愛情の交感を通して作品の底に流れるものがわかるが、新珠は自殺してしまう。だが芦川のやさしさや祈りを最後に感じたであろう。

ヒューマニズム

芦川いづみは、悲しいことが多くても、このように誠実に生きることへの小さいが確かな希望を抱かせる女優である。そのことは、巨匠・田坂具隆の三作品『乳母車』（一九五六）『陽のあたる坂道』（一九五八）『若

『乳母車』芦川いづみ、新珠三千代、石原裕次郎

い川の流れ』（一九五九）によって、さらに深く意識したのである。そしてこれらは戦後日本映画の最も良質な作品であり、日活という新しい生命力を持った撮影所から生み出された力強さもあった。『乳母車』の宇野重吉は、最終的に妻（山根寿子）と愛人（新珠三千代）に去られて失意の中にいる古い男である。父・宇野を非難した芦川は、それでも父のところに戻ってくる。先に公開された『風船』の森雅之も家を捨て京都に隠遁する失意の男である。彼もまた京都の下町で盆踊りをしている芦川を見て希望を持つ。二人の父は社会的地位も高く、立派な家に住む成功した人物である。だが、彼らはどこか虚無的で、それは戦争から生き残り、戦後は経済的に恵まれ、家庭を持ち妻子はいるが、そこに本当の幸せはなかった。森と宇野はタイプもシチュエーションもちがうが、老残の寂しさを漂わせている。それを救済するのが芦川なのである。この娘がいてくれることによって彼らは、最後に「小さいが確かな希望」を感じたであろう。

川島と田坂両監督が芦川に託したものは同質であったと思う。それはヒューマニズムの原点である人を思いやるやさしさであろう。そしてそれは正義感とかイデオロギーとか宗教的なものではなく、たぶん目に見えないものだろう。

その「透明なヒューマニズム」は芦川いづみという人（女優）の終生変わらぬ個性であり続けた。芦川は一〇〇本をこえる出演作の中では、うら若き娘役が半分近くを占め、あとはビジネスガール、教員、女子大生、看護婦が二割ほどで、重要なのは病者を演じた作品が数本あることだが、人妻、芸者、娼婦という女優であれば多い役柄、というか長く女優を続けていれば多かったであろう役は少ない。芦川はそのヒューマンな個性によって限界があったことも事実であるが、様々な役に合わせて多彩なキャラクターを演じた。

一九五八年は、日本映画の最盛期であり（観客動員数十一億二千万人）、裕次郎を売り出した日活も絶頂期を迎える。この年、芦川は八本の映画に出演しているが、内容、監督を考えてみると、女優・芦川いづみの実績が集約された年と言っても過言ではない。

『佳人』（滝沢英輔監督）は、はかない病者を演じた名篇。『陽のあたる坂道』（田坂具隆監督）は、石坂洋次郎原作の文芸大作で芦川はテーマに通じる重要な役であった。『美しい庵主さん』（西河克己監督）はクリクリ坊主の尼さん姿がキュートな傑作。『知と愛の出発』（斎藤武市監督）は、先頃カラー修復版がリリースされたが地方の高校生の自立を描いている。『銀座の沙漠』（阿部豊監督）はサスペンス調のノワール映画。『夜の狼』（牛原陽一監督）は芦川が珍しく街娼になった姿を見せるが、これもノワール映画である。『完全なる遊戯』（舛田利雄監督）は石原慎太郎原作の無軌道な大学生に泣かされる悲劇のヒロインである。そして『紅の翼』（中平康監督）は裕次郎主演のパイロットの映画で裕次郎の妹役である。これらの作品の監督八人は、日活を支えた人たちと言ってもよく、文芸作品からサスペンスまで、芦川いづみの映画史ともいうべきものが一年のうちに凝縮されている。

日活黄金時代は、北原三枝、浅丘ルリ子、吉永小百合と共に芦川が大スターとして並んでいる。北原とは『陽のあたる坂道』での共演が代表作だろうが、ルリ子、小百合とも共演しているし、月丘夢路、新珠三千代、南田洋子、渡辺美佐子といった先輩女優たちとの共演も含めて、女優史の一人として芦川をみていくこともある種の発見となるだろう。芦川は女性（女優）との交流場面において輝くのである。これを早すぎたシスターフッドムービーの女優であったと言ってもよいが、そこには彼女の持つ中性的なセクシュアリティも関連するし、同性愛というよりは、戦後の早い時期にジェンダー平等ともいえる思想を感じることもできる。映画界そのものは、男性中心ではあったのだが、女性が自立することによって、恋愛も生活も男性と対等に権利が守られるのだということが、芦川出演の映画から伝わるのである。つまり芦川はイデオロギーではなくヒューマニズム的な感性によって、映画の中で自分自身を貫いたのである。

このことに関して三浦雅士の「石坂洋次郎の逆襲」（講談社、二〇二〇年刊）を参考に論じてみたい。三浦は冒頭に「映画『青い山脈』は一九四九（昭和二十四）年に封切られ、大ヒットし、その主題歌とともにほとんど戦後民主主義の代名詞と見なされた。以後、石坂原作の映画が封切られない年は、一九六〇年代末にいたるまでなかった。」しかし「七〇年代に入るや、その流行はあっという間に衰えた。」そのように忘れられた作家・石坂の再評価の本であるが、三浦はその文学の特徴を「女を主体として描く」と断言する！

映画『乳母車』は原作者・石坂が意図した新しい女性像を芦川が見事に体現したもので、指導した監督・田坂が戦前派であったことも感動的だが、一見幼い女子大生・芦川が、母・山根寿子、父の愛人・新珠三千代と共に女性性を主張する作品として注目されていい。新珠が女性の誇りを語るシーンが鮮烈であるが、彼女らの行動を見ている芦川が客観的に民主主義時代の女性自立を見つめるレポーターといってもよかろう。三浦は本作についても言及し、「女が主体的存在として生きるには経済的基盤が不可欠だというのが、『乳母車』の映画化において原作を倍以上の物語に変えた監督と脚本家の批評であったわけだが、それが原作者の反対に遭うこともなく通ったのは、原作者である石坂自身が女の経済的な自立を持論にしていたからである。『暁の合唱』も『青い山脈』も女が経済的に自立する物語だったのだ。」（『暁の合唱』は清水宏が一九四一年に映画化したのをはじめ三回映画になっている。『青い山脈』は今井正作品から数えて五回映画化されている。）

それが『乳母車』で経済的に自立する新珠と山根であり、特に古風なと思われていた山根が家庭から独立して生きていく姿に、原作者の思いが伝わる。石坂は文芸作品を発表するのに文章への執着は薄く思想を重要だと考えていたというのが三浦の結論である。映画『乳母車』は映画表現つまり文学なら文章にあたるところの演技・撮影等は見事であり、さらに思想（テーマ）としてのヒューマニズムそして女性の尊厳も声高なメッセージではないが、正面から語られている。その中で、いちばん若い戦後派世代の芦川が希望の星となって輝くのである。

スターと女優

その後、映画界は黄金時代を迎えるが、もちろん芦川は、若い女性が「ヒロイン」として可憐に存在するという日活プログラム・ピクチャーの中心にいた。こういう言い方をすると、芦川を女優として軽視しているように見えるだろう。確かに「スター」ではあったが「女優」としての評価があったかというと心もとない。「女優　岡田茉莉子」（文藝春秋、二〇〇九年刊）という自伝を書いた岡田茉莉子ほどに、芦川は自らが「女優」であろうと意識しなかった。だから岡田のように出演一〇〇本記念作品『秋津温泉』（吉田喜重監督、一九六二）を企画することなど考えることもなかった。さらに大規模なレトロスペクティブが行われた若尾文子（「若尾文子映画祭　青春」二〇一五年）の、いかにも「女優」というボリューム感やインパクトも芦川にはない。ただ、女優賞など縁もなかった芦川の「映画女優」としての魅力は今こそ発見されるだろう。それは単に女優に限らないのだが、プログラム・ピクチャーの再発見という意味からもよく知られた名作だけが映画として価値があるわけではないことが証明されるのと同様のことだ。日本映画の黄金時代にごく普通の番線にかかっていた作品を目にすることは少なく、それでも、それらと出会うことで驚かされるのは、「名作」以上の面白さを、そこに見つけることである。さらに、岡田が松竹、若尾が大映をほぼメインにしていたことから、その会社の特色もあって、岡田はオーソドックスな女性映画を中心に、若尾はエロチシズムを帯びた作品というように女性主体（一概に主体性を重んじたものではないが）の映画で、その名を印象づけたのに比べ、芦川の日活は、男性アクション映画や同世代の青春映画が多く、決して女性中心ではなかったこともある。

それで岡田と若尾は重量感のある横綱級であるのに対し、芦川はせいぜい小結という感じなのだ。例えば『香華』（木下惠介監督、一九六四）の岡田や『夫が見た』（増村保造監督、一九六四）の若尾に匹敵する芦川作品があるか、ということでわかるだろう。だが、鮮やかな回転力が必要とされるコミカルな作品について言うなら、岡田、若尾ともに喜劇的作品はあるのだが、二人は芦川ほどのキュートさには至らないのである。例えば『あした晴れるか』（中平康監督、一九六〇）『堂堂たる人生』（牛原陽一監督、一九六一）『気まぐれ渡世』（西河克己監督、一九六二）の芦川の軽妙さは出せないのである。それは単に重量級より軽量級の女優の方が、コメディエンヌにふさわしいということでもない。

芦川は自分の個性をことさらにアピールするタイプではないが、それぞれの作品の中で彼女の「自分らしさ」が発揮されているのだ。そこに、大女優にはない無垢な身体性を自在に操る俳優としての意味は再評価されていいだろう。コミカルな役柄の時にその特質は最大限生かされた。さらに一九五〇年代からの日活プログラム・ピクチャーの質の高さも背景にある。撮影所は活況を呈し、コンスタントに映画が作られ続け、その時代や舞台の再現の中に芦川が組み込まれると、まるで時代の先頭を走っている感がある。

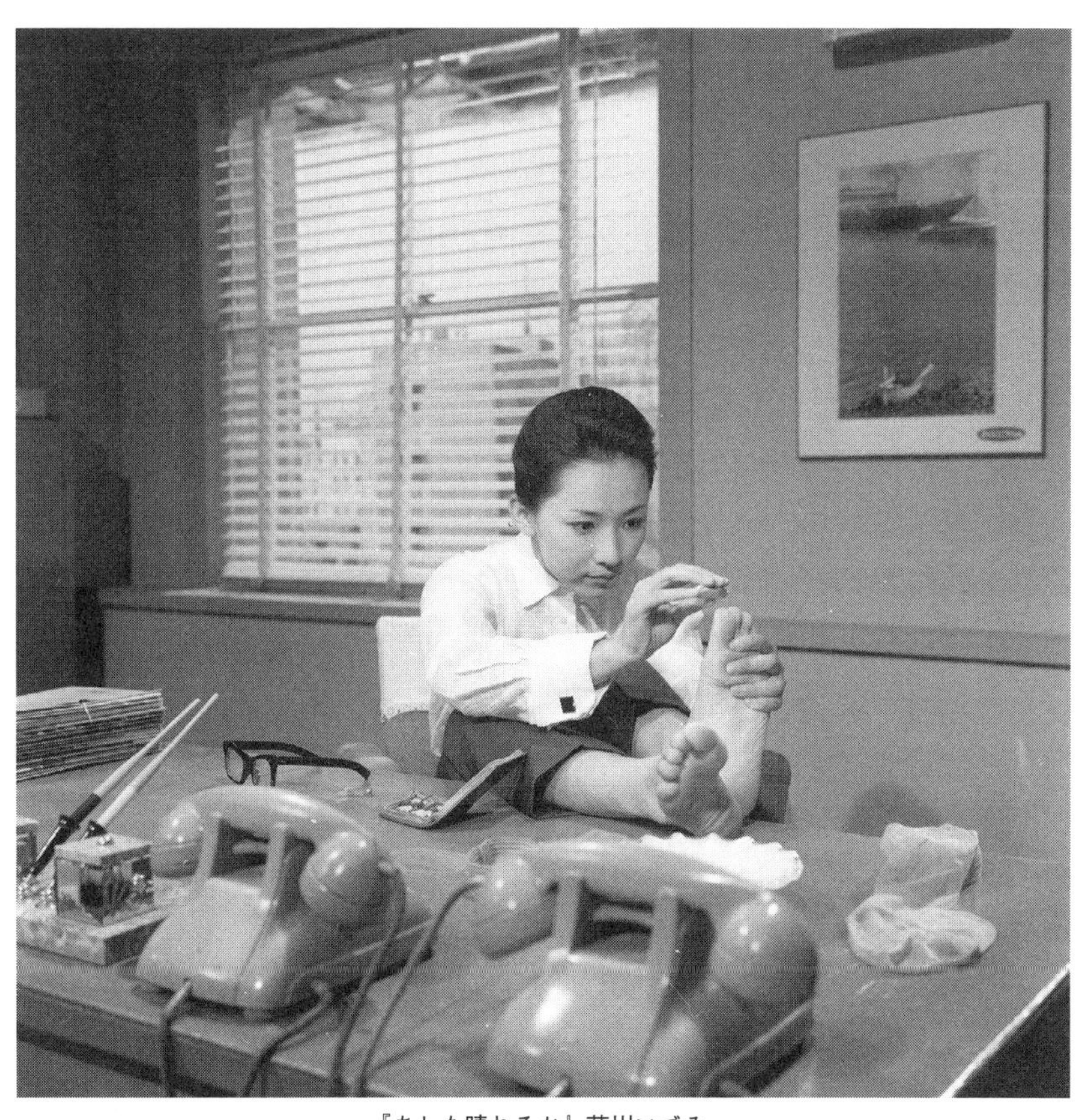

『あした晴れるか』芦川いづみ

芦川いづみの身体性が見事に発揮され、一九六〇年のトップを切って走っているハイセンスな快作が『あした晴れるか』（中平康監督）である。新進カメラマン・石原裕次郎と写真メーカー社員・芦川のドタバタコメディは、撮影の大半が東京都内のロケで臨場感もあって鮮烈な印象だが、ここでは芦川のパフォーマンスを見ていくことで、この女優が、その感性と知性において同時代の女優の中で群を抜いていたのではないかと想像できる。『あした晴れるか』は裕次郎の熱血カメラマンの行動が中心ではあるが、終始芦川がリードしている。だが、それはキャリアウーマンというか才女というだけの感じではない。いささかマンガチックに誇張されたこの役柄を、芦川はコメディエンヌとして評価されるレベルで演じている。二人は出会いのはじめから、その後の展開を予想できる場面で、中華料理店の席で裕次郎に嫌われたと大泣きしつつ、したたかに相手を窺う芦川の変幻自在ぶりに圧倒される。黒ブチの角張った眼鏡をかけた芦川のイメージは、鼻もちならないインテリ女の高慢さを前面に出している。それでも彼女の全篇パンツルックの姿は、今見てもイカスのである！　笑ってしまうのは、裕次郎が「どうしてスカートをはかないのか？」と言うと、軽くいなして「どうしてスラックスをはいているかと聞くべきだ」と答えるところ。そして映画の中で、社内で、バーで、都内の撮影現場で芦川は常にオシャレな「ファッション」を披露している。

『あした晴れるか』は、裕次郎と芦川の珍道中であり、そこでのアクションは、スピードをあげ迷走するクルマ、激しく応酬される二人の会話等ノンストップの勢いである。そんな中で茫洋とした裕次郎と表情を変えない芦川の対比が面白い。日活入社六年目の芦川いづみ絶頂期の『あした晴れるか』の女性像は六十年以上たった今でも、むしろ新鮮な先進性に富む。喜劇女優が日本映画で、どう評価されるかわからないが、コメディを得意とする人はいるであろう。が、芦川のようにスター女優で、ここまでやり切ったのは本人の研鑽努力であろう。

デモクラシー

文芸大作『陽のあたる坂道』は先の『乳母車』をスケールアップして、民主主義時代のヒューマニズムが描かれる。秋空のもと、主人公の女子大生・北原三枝が、芦川の家庭教師として邸宅を訪れた光景から始まる長編映画は同時代の観客を感動させただろう。原作者のテーマである「女性の主体性」が、映画でも貫徹され、そのことは北原以上に芦川に託されていることも注目してよいが、それは彼女が身体障害者という役柄であることが大きい。だが、その前に北原と芦川の連帯感が強調され、家庭教師と生徒という関係以上に、気が合って親密になっていく。当初から二人は、接近というより接触というような描写で、『青春怪談』（市川崑監督、一九五五）のアブノーマルさはないけれど、この北原―芦川の親和力は、映画の底流を支えている！

『陽のあたる坂道』の最も感動的なシーンは、芦川が中学生の時、自分が子供の産める体かどうか調べてほしいと行った産婦人科でのやり取りである。これを見ると、女性性の本質において芦川は北原より現実的である。地方出身の北原が、ブルジョア家族の進歩性に酔ってトランス状態になっているのに比べ、芦川は川地民夫に、自分の中学生の体験を告白するところなども、ずっと進んでいる。因みに同年すぐ後に公開された『知と愛の出発』（斎藤武市監督）の惹句が「『陽のあたる坂道』の午前七時族コンビ芦川いづみ、川地民夫が若き世代に贈る愛の讃歌！」（傍点筆者）とあることから、『陽のあたる坂道』のこの二人は、結構注目されていたことが想像できる。

『陽のあたる坂道』は『乳母車』のように自立する女性の主張はないが、原作には主人公の女子大生は「男の子のようなにおいが溢れていた」とあるので、ジェンダーレスな北原にはピッタリであり、野卑に迫ってくる裕次郎に対して、どちらかといえば相棒（バディ）的な感情を示すのを映画でも感じさせている。何にせよ『陽のあたる坂道』の世界観は、戦後民主主義こそ太陽であり、若い世代と旧世代の対立より、戦後誰に命令されることもなく自由に自分らしく生きることを願うことが人間にとっていちばん幸せだと主張している。その基盤となる「ヒューマニズム」は芦川いづみを中心に展開する。

『若い川の流れ』はウエルメードな恋愛コメディで、前二作より後退している感はあるが、リラックスして見られるし何より楽しい。ここで芦川は会社重役・千田是也の一人娘として何不自由なく育てられた、いかにもブルジョアのお嬢様である。だが、彼女をよく見れば単にワガママな金持ちの娘ではない人間性が漂ってくる。ここで田坂監督、石坂原作の流れからすると、やはり「女性主体」ということになり、北原三枝、山根寿子、轟夕起子、芦川の姿を見ると、そこに原作者の「思想」性を読み取れるのである。主人公の裕次郎と会社の同僚である北原は、常に対等であり、この二人の間に芦川が介在することで、愛情についての両者の想いも、また客観性を持って発展していく。奥様然とした芦川の母・山根は、夫とは学生結婚し今に至るが、平安な良妻賢母というのでもないし、裕次郎の母・轟は地方の女丈夫という感じだが、息子が女性に関して無知であることをよく知っていて、北原のことをしっかり分析して裕次郎に伝えることなど、たぶん原作者の「女性原理」に最も近い人物である。

そして芦川は、まだ社会にも出ていないが、親が持ってくる縁談の男たちから相手を選んで安泰な人生を送るか、どうするかを決めているわけではない。つまり生活感はないのだが、音楽家の小高雄二に興味をもって、不安定な生き方をするかもしれない。それで本作の彼女は、『乳母車』『陽のあたる坂道』のように張りつめたものはないのだが、だからといって無思想で行動力がないのでもない。むしろ見えない形で芦川は、今までの楽園のような生活から脱出しようとしている。それで彼女のバースデーパーティの日、自室で小高とショスタコーヴィチのレコードを聴き、そのレコードを壊すシーンに「前進」の思いがある。田坂は、ここにイデオロギーとか女性主体というものから遠いところで、若い女性の「自分発見」をさりげなく描いてみせた。『若い川の流れ』は深刻な話ではなくモダンで軽いノリの作品なのだが、それでもこの若い二人がレコードを踏んで、割れたところでキスするところが、そっくり裕次郎と北原でも繰り返されることは、人はどんな境遇にあっても変化し、何があっても前進しなければならない時があるということの表明である。

田坂＝芦川の三部作を同時代に見て、新時代を生きる勇気を得た観客（特に女性）がいたと思うが、大変

うらやましい！
滝沢英輔と西河克己

『風のある道』清水まゆみ、芦川いづみ、北原三枝

芦川いづみが、その人柄にふさわしくヒューマニズムの系譜ともいえる映画女優たりえたのは、『黒帯有情　花と嵐』（一九五六）から始まる滝沢英輔と『春の夜の出来事』（一九五五）から始まる西河克己という二人の父親的監督との出会いであった。

だが、その前に芦川にとって重要な一人の同僚の女優について書いておかなければならない。清水まゆみは芦川の五歳下（一九四〇年生まれ）で、一九五七年に日活入社、十代でデビューする。先に述べたように対女優との親和性をみせる芦川であるが、感性的に最も早いシスターフッドの映画というなら一九五九年の二人の共演作である。

『東京の孤独』（井上梅次監督）は、本格的野球映画で、芦川は名監督・大坂志郎の妹でスチュワーデスである。芦川は、大坂に憧れて入団テストを受けに来た新人投手・小林旭に好意を持つ。小林も彼女を恋しく思うのだが、清水は小林が下宿しているスナックの女給で、彼を結婚相手と考えている。では、この二人が小林をめぐって恋のさや当てになるかというと、そうはならない。清水はこのおネエさん（芦川）には勝てっこないからと、小林と新人王を争う宍戸錠でもいいかというチャッカリしたドライな現代っ子である。ここには恋敵のネチネチした女同士の争いは全くなく、芦川―清水のシスターフッド的関係が感じられる。

『男なら夢をみろ』（牛原陽一監督）は、戦災孤児の二人、兄貴分の葉山良二と弟分の石原裕次郎が成人し、両者が芦川に好意を持つ。義父（芦川の実父）滝沢修に育てられた葉山は検事となり、裕次郎はヤクザのいい顔になっている。その裕次郎になぜか惹かれる芦川と、裕次郎の組のアジト的なキャバレーのダンサーが清水で、野性的な肢体を露出させている。彼女も裕次郎に惚れている。ここでも清水は自分の感情をあらわにして、大人しく良識的な芦川と対照的である。つまり本作も『東京の孤独』同様に女性としての職業も性格も正反対にあるが、その「格差」をこえて最終的に共鳴しあうところ、芦川の最も同志的な女性（女優）が清水である。

『風のある道』（西河克己監督）の二人は、三人姉妹の次女（芦川）と三女（清水）という間柄である。名作ともいえる作品だが、ここでは二人が養護学校の教員・葉山良二を好きになってしまう。古風な芦川と現代っ子の清水が好対照だが、芦川が婚約者である華道家にして実業家の小高雄二をふり切って、葉山のもとに走るのを後押しするのは清水である。小高とアメリカへ行くために羽田に向かうタクシーを、ブラジルへ渡るため横浜港にいる葉山のもとへと急に路線変更させるべく芦川に決断させたのは清水の迫力である！

この三作において芦川が自分の生き方を選んだのは、彼女一人の決心ではなく清水がいたからである。清水まゆみは、和田浩治と共演した快作（『六三制愚連隊』『俺の故郷は大西部（ウエスタン）』ともに西河克己監督、一九六〇）が多いが、クリクリした瞳と、スレンダーで野性的な魅力の女優であった。そして理知的でノーマルな芦川とは、まさに両極のようでいて、この両者の共演は爽やかで、今見てもカッコいい。当時の日活撮影所の若々しい雰囲気もあったのだろうが、芦川と他の女優との妹的あるいは姉的関係ではない、この二人の同志的連帯感に注目したい。

滝沢英輔は戦前から活躍した監督で、兄は映画監督・二川文太郎である。滝沢は芦川の資質をもっとも見抜き、出演作七本のうち四本が主演作で、病者の悲惨なまでの生涯を描いた『佳人』（一九五八）が代表作だろうが、『あじさいの歌』が、芦川ありてこその作品と思う。

『あじさいの歌』（一九六〇）は立派な洋館に父と暮らす娘・芦川が社会に出て、幼い時に別れた母と会い、新しい生活に踏み出す物語である。深窓の令嬢であった芦川が、世の荒波の中を苦労して生き抜いてきた母を理解する話は、一見古めかしく保守的とみえながら実は現代に通じる男と女の、あるいは人間の真実に対する深い考察に満ちている。

石坂洋次郎原作ということで、やはり母・轟夕起子が強烈な「女性原理」を体現するが、それが時に硬直したテーマ主義になりかねない。父・東野英治郎は女性不信者として生きてきたので、轟は被害者でもあったろうが、苦界でたくましく生活してきたので凄みをもって、全体（全員）を支配するのだが、それが映画を不自由にしてしまう。そうなると『あじさいの歌』は、この母の人生論映画になってしまうのだが、全くそうならない。ここで偶然、「母」なる人に遭遇した芦川の正直な反応が、この母性をスンナリ吸収してしまうのだ。突然、母が出現したショックよりも母とのつかの間の触れ合いが、本作のハイライトであり、周りの人々をも新しい人生に目覚めさせる。芦川は、中原早苗の友人を得て、はじめて家から出て街へ出かけ、まるで脱皮するかのようにより美しくたくましくなっていく！　芦川のやわらかい心と身体が、巨匠滝沢英輔監督の『あじさいの歌』を若々しくのびやかのものにしている。

西河克己は、松竹から一九五四年に製作再開した日活に移籍した監督だが、一年後芦川も松竹から日活へ移る。

後々、日活を支えた職人監督の第一人者ともいえる西河は、芦川出演の映画が十本ある最多監督として記憶されるべき人でもある。その中で、『しあわせはどこに』（一九五六）『美しい庵主さん』（一九五八）『風のある道』（一九五九）の三作が芦川の主演で、日活の明朗な娯楽映画の多い西河の中では、むしろ珍しく物悲しい文芸作品である。

ここでは、西河克己監督の川端康成原作映画二本（『東京の人』『風のある道』）における芦川いづみについてみていきたい。二人のコンビの十本の中では『東京の人　前後篇』（一九五六）は本格的メロドラマで二時間を超える長尺。川端らしく、どこか人間の不幸な暗い面が全体を覆い、家族、親子、恋人というそれぞれの関係が複雑に絡み合うストーリーで、芦川がその中でどんな存在であるかを考えてみたい。先に触れた『風のある道』も中年夫婦と三人の娘の家族劇だが、長女に出生の秘密があり、それが家庭に暗い影を落としている。『東京の人』は西河が芦川を起用した二作目で、これも家族が崩壊していく話である。夫が戦死した月丘夢路は、敗戦後、妻が病床にあり女の子を連れた滝沢修と同棲し一つの家に住む。滝沢の妻は亡くなり、その子が高校生となった芦川である。月丘には左幸子と青山恭二の実子がいる。作品については別に書いているので、ここでは『東京の人』の悲しい人間関係の中で芦川はどんな位置にいるかを確かめたい。仕事に失敗した父の失踪から家族が離散していく中で、いくつかの愛が交錯するが、いちばん若い芦川は傷つきながらも、どこか安らぎを与える点を指摘したい。零落した父・滝沢を慕う新珠三千代は、最後まで同行しともに遠いところに消えていく。だが、本作の中心にあるのは青年医師・葉山良二を母（月丘）と娘（芦川）が好きになってしまうことで、つまり生さぬ仲とはいえ一人の男性を親子で争うことになるのだ。ただ月丘は、実子よりも芦川を大事にしているくらいで、銀座の老舗の宝石商であった彼女は、店を再開したが、子供は皆家出してしまった。

このように家族は離散していくものだという暗い運命が『東京の人』全体を支配している。月丘は、結局みんな自分の好きなようにしか生きられないというが、浮浪者として生き延びていた父を探し、葉山と別れた母を支えたのは芦川であった。『東京の人』も『風のある道』も川端康成の人間の悲しい性(さが)をテーマにした作品で、家族の中に冷たい風が吹き抜けるのだが、その風を受けつつ芦川は、どこか暖かいものを送り返す。ゆえに悲劇に終わるかにみえた二作ともに、希望あるラストシーンであるのは、芦川の持つヒューマニズムゆえである。

滝沢英輔作品でも西河克己作品でも、芦川いづみは、まっすぐに現実を見て、考えぬいて結論を出す。その誠実な言動を、両監督は見事に掬い上げている。

政治の季節

一九五〇年代末までに、芦川いづみは五十本あまりの映画に出演し、年齢的にも「若い娘」の役がほとんどであった。

一九六〇年代は、芦川にとって映画史的には後半期に入る。一九六〇年は政治の季節で、『あいつと私』（中平康監督、一九六一）は一九六〇年六月十五日に焦点があてられる。日米安全保障条約が延長される日である。『あいつと私』は、芦川が語り手で、当時の大学生の性と政治の映画といえるものだ。

中平監督は、すでに『狂った果実』（一九五六）で、旧来のセンチメンタリズムから脱した若者の行動力を描いていた。中平は芦川を起用した作品が九本あり、西河克己に次ぐ芦川出演作の多い監督で、『誘惑』（一九五七）というロマンチックな作品から始まった中平＝芦川作品で、芦川は多彩な役を演じた。五〇年代に戦後の新しい社会の中で、若いお嬢さんとして、新鮮な魅力をスクリーンに放った芦川も、政治の季節の中で、時代と切り結ぶことになる。中平の『学生野郎と娘たち』（一九六〇）での芦川は、イデオロギーを叫ぶ女子学生ではないが、アルバイトでホステスをしていて、男に犯され、追い詰められて男を殺し自殺する。学生たちが眼前の現実に直面し、苦悶するテーマ性の強い映画といってもよい。ただこのように政治的な背景のある作品でなくとも、権力や体制批判が窺えるのだ。石原裕次郎主演、源氏鶏太原作の『喧嘩太郎』（舛田利雄監督、一九六〇）は明朗な娯楽映画だが、東南アジア賠償物資入札という当時の政治が絡む内容である。『喧嘩太郎』は芦川の婦人警官の制服姿が魅力的なコスチューム物といえるが、本作には学生デモの映像も入るし、芦川はケンカ好きの熱血サラリーマン裕次郎に「小さなケンカより大きなケンカをしなさい、あなたにはもっと本当のケンカがある」と会社の不正と闘えと叱咤激励する。それで裕次郎は商社と政治家の汚職に体を張って立ち向かうのだ。芦川は警察官という固い職業だが、常に厳しいのが時にくずれるところがキュートである。

一九六〇年、大島渚は『青春残酷物語』でヌーヴェル・ヴァーグの作家として気を吐いた。『あいつと私』は、学生デモは頻繁に出てくるが、作家主義的な大島とちがい娯楽映画と見られがちである。しかし六十年の時を経て『あいつと私』を見ると、冒頭の大学の教室で裕次郎が、うっかり「女を買った！」と発言して女子学生から吊し上げをうけるシーンは注目していい。当時はまだ少数派であった彼女たちが男子学生に負けていないのである。ここには思想的にも行動においても自立する女性の実態が見られる。芦川は恵まれた家庭の女子大生であるが、彼女は社会や家族や男性を、若い女性の目を通して見つめ、来るべき時代を予見する。

クラスメートの裕次郎は、からっきしだらしなくて、女子に追い詰められプールに落ちて、女物の服を着せられる。今見ると、ジェンダー的発想として面白い。さらにセックスに正面から取り組んでいて、前年の『学生野郎と娘たち』が陰なら、『あいつと私』は陽であるが、政治の季節は映画界にも影響を与えたのである。

芦川いづみは、それらの映画においてイデオロギーを表明することはない。逆に教条主義的な映画であっても芦川は、まず地に足をつけている自分を確かめている。『あいつと私』が表面上のポップな鮮烈さだけでなく、広い意味で各世代を納得させたのは芦川の力だろう。

奇跡のヒロイン

芦川いづみは、日活という会社のスター女優として幸福な時代を生きた人である。全体的な印象でいうと、今まで論じてきたように倫理的と言ってもいいほどに優等生タイプであった。そして、そのことが作品にも時代にも信じるものがあるという希望になったと思う。

一九六二年、芦川にとって突然変異的な異色作が登場する。いや、芦川というより俳優は監督の演出のもとで最良の演技をする、見事な芝居をすることが優れた仕事、という観念を突き破る映画が出現する。『硝子のジョニー　野獣のように見えて』である。芦川はこの作品で、身体表現の可能性を他では見られないように爆発させた。これは単に彼女の今までの女優歴の積み重ねというより突発的に未知の領域に入ったといえるものである。蔵原惟繕監督『硝子のジョニー　野獣のように見えて』は、芦川の最高傑作である。蔵原には芦川の出演作が四本あるが主演はこれだけで、他の作品は今までの彼女らしい役である。

蔵原映画は、川地民夫主演の『狂熱の季節』（一九六〇）が特に印象深いが、彼には俗に「テンコ三部

『硝子のジョニー　野獣のように見えて』宍戸錠、芦川いづみ

作」といわれた浅丘ルリ子とコンビを組んだ『憎いあンちくしょう』（一九六二）『何か面白いことないか』（一九六三）『夜明けのうた』（一九六五）が代表作だろう。女優が監督のミューズとなる時、その女優の生命は輝きを増すとされる。その監督＝女優という観点からみると、蔵原＝浅丘がそうだし、吉田喜重＝岡田茉莉子あるいはジャン＝リュック・ゴダール＝アンナ・カリーナしかりであって、彼らの映画創造の源泉になったといえる。その最強コンビが、全二十作すべてボルテージの高い映画を作った増村保造＝若尾文子であろう！　芦川には、そのような監督は幸か不幸かいなかったわけだが、『硝子のジョニー　野獣のように見えて』は、そういうコンビの力学とは正反対の方向で、あるヒロインを体現した。

芦川はこの映画で演じた「みふね」を「風船」のように演じたと自己評価している（日活デビュー55周年記念・芦川いづみＤＶＤセレクション・映像特典インタビュー、聞き手・佐藤利明より）。「強く膨らんだり、ぺしゃんこにしぼんだりする」と。何と的確な表現であろう。この映画については別稿（「病者の映像」）で作品評を書いているが、みふね（ここでは役名を使う）は多少オツムが弱いところがあるので、障害者という見方にもなるが、この主人公はそんな人格をこえている。何よりも映画自体が奇跡のように思える。

本作は、父が失踪した後、みふねが浜で詩人がうたってくれた「硝子のジョニー」という〈うた〉のイメージから派生した幻影に導かれるような世界である。硝子という透明で壊れやすいもの同様に、詩人は海に消え、ラストは、それが繰り返されるかのように、みふねも海の中に消えていく。

このように作品的には、最果ての地北海道の風土の中での悲劇としか見えないのだが、本作での芦川の存在感というかパフォーマンスは、違う印象がある。みふねは貧しさから身体を売られ、女衒（ぜげん）のアイ・ジョージに連れていかれる。だが逃げ出して偶々（たまたま）列車の中で出会った宍戸錠について行って足手まといにされながら、なぜか二人でいることが不自然でもない。それまでの芦川からは信じられないようなオツムの弱い、うす汚い風体の根無し草のような少女であるが、芦川の自然な柔軟さが全面展開され、汚れ役でありながら、天使のようでもある。

もちろん蔵原―山田信夫（脚本）―間宮義雄（撮影）トリオの造形力が最大限生かされていて、勧善懲悪的な物語をこえた映画は、社会の敗北者で流浪する者たちが、一期一会で逃げつつ追いすがり許しあっている。つまり『硝子のジョニー　野獣のように見えて』は底に流れる透明さにおいて、どこか根源的なところに達している。このような社会通念外の人間関係の中で、ピュアなヒロインたりうることも芦川いづみの持つ何かであって、他の女優は到底考えられない役なのである。

五〇年代の主演作

芦川いづみの映画女優としての実績は、今まで論じてきたように映画の黄金時代を背景にコンスタントに出演作が続き、名作に恵まれたということになる。

五〇年代に主演といえるものは、全五十三作中七作。これは例えば『風船』は内実は芦川主演と思えるが、森雅之を中心とすると主演とは見なされない。『乳母車』は石原裕次郎とダブル主演であるが、クレジットをふくめ内容的には確実に芦川主演といえるものである。

実質上の初主演作は「最多監督」の西河克己先生の『しあわせはどこに』（一九五六）であって、この原作は雑誌「平凡」に連載されていたことから、読者の中心層の十代の若者がイメージする主人公像にいちばん芦川がふさわしいと選ばれたのであろう。当時は今より活字文化というか雑誌文化の時代であって情報のほとんどは、そのような紙媒体である雑誌から得たと思われる。

「芦川いづみ論」は映画に集中しているわけだが、芦川は映画界に入ると同時に、雑誌に頻繁に登場している。その若い女性が愛読する雑誌でのモデル＝被写体としての「実績」を検証することを含めて、芦川いづみの全体像を捉えることになるのだが、残念ながらその余裕はない。「女学生の友」、「それいゆ」、「ジュニアそれいゆ」は芦川の最も登場の多かった雑誌であるが、同時代の女の子の憧れとして誌面で、おヨーフクを着てモデルをしている芦川に彼女たちが強烈な共感を持ったことは容易に想像できる。ヒューマニズムとモダニズムを共有した芦川は、五〇年代の若きファッションリーダーとして人気があったのであろう。

「女学生の友」には〝封切りに先立って、あなたに名画をご案内〟という『女学生名画座』というページ（これはかなり長期連載された）があって、『風船』では芦川の「写真」とともに〝からだの弱い珠子、ただひとりの仲よしの久美子は、天使のような珠子を残して自殺してしまったのです〟という「文章」がある。まあ映画の重要なシーンではあるが、それ以上に、いかにも「女学生」たちの興味関心を呼ぶようなセンセーショナルな文章である。

このようなことから見ても、芦川の紙媒体への出番がやたら多く、それは「近代映画」という映画雑誌はいうに及ばず、やがて彼女の成長とともに、やや年長者の読む「若い女性」に表紙やモデルとしてフル出場することになる。映画スターが、現在よりはるかに人気と社会的地位を持ち、彼らがもたらす経済的・文化的効果が、若い層を中心に一定の影響を与えたと思う。

滝沢英輔監督の『佳人』（一九五八）は病者でありつつも健気に生きて若くして亡くなる薄幸の主人公を芦川が演じたが、これも婦女子の紅涙を絞ったであろう。続く文芸大作『陽のあたる坂道』において、芦川は各世代に注目される存在となった。有吉佐和子原作の『美しい庵主さん』（西河克己監督、一九五八）も山里の尼さんという役柄が興味をよんだだけでなく、不幸な境遇ゆえに尼寺にもらわれた主人公にシンパシーをおぼえる女性が多かっただろう。

そのように見ていくと五〇年代の芦川主演映画は、キラキラしたアイドル映画や恋愛映画というより誠実な生活モラルが基盤となるもので、まだ貧しかった時代であるし、戦争の後遺症は社会の様々なところに残っていた。『しあわせはどこに』の芦川の母は、その戦争の犠牲者で誤って兵隊を殺し長く服役する身であった。『佳人』の芦川の父と兄は、戦争によって生を断たれ一家崩壊の憂き目にあう。戦争は家庭の平和や人のいのちを奪い、敗戦後の日本が復興のエネルギーの中で、戦後ではないというほどに繁栄しようと「物語」の中では戦争の影は色濃く、そんな中でヒロインもまた能天気に青春を謳歌していることはない。主人公が苦しさを秘めつつも健気に生きていく姿にこそ当時の若者は共鳴したのだろう。『知と愛の出発』（斎藤武市監督、一九五八）は、教員の娘である芦川が、成績優秀で東京の女子大へ進んで自立した女性をめざすものだが、周囲の無理解やら誤解から、若き胸中を悩ます鮮烈な一作である。

『祈るひと』（滝沢英輔監督、一九五九）の主人公が芦川であるということも、田宮虎彦の原作が「若い女性」に連載されたということに関係があるだろう。当の雑誌に芦川が度々登場したということもあるが、この若い女性向きの教養小説は、自分の生き方、当時であれば結婚が最重要課題であったろうが、その主人公に自分をあてはめたと思えるが、そうなると同世代の女性客にいちばん近しい共感を得る女優として「おムギ」こと芦川がいたといえるだろう。小説や映画が生き方のヒントとして愛好されていたのは幸せな時代だったとも思う。『風のある道』（一九五九）は、女性の生き方をめぐる映画では最良の作品である。三姉妹モノであるが、次女の芦川が主演といってよかろう。川端康成の原作は「婦人画報」に連載され、その手の映画を多く作った西河の中でも名篇である。『風のある道』も明るく楽しい娯楽映画ではなく、芦川はどちらかというと周囲に気配りができるというか、むしろ古風なタイプであるが、自分が一体何を生きる希望とするかについて最後まで自問自答を繰り返す。そして妹の協力もあって大勢の意向に反する形で結論を出す。五〇年代に、若い女性の生き方をスクリーンで投影してきた芦川の、この時代の代表作として、やや物悲しいが爽やかな『風のある道』を挙げておきたい。

六〇年代の主演作

六〇年代の芦川いづみ出演作五十五作には七本の主演作がある。日本映画黄金期の映画原作提供者として大いに貢献した石坂洋次郎は、依然健在であり、芦川出演作だけでも『あいつと私』(一九六一)『青い山脈』(一九六三)『美しい暦』(一九六三)などがあり、日活の屋台骨を支えていた。芦川自体は、五〇年代と同じく「芦川いづみ的」であることは不変であり、文芸作品を中心としていた。そして、そのような作品が作られたのも、まだ映画界に余力があったわけで、そんな意味でも芦川は女優として幸運な人だったと改めて思う。石坂原作の『あじさいの歌』(滝沢英輔監督、一九六〇)についても前述したように深窓の令嬢の自己発見の物語である。

その後、芦川は回顧的な作品の主演が続く。武者小路実篤の「暁」が原作の『いのちの朝』(阿部豊監督、一九六一)、井上靖原作(「主婦の友」連載)の『しろばんば』(滝沢英輔監督、一九六二)、藤原審爾の「遠い人」が原作の『その人は遠く』(堀池清監督、一九六三)である。六〇年代前半はまだ繁栄を続けていた映画界も、少しずつ変化の兆しがあり、『その人は遠く』の併映作は、石原裕次郎が石原プロモーションという独立プロを起こし製作した市川崑監督の『太平洋ひとりぼっち』(一九六三)であった。そんな意欲作と並んだ『その人は遠く』で芦川は少年のあこがれの対象となる美しい従姉を演じ適役であったし端正な佳作ではあったが、古めかしいという感じは否めないものがあった。

一九六四年は六本の出演作があるが主演作はなく、六五年は三本に出ている。その中の一本が芦川いづみの最後の主演映画『結婚相談』（中平康監督）。「朱を奪うもの」が記憶に残る円地文子の原作（「オール讀物」一九六三年連載）で、これは通俗的な小説だったのか、「一人の三十娘の生態を通じて、結婚難とそれからおこる現代の生活のゆがみやさまざまな風俗の問題を、円地文子の原作から鋭い文芸的タッチで描きぬいた異色ドラマ」（「キネマ旬報」）とあるが、才人中平にしても文芸物とも言えず、当時は吉行淳之介原作の『砂の上の植物群』（一九六四）などエロチックな異色作を作っていたが、本作は首をかしげたくなる珍作で、「清純派のイメージを一新して」取り組んだ（？）わりには芦川に変化はなかった。結局、中平はスランプに陥っていたのだろう。芦川は中平との最後の作品『喜劇　大風呂敷』（一九六七）では、目立たない役であった。

永遠の輝き

さて本稿は「芦川いづみ論」として書いてきたが、「女優論」とは一体何であろうかという根本的な疑問と非力ゆえにそんなものが書けたかという不安がある。女優とは映画の原動力であって贔屓（ひいき）の人が映画に出ていれば、それだけで映画館に行く。私にとって芦川は同時代的なファンではなかった（それは残念な気もする）ので、後追いで集約的に出演作を見ることになった。黄金時代の女優は「神秘」であったのか？「日活映画」というファンのための冊子で、芦川はスターと並んで記念撮影をしたり、私生活を披露している。ファンレターは「おムギちゃんへ」と書かれている！　今回、本書の参考のため芦川いづみファンクラブの方々の望外の協力を得て彼女の映画以外の雑誌や広告などを拝見でき、その映像＝イメージの多様さに驚いた。それらにとって芦川がいかに有益なキャラクターであったかが実証できた。

『青春を返せ』芦川いづみ、芦田伸介

本書は映画女優・芦川いづみに集中したものである。芦川は「ファンタジー」と「リアリズム」を往還する女優である。六〇年代に主演した二つの作品がそれを端的に示している。『硝子のジョニー　野獣のように見えて』（一九六二）と『青春を返せ』（一九六三）である。この二本だけで芦川いづみの本質に迫ることができる。

無重力状態で漂流する「みふね」（『硝子のジョニー　野獣のように見えて』）と、苦境の中を這いつくばって無実の兄を助ける「敦子」（『青春を返せ』）という両極の役を体現した芦川いづみは、透明なヒューマニズムを秘めて天と地を駆け抜け、今も不滅の輝きを持ち続けている。

『霧笛が俺を呼んでいる』より

第二部
芦川いづみ全映画作品

芦川いづみ全映画作品

1　日活女優・芦川いづみ

芦川いづみは松竹で三作品に出演した後日活に入社、以後日活専属の女優であった。北原三枝、浅丘ルリ子、吉永小百合と並ぶ日活の黄金時代を代表するスターであるが、誰より日活の人というイメージが強いのは新しく輝くような日活撮影所に最もふさわしい女優だからだ。そして日活が大きく変化する前に姿を消した。芦川は名実ともに日活女優である。それでまず編年体的な分類をすると、日活における活動を次の三期に分けることができる。

Ⅰ期＝躍動期（1955～1958）

『青春怪談』（市川崑監督、一九五五）から『紅の翼』（中平康監督、一九五八）までの四年間をⅠ期とする。若い清楚で可憐なアイドル系中心の時代である。（全39作）

Ⅱ期＝高揚期（1959～1962）

『若い川の流れ』（田坂具隆監督、一九五九）から『しろばんば』（滝沢英輔監督、一九六二）の四年間をⅡ期とする。日本映画、中でも日活最盛期であり、石原裕次郎の相手役として大ヒット作や彼女自身の代表作もある。（全36作）

Ⅲ期＝後退期（1963～1968）

『青い山脈』（西河克己監督、一九六三）から『孤島の太陽』（吉田憲二監督、一九六八）までの六年間をⅢ期とする。映画界が斜陽をむかえ製作本数も減り、芦川も作品に恵まれたとは言えない。それでも「芦川いづみ」は色あせることなく日活黄金時代を駆け抜けた。（全30作）

日活を支えた監督たちが、こぞって彼女を起用したことも注目に値する。最多ベスト2は西河克己十本と中平康九本（この二人は別章にて論じる）。そして舛田利雄八本、滝沢英輔七本、井上梅次七本、松尾昭典六本、古川卓巳五本、斎藤武市五本、森永健次郎五本、牛原陽一四本とカウントしてみると、日活がいかに芦川いづみを重視していたかが窺える。そこにはアクション物、恋愛物、ミュージカル、やくざ物、戦争物といった黄金時代ならではの各ジャンルの映画が次々製作されたが、作品によって見事に演じ分けた芦川の感性の豊かさが、いま改めてみることで女優の魅力とは作品と一体化してこそ本物であると確認できるだろう。多くの名作傑作の中で彼女は生き続ける。

次にどのようなキャラクターを演じたのか役柄を分類してみる（それぞれの代表作を挙げておく）。

Ⅰ＝清楚、清純『春の夜の出来事』（西河克己監督、一九五五）社長令嬢役で日活入社早々の初々しい姿が見られる。

Ⅱ＝病弱、薄命『佳人』（滝沢英輔監督、一九五八）病弱なヒロインのはかない生涯を描いた作品で哀しくも美しい薄幸の女性を演じた。

Ⅲ＝コミカル『あした晴れるか』（中平康監督、一九六〇）フィルム会社の宣伝部員で黒ブチ眼鏡の才女気質のスラプスティック演技が圧巻。

Ⅳ＝現代的、理知的『青年の椅子』（西河克己監督、一九六二）電気会社の営業部のＢＧ、現実的で恋愛もクールさが目立つ。

Ⅴ＝ある種の愛情（ＬＧＢＴＱ）『青春怪談』（市川崑監督、一九五五）今こそ見るべきモダンな傑作でのバレエ教室の先輩女性を慕う超少女を怪演。

Ⅵ＝社会派、シリアス『青春を返せ』（井田探監督、一九六三）兄の冤罪を闘う妹の姿を描く社会派の力作で艱難辛苦の日々を体現する。

女優論にしても作品論になるわけで、映画を論じるには単に女優だけをピックアップすることは難しい、と言って映画作家（監督）論を展開するつもりはない。芦川がその作品にどれくらいのウエートを占めているかによって語り口も異なるであろう。ただどちらにせよ、カテゴリーにこだわらず、クロスオーバーして芦川の魅力が伝えられればと思っているので、本論の各章は自由な相互乗り入れ（？）を繰り返すことをあらかじめお断りしておく。

2　松竹映画の芦川いづみ

日活女優としての芦川いづみを論じる前に、松竹映画作品に出演している新人女優の姿を見ていきたい。芦川いづみの映画出演第一作は『東京マダムと大阪夫人』である。映画界に入るきっかけは本作の監督である川島雄三の目に留まったことによる。

「浅草の国際劇場の広い階段のところでファッションショーがありまして、これに出ましたら、そこにいらしたのが川島雄三先生だったんです。もちろんそのときは川島先生を存じ上げていなくて、眼の大きな方がいらっしゃるなあ、と思っていたんです」（高崎俊夫、朝倉史明＝編「芦川いづみ　愁いを含んで、ほのかに甘く」芦川いづみインタビューより、文藝春秋、二〇一九年刊）。

こうして発見者・川島雄三によって『東京マダムと大阪夫人』で映画界にデビューする。これを含めて松竹で三作に出演した後日活へ移籍し、以後引退まで日活女優であったわけだが、川島も日活に移籍し、その新天地でまた仕事をともにすることになる。

『東京マダムと大阪夫人』（一九五三）

『東京マダムと大阪夫人』は川島作品ではとくに評価の高いものではなく風刺喜劇というか松竹大船のサラリーマン・コメディの亜流でもあるが、役者も多彩で楽しめる一本である。本作が芦川の映画出演第一作であることと共に重要な点は、川島監督と北原三枝という、その後の芦川にとって深い関係性を持つ二人と出会ったという運命ともいえることである。とりあえず作品を見ていこう。

あひるが丘というある会社の社宅が建ち並ぶところが主たる舞台で、会社も出てくるが中心は社宅の奥様連中の方である。ガアガアと鳴きながら歩くアヒルが登場するのは川島が好む戯画的なニュアンスで口うるさい奥方たちを喩えてのこと。時代は高度成長の入り口で電気洗濯機がまだ高根の花という頃。社宅の大坂志郎・水原眞知子の家にその洗濯機が運び込まれるから奥方連中は鵜の目鷹の目で噂話をしている。水原は大阪出身で隣家が三橋達也・月丘夢路の家で、洗濯機の欲しかった月丘は悔しさもあって買ってしまう。月丘は東京の人。会社内のシーンはたいして多くはなく課長（多々良純）は恐妻家で、その妻・丹下キヨ子が主婦集団のリーダー格。因みにタイトルの「東京マダム」は月丘夢路で下町の傘屋の娘、「大阪夫人」は水原眞知子で大阪の昆布屋の娘であり、それぞれ老舗のお嬢さんであった。

芦川いづみは月丘の妹という役で、初々しく登場するが実は姉のところに逃げてきた。というのも父坂本武が頑固おやじで、店を守りたいばかりに番頭と結婚させようとするので飛び出してきたのである。キャストタイトルは「下町の娘さん」で芦川いづみ（S・K・D）とある。その芦川が、偶々隣家にやって来た水原の弟の高橋貞二と出会いお互いに好意を持つようになる。高橋はセスナの操縦士であるが、のんびりした好人物。ここで運命的なキャスティングに注目したい。この高橋をめぐって恋のさや当てというか三角関係になるのだが、もう一人の女性が会社の専務の娘の北原三枝で、大人しい芦川とは正反対の行動的な現代女性であるのだが、その振る舞いを高橋に叱責され逆に彼を好きになってしまう。これは映画では重要なところでデビュー作での芦川がチョイ役というよりなかなか大きなポジションを当てられているのだ。またそれ以上に日活移籍後の北原と芦川、ニックネームで言うならマコ＝おムギの深い関係性の、その最初の出会いが本作であった。

その頃会社ではアメリカに派遣される社員二名の人選が進んでいた。出世コースでもあることから、あひるが丘住宅では誰が選ばれるか、かしましいが、どうやら三橋と大坂はライバルらしいとのことで、両家の関係も複雑になっていく。郊外物というかサラリーマン族の家庭生活を描くことは松竹映画の伝統で、島津保次郎の『隣の八重ちゃん』（一九三四）などが代表的だが小津安二郎もその流れで名作をものにした。専務の娘北原が弟に夢中であることを知った水原は猛烈に弟を売り込み結婚に漕ぎつけようとする。それはもちろん夫の出世のために、まずはアメリカ派遣に選ばれるであろうという目論見からだ。それで水原は大阪の実家に行って帰省している弟に北原との結婚を承諾させようとする。一方、芦川の気持ちを知っている月丘は、偶々三橋が大阪に出張するので高橋の本意を確かめてくるように頼む。結果はそれぞれが勝手に思い込んで帰京。社宅では高橋と北原が結婚するとの噂でもちきりである。月丘と水原は、もちろん口もきかない最悪の仲になってしまい芦川は実家に帰ってしまう。高橋は芦川が好きだと打ち明け、それを聞いてしまった北原はショックを受けるが、最後はライバルであった芦川を応援する。

ここで注目したいのが、芦川と北原のキャラクターの原型がすでに出現していることである。二人は芦川の日活移籍第一作『青春怪談』（市川崑監督、一九五五）において同性愛的関係となるわけだが、その姉的（しっかり者）、妹的（たよりなげ）な対極的性質も『東京マダムと大阪夫人』で早くも見受けられるのだ。すったもんだの末に会社のアメリカ派遣は中止になり隣同士いがみ合っていた月丘と水原の仲もよくなり井戸水（！）を譲り合っている。

最後まで大人しく引っ込みがちな芦川だが、高橋が操縦技術を学ぶために渡米するというので、大急ぎで飛行場に駆けつける。すでに離陸した後かと思いきや、高橋はまだいて二人で飛び立っていく。あひるが丘主婦連のリーダーであった丹下キヨ子は夫の転勤と共に引っ越すことになる。だがすぐに来たのが、また口うるさい高橋豊子で同じように奥様たちを連れて歩き回るが、その姿がガアガアと鳴くアヒルにかぶってくる。『東京マダムと大阪夫人』は川島らしい才気とスピード感あふれた作品であるしサラリーマン物の変形というか、むしろ妻たちの生活の場である住宅地での生活を描いて当時の世相が窺われる。子供も多いしマンション形式でないので隣のことが筒抜けであるが、今は失われたコミュニティのあった時代ということもできる。

芦川いづみは川島によって発見されたのであるが、この鬼才はまさに慧眼の持ち主であった。

『蛮から社員』（一九五四）

『蛮から社員』は前年デビューした芦川いづみの第二作で、堀内真直監督、鶴田浩二主演で、芦川は浅草レビューの踊り子・理美という小さな役で、まだSKD（松竹歌劇団）に所属していたし、本作でも元気そうな脚を見せてフレンチカンカンを踊っているという貴重なシーンが見られる。

『蛮から社員』は大学も出たのに仕事がなく就職活動をしている青年鶴田が主人公で、顔一面を覆うような立派なヒゲを生やしている。同じようなヒゲのある彼の父は海外に赴任したこともあるが、すでに亡くなって母（吉川満子）と今はつましい二人暮らしである。ある日押し売りの二人組が来るが、大学の同窓生で当時の失業時代がよくわかる。外の空き地では子供たちが遊んでいるが近くの金持ちの男の子が、ここはうちの土地だと威張っている。

本作は小津安二郎の『大学は出たけれど』（一九二九）や『東京の合唱』（一九三一）を連想させる。それで松竹の小市民映画の伝統の一作ともいえるのだが、撮影が厚田雄春であり吉川満子、坂本武、高橋豊子といった小津組の俳優たちの存在もいっそう小津色を感じさせる。さらに小津の『淑女と髯』（一九三一）という岡田時彦主演作にもインスパイアされているように思う。どちらもコメディで、最初はヒゲモジャのむくつけき野卑な男が、ひげを剃るとアッという二枚目の美男子だったというところも共通している。

鶴田は空き地で金持ちの男の子をゴツンとやると、そこに子供に暴力をふるうとは何事だと威勢のいい若い女（淡島千景）が現れる。淡島は、やがて鶴田が就職することになる会社社長（多々良純）の娘で、子供は弟である。社長の多々良はじゃじゃ馬の娘と渡りあった鶴田が気に入り入社させる。鶴田はある日、銭湯で昔なじみの坂本武と出会う。坂本の娘は社長の家で女中奉公している。

芦川いづみは本作でもＳＫＤの踊り子で、どうやら多々良がパパさんで、二人が食事をしている場に鶴田や同窓生が同席し、大学では応援団長でならした鶴田のことは皆知っていて、連中は調子に乗って踊り出す。まだ十代の芦川は初々しくもセクシーで潑溂たる若さに溢れている。芦川の出演シーンは少ないが『蛮から社員』はなかなか面白い作品であるが、定番的なもので筋も予想できる。その点、参考にしたであろう小津の『淑女と髯』はサイレントの喜劇だがモダニズムの色が強い作家主義的な作品といえるもので、『蛮から社員』はそれに比べると大衆的な作品である。

鶴田は会社勤めとなり二十年もしまってあった父の服を着て出社するがヒゲはそのままである。この会社に同窓生であったが親のコネでもう専務になっている男がいて、彼は淡島と結婚しようと思っている。彼には銀座のバーの女（淡路恵子）がいる。この男が鶴田を困らせてやろうとマネキンをデパートまで運んで行けと命じるが途中で壊れてしまう。鶴田は責任をとって会社を辞めようとするがそれが新聞記事となりかえっていい宣伝になったと社長は喜ぶ。映画はゴルフ場で淡島が恋心（鶴田のことが好きになっている）を突然歌い出しミュージカル調になってしまうシーンもある。会社のある部長が粗悪な品を輸出して一儲けしようとしていることに専務もぐるになって動いている。そのことを鶴田を好きになった部長の愛人であった芸者から知る。ヒゲを剃ってほしいと淡島から言われて剃ると、ピカピカの二枚目となり出社すると女子社員は「鶴田浩二そっくりだわ！」「サインして！」というところが笑わせる。

クリスマスパーティで淡島が専務と踊っていると鶴田が芸者と来て鉢合わせになる。社長宅で開かれた新年会では、鶴田と淡島が剣道対フェンシングで対決することになり事故で淡島は負傷する。ただその時、淡島は私が思い上がっていた、好きになることが憎くてあんな態度だったと謝り、鶴田との結婚を意識する。その後、坂本が危篤になり、病院で淡島は彼の娘が鶴田を慕っていることを坂本のいまわの際の言葉で知って結婚を諦めようと考える。それで彼女は鶴田に近いうちにアメリカへ行って音楽の勉強をしたいので、あの話はあれっきりにしてほしいと婚約を解消する。鶴田はいい人生勉強になりましたと淡島に別れを告げ坂本の娘と結婚する。子供と原っぱのシーン、スラプスティックな展開、プラトニックラブなどいろんな断片から小津映画の影響はうかがえるが、松竹小市民映画らしい終わり方である。

芦川いづみの役は、ＳＫＤであるので、そのままということであるが、踊り子の役というのはその後、ほとんどない。

『若き日は悲し』（一九五四）

『若き日は悲し』は、短かった芦川いづみの松竹在籍の最後の作品である。美空ひばり主演の青春映画であるが、ある面シリアスな民主主義時代の青年たちを描く岩間鶴夫監督作品。芦川いづみは青年団若草会の一人で、赤ちゃんを背負っているが、それは子守の仕事をしているのであって、若い会員である。出番は多くないが、とんちゃん（トミ子）と呼ばれるマスコット的存在である。

『若き日は悲し』は港町静岡県の清水市で、牛乳販売店を営む一家の兄（石浜朗）と妹（美空ひばり）の物語である。石浜が暗い顔で売れなかった牛乳瓶を持って帰ってくる。どうやら小さな店で冷蔵庫も買えないので牛乳はすぐいたむのである。石浜は誠実で青年団の中心でありハムレットというあだ名である。美空は歌うことが大好きな明るい娘で、東京の音楽学校へ行く夢を持っている。ただ父と兄は彼女が本当の妹ではない秘密を持っていて、その事実は本人も知らない。音楽に夢中の美空だが、今の暮らし向きから東京へ行くことは無理だと諦めている。実の兄妹でないということも、そろそろ言わなければならないが、石浜は美空のことが好きになっている。

若草会は町を明るくしたいという青年たちの集う場であり、会合を開いて集まり、ハイキングなどのレクリエーションも楽しむ。一九五〇年代の時代背景として民主主義的青年団活動があったと思うが、本作にはその時代がよく描かれている。父の友人の資産家（斎藤達雄）は店に何かと援助してくれて、今回の大型冷蔵庫の金も出してくれそうである。

そんな時斎藤の息子の大学生（山田真二）が東京から

帰省してくる。山田は美空に好意を持ち、父も息子の嫁に美空が欲しいと言い、それは暗に資金を出す条件でもあった。石浜は山田と同級生で親友でもあるので複雑な思いがある。山田の家では、この話を承知してくれたら音楽学校の学費も出そうという話になった。願ってもないことだが石浜の本音は美空が好きだし、実はまだ真実は知らないが美空も兄に肉親をこえた愛情を感じている。

途中で清水市にホンモノの美空ひばりが来て、その公演を見に来た美空が、やはり歌手の道に進みたいとホンモノと相談するサービス精神あふれるシーンもある！青年団で日本平に行って帰宅した美空は、父と兄の話から実は兄とは血のつながらない他人であることを知ってしまう。このことから『若き日は悲し』はシリアスな青春映画となっていく。山田と美空の婚約を祝うパーティが開かれ、山田の祖母（東山千栄子）母（沢村貞子）も参加し青年団の面々がそれぞれ芸を披露するが石浜は自分の番が来てもできないでいる。そこを美空が助けるべく「ブラジルの花嫁さん」といったマンボ風の歌で踊る。この手のジャズ風の音楽を嫌悪する斎藤は怒って出て行ってしまう。石浜は妹にこのことを謝らせようとするが反面、自分のことを好いてくれているのだと嬉しい気持ちもある。

さて真実を知った山田は、美空が本当は石浜の方が好きなのだとやけを起こして遊び呆けて飲んだくれている。親の方も険悪な関係となり借金を返せと言ってくるし、斎藤の家もいろいろな悪評が新聞沙汰になり窮地に追いやられる。父は石浜にこうなったのはオマエのせいだと責める。しかし美空は悪いのはお父さんよと、ついに家を出る。必死で妹を探す石浜は、失恋で自殺しようとして助かった入院中の女から、妹の本当の気持ちを聞かされる。青年団が結集して斎藤の家を助けるには山田を参加させるしかない。石浜は探し回って、やっと酒場にいた山田を見つけるが、その取り巻きだったやくざに絡まれ死んでしまう。山田は美空に「すまなかった許してくれたまえ」と謝る。悲しみに包まれた石浜の葬儀が終わり、山田は大学へ戻っていく。兄の日記を読む美空は、兄の思いをかみしめる。そして誰もいない海で、思いっきり「一郎さァーん」と叫ぶ。「兄さん」でなくその名で呼ぶのである。当代の人気スターであった美空ひばりはシリアスな役をきっちり演じている。

岩間鶴夫監督については、全く知らなかったが舟橋聖一原作、岡田茉莉子主演の『愛の濃淡』（一九五九）を実に面白く見た。同監督の『姉妹（きょうだい）』（一九五三）という作品には無名時代の芦川いづみが出ているシーンがあり、橋田壽賀子脚本、厚田雄春撮影の映画である。

芦川いづみは、こうして松竹でそれぞれ傾向の異なる作品に出演して映画界にデビューした。やがて新天地である日活で花開いていくことになるが、松竹の三作品は川島以外あまり知られていないと思う。

3　巨匠の夢

一九五四年、製作再開された日活には各社から監督だけでなく女優も移籍してきた。北原三枝は松竹から南田洋子は大映からで、共に二十一歳であった。次の年には十四歳の浅丘ルリ子が『緑はるかに』（井上梅次監督）のオーディションで選ばれてデビューする。

芦川いづみは日活再開の翌年、ＳＫＤ（松竹歌劇団）からというか正確には松竹映画『東京マダムと大阪夫人』（川島雄三監督、一九五三）でデビュー、その後松竹で二作品に出た後、日活に入社する。十九歳であった。それから一九六八年に引退するまで日活専属の女優であった。「戦後の『坂の上の雲』」（関川夏央「昭和が明るかった頃」の帯文、文藝春秋、二〇〇二年刊）ともいえる日活という映画会社に在籍したことが芦川いづみの幸運であった。十五年近くを女優として活躍し、驚くほど多彩な演技で多くの映画に出演した。芦川のその輝きを遅れてきた世代である私も今全身で受けとめる（リアルタイム的には一九六六年の正月映画『四つの恋の物語』（西河克己監督）を地元の津日活で見ている）。

日活で一〇〇本ほどの映画に出演した芦川が、その初期に田坂具隆作品に連続して出演したことは特筆すべきだろう。戦前からの巨匠である田坂具隆監督は『五人の斥候兵』（一九三八）『土と兵隊』（一九三九）そして『女中っ子』（一九五五）と戦前戦後を通して日活で活躍する。そのような経歴から撮影所のスタッフから尊敬されたであろう田坂の映画に若き新人女優は選ばれることになる。『乳母車』『陽のあたる坂道』『若い川の流れ』という三作品は、芦川いづみなしでは考えられない映画である。

私はここで、同時代的なある偶然に気づいた。それは田坂具隆と芦川いづみ、内田吐夢と野添ひとみの関係である。松竹少女歌劇団付属・松竹音楽舞踊学校で芦川と同期（戦後八期生）だった野添ひとみが、長い中国大陸残留から一九五三年に帰還した内田吐夢監督の『たそがれ酒場』（一九五五、新東宝）に出演している。日活多摩川時代からの同志ともいえる両巨匠が、大東亜戦争後も、かろうじて生を得て、戦後に輝くような若い女性に希望を託したと考えられる。その若い女性が芦川いづみと野添ひとみである。

帰国した吐夢は、十三年のブランクを乗り越えて一九五五年に三本の映画でカムバックを果たした。『たそがれ酒場』はその一本で（他は東映の『血槍富士』、日活の『自分の穴の中で』）、東京のダウンタウンの大衆酒場が舞台の群像劇である。その酒場の若きウエイトレス役の野添の出番はそれほど多くはないが、吐夢は主演の零落した画家小杉勇の対極として戦後派の野添に希望を見出そうとしていると思う（この辺りの詳細は、四方田犬彦「無明　内田吐夢」河出書房新社、二〇一九年刊で解明されている）。

『乳母車』（一九五六）

『乳母車』で田坂具隆は、まだ新人ともいえる芦川いづみを主演にしている。これは同年の『しあわせはどこに』（西河克己監督）の初主演に次ぐもので、芦川にとっては記念すべき作品である。彼女の持つたおやかな若さや素直さが、広島で被爆したこの監督に、何か次世代の希望を感じさせる素材と映ったのであろうと思われる。芦川の役は鎌倉に住むブルジョア家庭の一人娘である。

冒頭、芦川の水着姿があり、アッと驚いてしまう。大学の友人の家のプールで、男性二人と女友だちは中原早苗である。原作は多くの作品が映画化された石坂洋次郎（原作と映画については後述する）。本作は芦川の石原裕次郎との初共演作であり、両者にとっても日活での代表作と言っていいだろう。裕次郎は『太陽の季節』

『乳母車』新珠三千代、芦川いづみ

とになる。田坂の文芸映画に出演、俳優としての真価を問われるこ一九五六）で「太陽族映画」のスターとなった後、巨匠（古川卓巳監督、一九五六）、『狂った果実』（中平康監督、

映画は芦川が友人から父に愛人がいることを聞かされショックを受けることから始まる。「人生の真実に対面する勇気はあるかい？」と告げられて聞かされた「真実」は父に愛人がいるということであった。彼らには家庭があっても外で恋愛をすることは否定されるべきでないという、若い学生の青臭い自由恋愛論はあった。しかし、芦川にとっては少なからずショックで、その夜、母山根寿子に言うと、母親は愛人の名も住まいも知っていた。山根は「お父さんもオトコだからよ」と冷静で夫に苦情は言わないと平然としている。世間では夫の浮気を責めることが、かえって夫が気持ちのはけ口が出来て楽になるのだ、苦情を言わない方が、夫は困ってしまうというのだ。この時代の一般論として家族、男女関係はどうだったのだろう？　ブルジョア階級が保守的であるとは断定できないし、自分の恵まれた環境はなくしたくな

いという思いもあろうが、かといって戦後の自由な風潮の中で女性は専業主婦であっても夫や家庭に従属するだけではない。

『乳母車』は三人の女性の映画であり、最終的に女性の自立を描くもので、その高い意識は作られて六十年以上たった今でも驚かされる。ラストで父の愛人新珠三千代が、「女性の誇り」ということを口にする時、男女共同参画などというコトバもなかったこの当時の商業映画の中で、堂々とこういう台詞が発せられたことに感動を覚える。大学生の芦川、父の愛人の新珠、母の山根が、敗戦後十年の日本社会の中で、それぞれ自立して生きていこうという姿に、何か触発された観客（特に女性）はいただろう。だが、そのような社会的意義（？）以上に田坂が芦川に託したものが、映像から感じられる。それは「桑原ゆみ子」という役柄のキャラクターよりも芦川本人の資質から発生したもので、九品仏浄真寺境内で、父と愛人の子供である赤ちゃんを抱きしめ泣き出してしまうシーンに顕著なのだが、この前後のシーンの伊佐山三郎のキャメラも、境内の静寂さを捉えつつ円環する映像で、風景と芦川を重ねて、本作の真のテーマである人間のモラルに迫っている。

母が言った愛人の住まいは世田谷の奥沢にあり、原作では芦川の家もその近くの等々力なのだが、映画では海の見える鎌倉にしている。芦川はその家に行ってみることにする。女子大生らしい清楚な雰囲気ながらどこかで対決するような意思を秘めている。東急九品仏駅で降りるが、現地ロケーションは当時をよく伝えていて小さな商店街からまだ舗装されていない道を通り、父の愛人新珠の家に芦川が行くと新珠の弟の裕次郎がいた。背が高くて茫洋とした彼は工科の大学生。石原裕次郎は太陽族スターから田坂監督の演出で文芸映画に初登場する。ここでの二人のやりとりが見ていて気持ちのいい実に明快なもので、それは戦後の若者の健全な生態を描いてきた原作者の物語が石原裕次郎と芦川いづみという最適の俳優によって具現化されたというべきものである。

芦川は「父はかわいそうだ、肯定しているわけではないが」、そして「母は父を責めるのではなく、今の生活を変えていかなくてはならないようになるのを待ってい

『乳母車』芦川いづみ、石原裕次郎

る」と自分の気持ちを伝えると、裕次郎は「クソババアめ！」と言ってしまう。ここでの二人の会話も原作に拠っているのだが、当時の大学生（進学率はまだまだ少なくエリートであった）らしい若さの発露が感じられ「実生活に鍛えられていない観念的なおしゃべりだ」という芦川の発言などリアリティがある。

『愛人』新珠がお手伝いさんと帰ってくる。裕次郎は赤ちゃんを乳母車に乗せて散歩に出る。その後、芦川は新珠と対面するが、お互いに嫌悪感は持たない。いやむしろ初めての対面から清潔なといっても過言ではないオーラが流れ対立的構図より共感する交流が伝わる。芦川いづみは、そちらの傾向があるとは思われないが、女性相手の関係がうまくいく。特に新珠には『風船』（川島雄三監督、一九五六年二月公開、『乳母車』は同年十一月公開）においても深いシンパシーを感じるのだが、芦川と女性との関係は別稿で改めたい。

新珠は、今の自分と芦川の父（宇野重吉）ついて「世間的にはお金で若い女を買った」ということだろうと思われるが、そうではなく「家庭を、奥様やゆみ子さんを大事にしている」お父様だからこそ好きになったのだと告白する。このサッパリした性格の新珠に好意を持った芦川のその後の行動が、爽やかに描かれ『乳母車』は一本筋の通った展開となる。世の中でありがちな父の浮気事件と一家の離散が悲劇的あるいは泥沼試合の様相を呈することのないのは、ブルジョア階級の経済的安定というものが、まずはあるのだろうが、それよりも一個人の人格が重視されているからだ。

本作のハイライトは、その後、寺の境内で、赤ちゃんを置いたまま寝てしまった裕次郎の元から芦川が乳母車を押して勝手に離れていってしまうシーンだ。原作において「不敵な決意」をもって実行した「絶望的な性質」を有した行為が映画でどのように表現されているのだろうか？　それで浄真寺境内で芦川がいたずら心から赤ちゃんの乳母車を押していくシーンだが、途中ぐずるので、おむつを替えると女のコだったと判明、「そうだったのネー　妹欲しかったのよ、ワタシ！」と思わず赤ちゃんを抱きしめるのだ。ここでも芦川の女性原理＝女性共感の萌芽が発見される。裕次郎は赤ちゃんが行方不明になったことで、慌てふためき芦川を恨んで、芦川に怒りの手紙を出す。だが、それ以降は次第に共感が深まり、彼女の「一生、マリ子ちゃんの味方になる」という手紙に力強いものを感じる。原作のゆみ子（芦川）の宗雄（裕次郎）への返信の一部を少し長いが引用する。

「乳母車を盗んで境内を出てから、私は、堤の並木の沿った小みちで、赤ン坊のおむつをかえてやりました。ああ、赤ちゃんの股ぐらが私と同じ女性であることを見出した時のひそかな、熱い親密感！（男の貴方などには分かりっこない）それから、私は赤ン坊をそっと抱き上げました。その瞬間、私は、赤ン坊と私は同じ血を分け合った姉妹であることをハッキリ感じさせられ、ほんの四、五秒の間でしたが、私は歯をくいしばってエッ、エッと泣きむせんだのです。貴方のようにチンピラな叔父さんなどより、赤ん坊は、私のほうにはるかに近い人間であり、私は一生、この子の味方になろうと、その時、決心したのです。」

映画より原作の方がはっきりした主張で過激であるくらいだ！　実は原作「乳母車」は彼女が手紙を書き終えたところで終わっている短編である。原作は最近、講談社文芸文庫で読んだが、ほんとに短いものである。そこで映画はこの三倍以上の長さと展開があるのだが、ここでは文庫版の編者である三浦雅士の解説（一部）を引用させていただく。「おそらく石坂が長編小説の腹案を監督と脚本家（澤村勉）に語り聞かせたに違いないと私は思うが、映画化の経緯を語った文章は、管見を恥じるが、眼にしていない。明瞭なことは、女が自立してバーのマダムになるという設定が長編小説「光る海」に生かされているということである。また、当事者およびその家族が集まって拡大家族会議が開かれるという着想もまた「光る海」、「颱風とざくろ」そのほかに生かされているということだ。石坂が腹案を話したとしか思われないが、感嘆するのは、映画関係者を創作仲間として扱うその姿勢である。度量の広さなどというものではない。物語の展開を生かそうとして外部をも巻き込んでしまうその手法がしたたかなのである。」となると映画『乳母車』の世界は原作者の協力が大きいし、それぞれの人物がその立場を否定することなく、相手と向き合い共に生きるところがすばらしい。母山根は家を出る決心をして鎌倉駅の最終便で上京する。そしてバーのマダムになり自立していく。父は弁明するでもなく、娘だけは出て行ってほしくないと願っている。さらに新珠も、宇野と別れたいと言い、別れる以上もう援助は受けられないと仕事を探して安下宿に移り住むことになる。

『乳母車』の最大のクライマックスは、この安下宿の二階の部屋で、全員参集したところだ。この拡大家族会議は若い二人が、マリ子の幸せのために全員が集まって話し合おうということで計画した。反目し合う妻の山根と元愛人の新珠そして取りつく島もない感じの宇野が居合わせて、修羅場となりそうなところ沈黙が続き長い時間がたつ。ここで結論を見出したわけではないが、妻と愛人から、女性の自立が宣言されるという意味では注目すべきだろう。この映画自身は、新しい思想性を打ち出す目的はないが、今見ても新鮮なのは当時の社会構造がよくわかることだ。男はやはり旧社会の中にいて解放されてはいないし、女性が生きていくのは大変で、特に仕事と子育てを両立することが困難であることは目に見えている。それでも新珠は、社会の秩序から浮き上がってはいけないし、周りの人にも負担になってはだめだという倫理上から、子供は私が育てますというのだ。いささか理想主義的な気がしないでもないが、個人が尊重される戦後民主主義の希望へとつながる。

『乳母車』はタイトルにふさわしい微笑ましいエピソードで幕を閉じる。ベビーブームの時代を実感させる「赤ちゃん大会」に裕次郎と芦川は、夫婦＝両親となってマリ子を参加させる。母親にはとても見えない芦川は急ごしらえで、それなりの母らしい格好をするところがおもしろいが、めでたく三位となった。二人は、この結果をみんなに伝えて祝賀会をしようということになるが、はたして集まるのだろうか？　映画はそこまで描いていないが、巨匠の夢を託された芦川いづみは、それに見事に応えたと思う。田坂は続いて二年後の映画史に残る文芸大作でも芦川を起用する。

『陽のあたる坂道』（一九五八）

『陽のあたる坂道』は田坂具隆の戦後の代表作であり、二部構成209分の文芸大作である。製作の坂上静翁は、続く田坂の『若い川の流れ』の企画者であり日活文芸映画の中心となった人物。本作こそ「戦後の坂の上の雲」と讃えるべき名篇で日本映画黄金時代でこそ作り得た一作である。坂道を北原三枝が左手からフレームインして陽ざしの中を歩き出すところは、新しい時代が来たのだと実感せざるにはいられないファーストシーンだ。そして、ここでも田坂は芦川いづみに、大きな希望を託している。

田園調布の豪邸に住むブルジョア一家。当主は出版社を経営する父（千田是也）そして母（轟夕起子）、長男（小高雄二）、次男（石原裕次郎）そして長女が芦川いづみである。何一つ不自由のない裕福なこの一家には、出生の秘密を持つ裕次郎と身体障害者の芦川がいて、みんながバラバラの複雑な人間関係の実態がある。女子大生の北原が、末っ子の芦川の家庭教師として雇われることになる。洋風の邸宅に着いて、まず粗野な態度の裕次郎と対面してしまうが、当の女子高生芦川とは早速意気投合し、人生の教師ではないが友人として仲良くなれそうに思う。ここでの芦川の対女性つまり北原との関係性も興味深いところだが、それは『青春怪談』での彼女らの関係を含め、これも別稿とする。芦川は自分の体について「びっこを引くでしょう」と言うが、直截に北原がどうしてそうなったかを聞くと、それには答えない。

『陽のあたる坂道』北原三枝、芦川いづみ、石原裕次郎

北原の住むアパートの隣人に、ある母と息子がいて、その母（山根寿子）が柳橋の芸者時代に、千田との間に生まれたのが裕次郎であった。このブルジョア階級と庶民階級という対極的な二つの家族を、田坂は誠実なまなざしとリアリズムで鮮やかに描いていく。乱雑で奔放にみえる裕次郎は、実は気配りができる優しさを持ち、均衡を失いかねない一家を支える人物である。障害を持つ芦川は少々ひねくれたところはあるが、その愛らしさから一家のマスコット的存在であり、最初の場面で、長兄が「医者のタマゴ」であることを表すのだが、脈をとるところとタマゴを掌でころがす所作のキュートさは彼女以外考えられない！

『陽のあたる坂道』で注目すべきは、このブルジョア一家がエネルギッシュに生きていこうとする姿にエールを送っているところであり、それはまだ戦中派的人情の中で生きている庶民の生活より新時代の精神性だといえる。裕次郎は父にきっぱりと実母との関係を問い質す。飾り気のない北原を信頼した芦川は、お目当てのロック歌手ジミー小池を紹介するために彼女を銀座の店に連れて行く。この若者が、裕次郎の父違いの弟（川地民夫）であった。一家の持つ傷がだんだん露呈しつつも、それは回復（再生）に向かうものでもある。北原が誰もいないお屋敷の庭でのびやかにダンスをするシーンは、彼女がこの家の救世主たることを暗示している。裕次郎は彼女を実母のことで問い詰め、隣人であるその人のことを知る。新年を迎えて各人の運命が急展開していくことになる。裕次郎は実母に家で会うが、仲間たちと宴会をしているところに闖入し、屈託のない母の人柄に好意を持つ。その夜、育ての母轟から妹の芦川がびっこになったのは、家族が思っていることとは違い、兄の小高が原因であったことを知っていると聞かされる。だが、裕次郎はそれが自分のせいだと主張して譲らない。轟は、そのことは裕次郎が包容力をもって一家を支えてくれていることだと実感している。実子である小高が、そのトラウマから人格的欠陥を持ちいつ崩れてしまうか心配だというのだ。芦川と小高を連れて帰郷しスキーを楽しんでいた北原は、小高から愛を告白される。久しぶりに家族一同が顔を合わせた一家の重要な会議が、前半のクライマックスである。そこに参加した北原は嵐のような場の後、全員で「久しき昔」（イングランド民謡）を歌う姿に感動する。「こういう家庭はめったにあるものではない。何かしら空々しくて何かしら立派だわ。一人一人が縮まってないで、がっちり生きている。澄んだ透明な空気が風の中を流れていくような……」。『陽のあたる坂道』の第一部は、こうして北原の大いなる覚醒ともいうべき深い思いを込

『陽のあたる坂道』石坂洋次郎、石原裕次郎、北原三枝、芦川いづみ、田坂具隆監督

めて終わるが、芦川いづみは第二部において本作のテーマを体現する存在となる。

＊

第二部は芦川いづみと川地民夫にウエートが置かれていると思えるほどに、この若い二人の印象が鮮烈である。映画のラストは病院から「ヤッター」のサインで出てきた芦川が川地と歩いて行くシーンである。主人公的には、こちらも結ばれるであろう裕次郎と北原で終わるところ、おムギとター坊に巨匠は来るべき時代の希望を託しているのだ。

本作で最高のシーンは、午前七時に神宮外苑絵画館前で、芦川が川地と会うところだろう。何度もリフレインされる佐藤勝のメインテーマの旋律も印象的だが、朝靄がたちこめる清々しい冷気を感じさせる伊佐山三郎のキャメラが素晴らしい。ここで芦川の回想シーンとなる。彼女は中学生の時に一人決心して、病院の婦人科へ行って、自分が子供を産める体かどうかを診てもらうのである。対応する頑固な老医師が小杉勇であることもどこか暗示的で、田坂具隆にとって、かつての分身ともいうべきこの名優を使っていることでも最重要なシーンと言えるのではないか！　医者は芦川があまりに幼いので診ずに大丈夫と言うが、彼女が「科学者がそんな生ぬるいヒューマニズムでいいんですか！」と反論したので、体を調べる。そして健康で何人でも子供を産める体だと保証される。このことを当の病院を目の前にしながら芦川は川地に告白する。ここには幼いながらも勇気を持って行動する女性が描かれ、豊かな感性と演技力で演じた「くみ子」を見ると、この役に芦川を当てた田坂の正当性に得心する。

この後『陽のあたる坂道』は痛みを伴いつつ、殻から脱皮していく人間を描いて感動的な輝きの中で終盤を迎える。兄の小高は、ファッションモデルの渡辺美佐子と関係があり、こじれたことからヤクザたちから金をゆすられることになる。ただ、間の抜けた男（小沢昭一）の間違いで、裕次郎が女の家に連れて行かれるが、人違いとすぐ判明。場末の飲み屋で、兄は弟に身代わりを頼む。そして裕次郎は轟に手切れ金の無心をするが、もちろん彼女には真相はわかっていた。それどころか、いつか老後の面倒は裕次郎に見てほしいとさえ言う。ここには血縁以上に人間の信頼関係に対する深い考察がある。

石原裕次郎は文芸作品である本作でも理想的な「ヒーロー」には違いない。兄の小高雄二が医学生というエリートでありながら精神的な弱さを抱えているのと反対に、妾腹の子であるにもかかわらず育ての母轟夕起子と産みの母山根寿子両方に愛情を持ち、両者からも親しまれる広い心の持ち主である。さらに男たちに対してもカッコいい正義漢ぶりを発揮する。まず多摩川の河原で弟川地民夫にパンチを食らわせる。そして兄小高雄二の挑発的な差別発言に対しても強い一撃を与える。彼等にとってそれは「愛の鉄拳」ともいうべきもので、それぞれの頑なな心を解放するものであった。河原で取っ組み合いをする兄弟を、北原と芦川はリンゴを齧りながら見ていて、ボコボコに殴られて倒れた川地に芦川は「負けたのね、子供みたいに泣いちゃったのね。よかったわね、いい兄さんが出来て。でもあなたがサッパリ泣いたって、それでいいのよ。ステキ、ステキだわ」と感涙する。こんなオーバー過ぎる情感が芦川であることで昇華され、テーマに繋がる場面となった。兄と弟の絆が強く結ばれ、みんなでクラブに踊りに行く。裕次郎は衝動的に北原にキスをして、顔をぶたれる。このことが若い二人にも繰り返されるが、裕次郎は相手が求めていたことで何ら恥じることはないと言う。それが真実であることは、兄との最後の対決において証明され、二人の愛が成就した瞬間、この愛の闘いが勝利し、戦後民主主義が祝福されると言ってもよかろう。

原作は前年（一九五七）刊行され、すぐ映画化されブルーリボン賞を受けるなど評価も高く、大ヒットでもあった。原作者は主人公像に裕次郎を当てはめているとか、裕次郎と川地の兄弟に、スタインベックの「エデンの東」にヒントを得ているという当時の批評を肯定していないが、映画はその時代の社会的な背景も含めて大衆に支持されただろう。つまり『陽のあたる坂道』はある意味では教条的な体質がないこともない。石坂洋次郎の原作も教訓的な作品であり、映画は、戦後十数年のこの時代、大衆に愛されテーマも見事に訴えるものになっている。さらに『陽のあたる坂道』が、こうして後々になっても色あせることのない余韻のある名作になっているのは何故だろう。

ラスト、芦川は「すばらしいなあ、まっすぐな脚で歩けるかもしれない」。その脚の先に長い長い道が見える。この映画は、誰よりも芦川いづみの名作だ！

『若い川の流れ』（一九五九）

『若い川の流れ』は、『乳母車』『陽のあたる坂道』に続いて田坂具隆監督が芦川いづみを起用した三作目。不朽の名作（陽のあたる坂道）と比べて、同じ石坂洋次郎原作である本作は二番煎じの感は否めない。石原裕次郎の人気はいよいよ高まり日活映画が邦画各社の中で多くの若者を集客できるようになると、ややラブコメディ色のある青春映画を狙って『若い川の流れ』は作られ、一九五九年の正月映画（併映が鈴木清順監督『らぶれたあ』）として公開された。名匠田坂監督だけに俗臭はなくタイトル通り清潔さあふれる快作である。清流を花束が流れるタイトルバックにモダンな文字でメインタイトル。続くスタッフ・キャスト名にはアンダーラインが引かれている。リリカルな佐藤勝のメインテーマは何度もリフレインされる。

映画はオフィス街を俯瞰で撮った斬新なカットで始まり目を奪われる。『若い川の流れ』は石原裕次郎の明朗なサラリーマン物であり、彼のドジなまでの実直さと裕次郎をめぐる会社の同僚である北原三枝と専務の娘の芦川いづみの関係を、若々しくのびやかに描いていく。田坂監督は文芸映画によって、石原裕次郎をある理想化されたヒューマニストに成長させたが、それは彼の俳優人生に大きな影響を及ぼしたと思われる。本作を『陽のあたる坂道』と比べてしまうのは仕方がないが、撮影・伊佐山三郎、美術・木村威夫という常連スタッフの仕事が見事な調和を見せ、むしろこちらの方が肩の力が抜けて軽快というべきであろう。

芦川いづみは裕次郎の会社の専務・千田是也とその妻・山根寿子の一人娘である。ブルジョア階級の恵まれた環境にある若い女性を実に生き生きと演じる。思えば田坂三部作において、芦川は同工異曲のキャラクターではあるが、パターン化を免れているのはさすがである。裕次郎と北原が総務部庶務課で働く会社はどのような会社であるかは詳らかではないが、退社前に裕次郎は北原から「専務が重役室に来るように」と告げられる。千田に自宅に荷物を届けるように命令されるのが物語の発端となる。それは裕次郎が娘の婿候補の一人と目されていることで、家では必ず家内か娘に会うようにとのことであった（因みに荷物の中身は古靴！）。家には芦川がいて、裕次郎のぶっきらぼうな様子に好意を持ったようだ。渡辺武信は「言語のユートピア—裕次郎の青春ドラマの意味」において、本作のこの場面から「そのトリックを笑ってバラしてしまう芦川いづみは、あきらかに人間関係の調整手段としての嘘を感覚的に容認している。つまり彼女は、『陽のあたる坂道』で、兄の裕次郎に向って『人間が一緒に生きていくためには、時には嘘も必要だわ』といった、あの芦川いづみの成長した姿なのだと言えないこともない。」（「日活アクションの華麗な世界」未来社、二〇〇四年刊）と分析する。他方、裕次郎も美人で屈託のない芦川に魅力を感じて家に上がり込んで、テニスをして夕食までご馳走になっていく。ここまでを第1パートとすると、若い二人の初対面の明朗性がすばらしい。相手をまっすぐ見てハッキリものを言う芦川の存在感がキラキラして他の田坂作品同様、信じるべき戦後の価値観の象徴であるようだ。

裕次郎と芦川が中心となり、そのまま専務の家の入り婿となってしまうのかと思うが、サラリーマン物の定石として社内の北原との関係に重点が置かれる。裕次郎は北原が専務に自分の個人情報を伝えたことに立腹し、あある日、退社後に二人は会って話すことになる。本作においては、この第2パートともいえる場面が映画の核心である。地方の造り酒屋（両親は東野英治郎と轟夕起子）の息子で、女性とのスマートな付き合いを知らない裕次郎を憎からず思っている北原だが、自分のことをチクったと恨んでいる裕次郎とは意地の張り合いもあり反目し合っている。だが、本作で最もエモーショナルな感興があるのは、初デート（?）となるその長い一日である。

当時の恋愛映画の男女がどのようであったかはともかく、この日の二人は激しく対立し、そして意気投合する。この日は本当にいろいろなことがあり、道中では不良ら

『若い川の流れ』芦川いづみ、石原裕次郎

しい男に声をかけられる（実は北原の弟川地民夫）。少しずつ打ち解けて彼らには身分不相応なステーキハウスで食事をするが、そこに専務一家がやってくる。北原は空が見たいと屋上へ行き、専務の妻山根から、いつか夫が北原に好意以上の思いを持つだろうと忠告されたと打ち明ける。石原も彼女の正直な気持ちに感化され、北原を抱きしめ振り回す。夜遅く下宿に帰ると田舎から両親が上京していて、母轟は女心のわからない息子に呆れる。母はとっくに北原が裕次郎に愛情を持っていることを察していた。北原も帰宅し、母高野由美や弟と今日のことを問わず語りに言っているが、その夜裕次郎から彼女に電話がかかり、最後に「北岡みさ子のバカヤロー！」と叫ばれる。それは北原を幸福感に満たすものであった。

この一連のシーンの輝きが映画のハイライトである。それは、この青春映画が六十年前の価値観で描かれているかというと、実は現代でも通用する女性の自立性が存在しているからだ。特に北原三枝の姿には＃ＭｅＴｏｏの時代もかくやと思うような仕事においても男女関係においても際立った女性像を見ることができる。彼らの同志的結合は、今見ても爽やかであり、たぶん当時の若者に新鮮な感動を与えたと想像されるが、それが旧世代に属する名匠の演出であることも驚きである。

　では、芦川はどうか？　彼女は裕次郎のことをどう思い、自分の生活をどう考えているのであろうか？二十三歳の誕生パーティを境にして第3パートとなる『若い川の流れ』は、人を愛すること、その人と生活していくことについて真摯に考えていく。若い男女が集まったパーティで裕次郎は大学時代の友人小高雄二と再会する。音楽プロデューサーとなっている彼は、芦川に夢中になっている。パーティもお開きになるころ彼女の部屋でショスタコビッチを聴いた後、キスまでかわす。では彼女は小高を愛していたのかというと、それはわからないが、このことは映画の展開としては裕次郎と北原そして両親に微妙な影を落とすことになる。特に芦川が小高とのことを母に告白し、それは別に結婚の約束をしたことではなく一回きりのことだと言うのだが、そのおおらかな自然さは、他の女優では表せないだろう。『若い川の流れ』が湿っぽい旧弊さから脱却しているのは、芦川の知的でキュートな生活感によるところが大きい。恋に悩む小高と酒場で飲んでいささか興奮し自分はどうなんだという裕次郎。二日酔いで寝込んでいると思った北原が裕次郎の下宿に見舞った後の追っかけっこなどはスラプスティック的ノリというように後半の展開は少しサービス過剰の感があるが、裕次郎と北原、小高と芦川が結ばれるであろう暗示もある。

「ずいぶん回り道をしたと思わない？」と言う北原に「川は曲がりくねって流れるもんですよ。若い清冽な川の流れは」と裕次郎は答える。田坂具隆監督は、本作を最後に日活から去るのだが、戦後の新しい民主主義時代にふさわしい希望の星として、芦川いづみを発見したと思う。

4　最多監督・西河克己

巨匠・田坂具隆監督との三作品は芦川いづみの女優史に刻まれるものであるが、日活で芦川が最も多く出演した監督は西河克己と中平康である。職人肌の西河だが、プログラム・ピクチャーの名匠と呼ぶべきで、その多彩な作品は、そのまま芦川が多彩な人物を演じたということでもある。芦川いづみが出演した西河克己作品は次の十本である。

『春の夜の出来事』(1955)
『東京の人』(1956)
『しあわせはどこに』(1956)
『孤獨の人』(1957)
『美しい庵主さん』(1958)
『風のある道』(1959)
『気まぐれ渡世』(1962)
『青年の椅子』(1962)
『青い山脈』(1963)
『四つの恋の物語』(1965)

『春の夜の出来事』(一九五五)

『春の夜の出来事』は、芦川が『青春怪談』に続いて出演した日活移籍後早々の作品で、西河(河夢吉)と中平康の脚本だが、原作がなんとドイツの児童文学者エーリッヒ・ケストナーの「雪の中の三人男」で、けっこう愉快なユーモア小説も書いていたようだ。物語は、大会社の社長(若原雅夫)が懸賞に匿名で応募し、スキー場の赤倉温泉のホテルに招待され、身分を隠して貧しい身なりで投宿、執事の伊藤雄之助を社長にしてというところから始まるドタバタ喜劇。作品としてはグランドホテル形式の人物配置や人を外見だけで見てしまうことへの風刺精神もあるが、社長令嬢役の芦川いづみについて西河は「その頃はただ可愛いだけ……」(西河克己、権藤晋「西河克己映画修業」ワイズ出版、一九九三年刊)とのことであるが、この役は彼女にぴったりで赤倉で泊り客の青年(三島耕)と恋におち、最後に青年と母(夏川静江)は社長宅に招かれ、おそらく二人は結ばれるだろうという結末。女中頭の東山千栄子、宿のじいさんの左卜全、ニセ者演じる音楽の黛敏郎というキャスティングだが、ホテルの余興でピーターパンの仮装をする芦川の可愛らしさは特筆に値する(本作は別稿で扱う)。ということで西河＝芦川映画は始まるのだが、このコンビの映画を見ていこう。

『東京の人』（一九五六）

『東京の人』は前後篇からなる二部構成の文芸作品で、公開は同時上映だったようだ。原作は川端康成が新聞各社に連載していた流行小説のメロドラマである。文芸物のプロデューサーである坂上静翁の製作で、田中澄江、寺田信義、西河が脚本で、前年に『春の夜の出来事』で西河映画に初々しく登場した芦川いづみは、この『東京の人』においては重要な役を演じることになる。人物の位置としては後年の名作『陽のあたる坂道』（一九五八）とよく似ていて、ある一家の末っ子の高校生で崩壊していく家族の中でピュアな存在として家族を支えることになる。

映画は東京駅に出版社の社長（滝沢修）を会社の社員（新珠三千代）が迎えに来るシーンから始まる。どうやら新珠は滝沢に恋焦がれていて本作においては、この二人の関係が最後まで続く。滝沢は会社経営に行き詰まりやがて姿を消し行方不明となり自殺したとうわさされる。芦川はこの滝沢の実子であり、敗戦直後、宝石商であった夫を戦争で亡くした月丘夢路と知り合って共に暮らすようになった。滝沢が連れていた幼い子が高校生となっている芦川である。当時月丘は駅前の売店で雑誌を売っており、そこで雑誌を出していた滝沢と出会ったのである。今はお手伝いさんもいる家で月丘と芦川は仲良く入浴しているほどに愛情あふれる関係だが、月丘には実の子の左幸子と青山恭二がいる。姉の左は演劇に夢中で母とは折り合いが悪く、劇団の金子信雄と同棲中である。兄の青山はまじめな大学生であるが、芦川のことが好きでたまらず、やがてセツルメント運動をするようになりホームレスであてどなく暮らしていた義父滝沢を見つけることになる。

『東京の人』は複雑なメロドラマである。月丘は宝石店を始めることになり、ある家に外商で行ったところ、偶々芦川が少女時代に世話になった医師（葉山良二）と再会することになる。それで芦川の誕生日に葉山も招待しお祝いをすることになるが、芦川は葉山にあこがれを持っている。その日帰らなかった父滝沢からのプレゼントを持ってきたのは新珠である。本来ならここで月丘は新珠に対して女の争いになるのだが、そうはならない。それ

『東京の人』芦川いづみ、左幸子

は月丘が葉山のことをその若さや人間としての魅力で恋しく思い、また葉山も年上である月丘の魅力に抗しがたいものがある。「若いものは恋をするために生き、老いたるものは生きるために恋をする」というアフォリズムが披露されるが、この『東京の人』において月丘の恋あるいは滝沢の恋というか慕われていることも「老いらくの恋」というテーマとなっている。葉山の周囲は彼の結婚相手には芦川がふさわしいと話を進めていく。もちろん葉山も芦川に好意を持つもののやはり月丘の色香に惑わされ関係まで持ってしまう。こんなことから実の親子より仲の良かった月丘と芦川の間には亀裂が入り、芦川は友人宅に身を寄せ、左と青山もそれぞれに家を出て月丘は一人になってしまう。他方、滝沢のことを慕う新珠はいつまでも彼を探してさすらうが、彼女の姿がロマンチックで『東京の人』は、月丘、新珠、左、芦川と戦後映画史に名を残す女優をそろえた「女性映画」ともいえる。西河克己の力量であろうか、通俗的なメロドラマであるが、戦後民主主義社会の背景もさりげなく描いた『東京の人』は長尺だが全く飽きることがない。

ではこの映画の誰に当時の女性観客はシンパシーを持っただろう。思うに、芦川に関して言えば十八娘のかわいいいドレスとか街頭募金の時のセーラー服とかごく地味なブラウスの普段着に、この時代の等身大の少女像をみて共感したのではなかろうか。

敗戦後十年がすぎた日本の社会はヒューマニズムという良心がテーマとなり西河克己の諸作にもそれが出てくるのである。本作における女性たちの中で魅力的かつミステリアスなのは新珠であり、かつての社長とはいえ尾羽打ち枯らした滝沢を慕い続けるこの女性の過去には一切触れていない。そして相手の滝沢は当時の中年男性であればやはり戦争体験者であり、出版事業に携わったインテリであろうが暗い影を持つところにもどこか惹かれるのだろうか？

「東京」ということであれば、この戦後復興目覚ましい街への愛着と離別も描かれる。月丘は銀座で亡父の部下だった人物と宝石店をはじめ、その二階に住むことになる。それは彼女のあるいは一家の新しいスタートともなるのだろう。わだかまりが解けて芦川は母のところに戻り、青山は民生局の仕事で父を探し出す。芦川は父に会いに行くが、やがて彼は新珠と船出して東京を離れる。葉山はおそらく月丘と別れるためにドイツへ旅立ち、羽田に送りに来た月丘の姿を目に焼き付ける。東京の街を歩く芦川と青山のこれからを暗示してこの大作は幕を閉じるが、日活入社二年目の芦川いづみは早くも作品的には最高潮の域となっていた！

『しあわせはどこに』（一九五六）

『しあわせはどこに』は、西河が川端康成原作の『東京の人』という文芸大作の後、「平凡」連載の小糸のぶ原作を映画化した通俗的ともいえる小品である。80分というタイトな映画の中で幸せとは日々の苦しさの中から見つけるのだという健気な主人公を芦川いづみが演じる。芦川は父が南方で戦死、母が空襲で亡くなったという孤児で、伯父夫婦（殿山泰司、北林谷栄）に世話になっていた。映画は芦川がさる会社の入社試験を受けるところから始まるが、孤児は採用されないと諦めていたが、二本柳寛の紳士の尽力もあって合格し秘書室勤務となる。そして会社の青年、葉山良二と宍戸錠に見初められるが、芦川は純朴な葉山に好意をもちお互い愛し合うようになる。まだ豊頬手術をしていない宍戸はきざな男で同僚の堀恭子ともねんごろになっている。

本作のテーマは「幸せ探し」であり、恋愛メロドラマだけでなく母ものであり、実は母が生きていることを事故死する前に、伯母は教えてくれた。母は殺人犯として長く服役中の身であった。そのことを知った伯父はもともとヤクザがかったオヤジで、芦川を金ヅルにしようとの魂胆を持つしあわせを阻止する男である。実は母（山根寿子）の罪は、戦時中強姦されそうになって誤って男を殺したのであり、模範囚として出所して各地を転々としている。娘である芦川は何とか母の行方を捜そうとする。

そうこうするうちに鳥取の名家の息子である葉山に地元で見合いの話が来るが、彼の心は芦川しかなく、自分の下宿に彼女を住まわせるまでになっている。母も娘を一目みたかったのか下宿を訪ねるが会うことができなかった。だが、山根は偶々葉山が帰省する列車に同席し、しかも田舎の葉山のところで働いていたということで、母と判明する。電報で駆けつけた芦川に、山根はあくまで母ではないと言い張るが、やはり母情は募り上京してやっと再会というところ殿山が芦川を誘拐し、危ないところ母は深手を負って娘を助ける。そこに来た二本柳寛は二十年前、山根と恋人だったというのもあまりにも出来過ぎで、監督も言うように「オンナ、コドモ向き」の大衆メロドラマには違いない。だが、惹句にいう「母を慕いさすらう乙女」＝芦川が見事なはまり役だし「愛の手をさしのばす純情の青年」＝葉山も相手役として最高である。ハラハラする展開だが、苦しさの中から幸せを願い求めるオーラが伝わる脚本は池田一朗と西河、製作は児井英生。薄幸の地味なヒロインを芦川は西河先生の演出できっちり演じている。このコンビとしてはもっと名作はあるが、心にそっと秘めておきたい珠玉の一作である。

『孤獨の人』（一九五七）

『孤獨の人』は芦川いづみの西河作品四本目だが、「孤獨の人」とは時の明仁皇太子である。一九五九年に美智子妃とご成婚だったので、本作はその前の平成天皇の「青春」を描いたものということになる。『孤獨の人』はその皇太子の学習院高等科三年のクラスメートの物語で原作は藤島泰輔、児井英生製作の作品である。

映画はその三年の教室に新任の教師中川晴彦が入ってくるところから始まるが、こんな学校でもいたずら好きは変わらず黒板けしが落ちてくる洗礼を受ける。その中心が津川雅彦でやんちゃな感じだが、すでに皇太子のご学友である青山恭二から彼もご学友になることを告げられる。それは両親（清水将夫、原敬子）にとって光栄なことだったが、津川はやや反抗的なところもあり叔母月丘夢路に惹かれて大人の入り口に差しかかっている。津川ともう一人が小林旭で彼らを中心に皇太子が「自由」を体験できないかと計画する。小林は反骨精神を待ち学習院の女子部の稲垣美穂子のことが好きであるが、小林と彼女が歩いているところを殿下は車中から見て興味を示される。『孤獨の人』は皇太子が日の丸に囲まれ護衛されている時しか行動できないのかという思いからもっと人間らしい自由に生きることができないのかという問題を扱った映画ともいえる。ただどの作品でも同じだが、本作でも皇太子はまともに映ることはなく白い手袋をいつもして背後あるいは横からの撮影である。つまり畏れ多い存在なのである。それでも古都への修学旅行と銀座へのお忍び外出という二つの行動は皇太子にとっても普通の青年らしい体験となるのだが、その先導役が小林である。

『孤獨の人』小林旭、芦川いづみ

芦川いづみは、小林が葉山の海岸で出会う少女の役である。海辺で本を読んでいた芦川は小林と何回かデートするが夢中になるのは小林で、それ以上の関係にはならない。芦川の白と黒のワンピース姿は清楚であるが、本作では皇太子妃となる美智子様を連想させる稲垣美穂子がむしろ注目であろう。西河は「……ゲテモノ、いやキワモノかな。……」(「西河克己映画修業」)と言っているので、こういう話なので右翼からの抗議もあったようである。京都の修学旅行のことが週刊誌にスクープされ銀座へ行って、華やかな街の雰囲気や喧騒の中で多分味わったことのない経験を皇太子はされ、殿下にもそんな若者の気分を共有してほしかったのがクラスメートの思いであったが、それは許されないことであった。とはいえ『孤獨の人』はその生き方を批判したりする映画ではなく、学習院高等科をやがて卒業していく若者である津川や小林や青山や秋津礼二(のちのオペラ演出家三谷礼二)市村博などのいつの時代も変わらない青春像を描いている。前作『しあわせはどこに』は主演であったが、芦川の本作の出番は多くない。

『美しい庵主さん』(一九五八)

『美しい庵主さん』は有吉佐和子原作で、芦川いづみは尼僧の昌妙尼を演じる。クリクリ坊主頭のおムギの愛らしさは、リアルタイムで見てメロメロになった御仁も多いんじゃなかろうか? 本作でも近隣の商店のバカ息子(小沢昭一)が、「ラブしてしまった」と呆けて言っているのがおかしい。本作は明朗コメディのノリではあるが、実は昌妙尼は貧しい子だくさんの家だったので、この尼寺にもらわれてきたという境遇である。『美しい庵主さん』は西河初のシネマスコープ作品で、この頃から日活でもシネスコが増えてきている。ローカルな山寺を中心とする風景を捉えた姫田真佐久のキャメラがいい。「美しい」を原作は「うっつい」と読ませたと思うが、原作者有吉の郷里である和歌山の方言だろう。

庵主(東山千栄子)の姪浅丘ルリ子が、大学の夏休みにボーイフレンドの小林旭とかつて疎開していた尼寺にやってくる。映画は北陸の方で撮影され、ほとんどその地でのオールロケーションかと思われる。芦川映画としてまた当時の日活の製作状況を知るうえで、それなりに貴重な作品である。

旭とルリ子が、この山寺に着くまでに東京での二人の生活が描かれ、それは勉学というよりアルバイト中心のお気楽な学生生活である。旭はいい男ぶりなので、さるバーのマダムに気に入られプレゼントをいろいろ貢いでもらっている。ルリ子にしても割のいいバイト代のためにコールガール的なバイトをしている。何にせよアプレゲール世代の大学生である。ドライな現代っ子の二人だが、旭は芦川の清楚な美しさに一目惚れしてしまい、人

『美しい庵主さん』芦川いづみ

が変わったように尼寺で働いている。芦川より五歳下の浅丘ルリ子（一九四〇年生まれ）は、共演はそんなに多くないし、あまり接点は感じられない。

汽車とバスを乗り継いで着いた山寺は、東山はじめ高橋とよにしても七尾怜子にしても仏に仕える身にしては慌て者の人間臭い人たちで、さすが芸達者な味がある面々。主役である芦川はなかなか登場せず、旭が風呂場から見た夜目にも美しい若い尼さんに驚嘆する。ローカル色豊かで、のどかな風景とちょっと間の抜けたセンスは、フランスの田舎町を撮ったジャック・タチ風と言えないこともないが、小林旭をめぐって芦川と浅丘の恋のさや当てという展開もない。芦川は当地の大学に通っていて、僧衣姿で真面目に勉学する姿が魅力的。将来は東京の仏教系の大学に行って、ゆくゆくはこの寺を継いでいくという。旭は芦川を見てから、自分の生活を改め模範生みたいに廊下の雑巾がけなどしている。小沢昭一は、芦川と結ばれたいと高橋にすがって一喝される。芦川のところに頻繁にラブレターが届くが、それは駅員千葉信男のせつない恋焦がれる思いであった。

ある日大学の帰りネクタイを買う芦川を見て恋人がいる？　と思った旭とルリ子だが、それは兄の就職祝いであり、そこからこの若き尼の悲しい境遇が分かるのだ。貧しい一家を救うために尼寺に養子に出され、一家の窮状を助けることになるのだが、帰っても親兄弟は変によそよそしく彼女は悲嘆にくれる。そして大雨の中バス停で旭に会い、彼の屈託のなさにむしろ救われる。もっとも田舎のキャンパスでは芦川は人気者で学生が彼女を軽トラに乗せていく姿など面白い。また浮世離れした尼寺生活も新鮮な魅力がある。そんなところに一番都会的な二人が来て、その退屈さと異次元体験が少し二人を成長させるのである。芦川いづみと小林旭と浅丘ルリ子という若い三人の関係が、このローカルな地においても時代色を表している。尼さんであれ若い芦川にはロカビリーを聞きたいであろう（「木魚で踊る、ロッカビリー！」の惹句がいい）。突然帰京する二人、別れ際にルリ子はトランジスタラジオを芦川にプレゼントする。それを木にかけて、芦川がやたらと快適な音楽を聴くラストシーンが、ややイミシン？　アキラ＝ルリ子は、この後「渡り鳥」シリーズというドル箱映画で共演を続けるのだが、その直前の愛すべき小品が『美しい庵主さん』である。

『風のある道』（一九五九）

西河＝芦川コンビの次の作品が『風のある道』。原作が川端康成とあって、人の暗い宿命のようなものが底辺に流れているが、歌謡メロドラマ（主題歌はマヒナスターズ）の大衆映画でありつつも文芸作品の香りのする西河克己の名作である。脚本は川端門下の矢代静一と山内亮一、西河である。

撮影は名手伊佐山三郎で、本作もファーストシーンの自動車の撮り方がモダンで若々しい！　その車に乗っているのが、北原三枝の挙式会場に急ぐ芦川と清水まゆみであるが、急停車で轢かれそうになったワンちゃんを救うのが芦川いづみ。これだけで彼女のキャラクターがわかるが、和服の芦川はおしとやかで、洋装の清水がやたらキュートである。

『風のある道』は大坂志郎と山根寿子夫婦の美しき三姉妹（北原、芦川、清水）がくり広げる楽しいホームドラマと思いきや次々と複雑な人間関係が露呈する冷たい風の吹き荒れる映画である。長女北原の結婚相手は、金持ちのプレイボーイ岡田真澄で、人もうらやむようなマンションで新生活を始める。大坂・山根夫婦はまず一人目が片付きましたというところ。次女の芦川は、華道家元のボンボンにして野心的な事業家でもある小高雄二とすでに婚約している。小高は『陽のあたる坂道』と同じように嫌味なエリート人種ともいえる。芦川は華道の才能もあり美人なので、小高は広告塔として彼女を使おうという魂胆もあり、強引に早く挙式して、デモンストレーションとしてニューヨーク行きを計画している。

映画は三人娘のいる中流家庭が丁寧に描かれていて、表面上は穏やかな中年夫婦が、そろそろ娘たちを嫁がせていく話なのだが、この夫婦にはいつも暗い溝があり、その秘密があるきっかけで浮上してくる。山根はかつて好きだった人と別れて大坂と結婚し、今に至っているが、長女北原は、その恋人だった芦田伸介が父ではないかという漠然とした疑いが残っている。これが本作の隠れたテーマであり、この夫婦の関係が芦川と小高そして彼女が好きになる葉山良二との関係にリフレインされる。こうなるとドロドロした男女のもつれになるところ、清楚な芦川ゆえ醜悪なものにはならない。その葉山との出会いだが、小高が派手な華道展を催し、いかにも前衛的なアート風の花のところで障害のある男児が、そのオブジェを壊してしまう。彼を引率してきたのが葉山で、芦川はそこでの葉山の態度に惹かれるのである。

この当時の女性の生き方は結婚が前提としてあり、経済的に安定した男性に嫁ぐことが良縁として優先されたと思う。ただ社会的常識や家族（親）の希望がそうであれ、いく人かの男性が現れた場合、経済力や社会的地位ということと、その男性が真に愛情の対象であるかということとは別だということも当然あったであろう。

そこで芦川の相手となる葉山だが、下町の川向こうにある障害者の施設で働いている青年である。そこは信欣三が貧しいながら運営している施設で、信は友人であった芦田の息子の葉山と二人で、なんとか不自由な子供たちを教育しようとしている。実直で優しい青年教師を好演する葉山は、西河作品ではすでに『しあわせはどこに』

『風のある道』山根寿子、小高雄二、芦川いづみ

で芦川と共演している。葉山＝芦川の組み合わせは評判がよかった（「西河克己映画修業」）。その施設に冒頭で出てきたワンちゃんを連れて芦川は葉山を訪ねていく。そして彼の素朴な教育者の姿に好意を抱く。葉山も芦川のことが忘れられなくなるが、そうこうするうちに家元起業家たる小高も早く結婚せんものと迫ってくる。二人の婚約発表会に駆けつけた葉山を小高は「君は彼女を幸せにできるのか」と罵り一撃を食わせる。

　大坂と山根も、暗い過去というか解決できないままのことを秘めて長年家庭を営んできた。そこへ葉山が現れたことで、山根は彼がかつての恋人の息子であったと知る。宿命的な人間関係だが、ここらの心理描写は見事で、マヒナスターズの歌にのって芦川も本当の恋を諦め悲恋のまま終わりかと思うとさにあらず、ラストで大逆転がある。長女北原も夫のことで、いろいろあったが何とか元のさやに納まったことで、両親も次女の相手である小高について複雑な思いはあるが、まあこの結婚が幸せであろうと婚前旅行へニューヨークに行く支度をして芦川はじめ家族が羽田へ行くことになった。葉山は失意のうちにブラジルへ行くことになり、彼が好きではあるが、このまま華道家元夫人になるのかと？　ここで活躍するのが、自分も葉山のことが好きだった清水まゆみで、両親のタクシーは羽田へ向かったが、彼女らの車は急に横浜へと進路を変える。だが港に着くとすでにブラジル行の船は出発した後で、もう会うことはできないか……というところ物陰から葉山は姿を現し、二人は抱き合う。情緒過剰なまでのラストシーンであるが、悲劇的宿命を乗り越えた表情を芦川は自然体で演じた。両親が着いた羽田ではたぶんひと悶着あったであろうが、大坂と山根は何か吹っ切れたように空港の道を歩いて行く。

『青年の椅子』（一九六二）

西河克己は文芸的小品ともいうべきいくつかの佳作を発表したが、芦川いづみを起用した八作目の『青年の椅子』は、石原裕次郎を初めて担当したもので、西河が日活のエースとしてスター裕次郎映画の監督に抜擢されたということであろう。『青年の椅子』は、その期待に十分応えたもので明朗なエンターテイメント快作である。

源氏鶏太のサラリーマンもの（脚本も定着していた松浦健郎）で、とにかく胸がスカッとする話で観客も満足しただろう（併映が浦山桐郎監督『キューポラのある街』）。

芦川は日東電機営業部のタイピスト。西河が彼女をはじめて使ったとき「ただ可愛いだけ……」との評価であったが、ここでは仕事のできるキャリアウーマンを堂々と演じ、かつ魅力もある理想化され過ぎたヒロインである。裕次郎は彼女の部署に転勤してきた豪快な青年で、会社における権力争いの渦中に飛び込み、正義派の営業部長宇野重吉を危機から守り、恋の方も成就したような結末である。裕次郎は宇野を尊敬している。総務部長の滝沢修は、宇野を失脚させ、そのポストを狙いリベートの甘い汁を吸おうという魂胆で、彼にべったり腰巾着でいるのが、芦川と婚約している藤村有弘。

さて会社の創立記念でお得意様を鬼怒川温泉に招待することになり、裕次郎は接待係となる。先輩である芦川は大事な客だが酒癖が悪い者には気を付けるようになど、いろいろとレクチャーする。水谷良重は芦川の学生時代の同級生で取引先の会社社長の令嬢である。もう一方の

『青年の椅子』水谷良重、石原裕次郎、芦川いづみ

会社社長東野英治郎は酒癖が悪く水谷にしつこく絡む。裕次郎はその態度についに堪忍袋の緒が切れて東野を投げ飛ばしてしまう。この一件で宇野は滝沢に苦言を呈され、裕次郎を叱責するが、反面、信頼を持つようになる。水谷は父の会社の専務と結婚させられそうだと芦川に打ち明けるが、その専務が滝沢とつながっている高橋昌也である。宿の風呂で顔をあわせた裕次郎を東野は気に入り、自室で飲み直す。これを知った藤村はすかさず盗聴器を仕掛ける。ここらの描写は生き生きとして、西河センセイの職人技も磨きがかかってきたところだ。芦川は姑息な藤村に愛想が尽き婚約を解消するが、それは裕次郎に好意を持ち始めたからでもある。営業部の同僚谷村昌彦は気の弱い飲んべえで、裕次郎にお金を貸してくれという。彼はワナにかかって宇野失脚の原因を作ってしまう。高橋はまじめを装いつつ女にバーをやらせ、最後には会社を自分のものにして滝沢とうまいことやろうとしている。そんな時、水谷の会社の朴訥（ぼくとつ）な青年山田吾一と会った裕次郎は、彼の正義感が会社を救うと判断する。そうこうするうちに谷村がリベートを貰ったことで、監

督不行き届きで宇野は詰め腹を切らされる。ここらのサラリーマン社会の内戦は、まあパターンでもあるが、なかなかドラマチックで盛り上がる。東野は会社の方に宇野の辞表を保留するよう談判し、やがて滝沢や高橋の仕組んだことがばれてくる。裕次郎と芦川は、水谷の父小川虎之介を大磯の別荘に訪れ、事の真相を知らせる。そこに高橋も来るが、ついに本心を暴露してしまう。裏工作していた滝沢のところに駆けつけた裕次郎は圧倒的な迫力で追及する。最後には常務の芦田伸介も辞表を書くのは君の方だと滝沢に宣告する。

それぞれの会社の内紛を解決して大磯の海岸で水谷は専務の高橋が辞めたことを裕次郎に伝える。彼は彼女が山田と結婚することを薦める。そして裕次郎自身は会社の屋上で芦川にプロポーズするが、ここらがからっとしていて、このカップルの現代性というか関係が今見てもカッコいいのだ！　男の申し出にタイピストの芦川の返事は、書面で「私こと、あなたからの結婚のお申込みを、心から嬉しく承諾いたします」と書かれていた。芦川は清純派というより理知的な存在で評価するべきだ。本作のＯＬ（ＢＧと言ったか？）姿の芦川はフレッシュで当時の観客は新鮮でかつ憧れただろう。芦川は裕次郎に夢中になるのではなく、ちゃんと計算して未来のハズバンドとなる男かを見ていく冷静さを持っている。サラリーマン物の権力争いとしての『青年の椅子』はドラマチックだがやはり古臭い。そんな中で芦川いづみが今見ても現代的である！

『青い山脈』（一九六三）

西河克己はリメーク映画の名手である。『青い山脈』はもちろん戦後映画を代表する今井正監督『青い山脈』（一九四九）のリメークであるが、なかなかの出来栄えである。石坂洋次郎原作、池部良、原節子主演の今井版『青い山脈』の脚本を書いた井手俊郎と西河がシナリオを書いている。当時西河は石坂洋次郎原作物を多く撮っていて（『若い人』『雨の中に消えて』『何処へ』『悲しき別れの歌』）日活映画の文芸路線の一翼を担っていた。今井版と比較することはしないが西河の『青い山脈』は吉永小百合主演で、かつて杉葉子のやった役である。古い城下町の女

『青い山脈』吉永小百合、芦川いづみ、二谷英明

子高が舞台で、本作は島崎雪子先生の芦川いづみの映画といえる。それで今井の原節子とどう違うかは後程触れたい。

その伝統ある女子高の職員室で、芦川の机上の本に彼女に横恋慕している藤村有弘がラブレターを入れるところから始まるが、その本は古参教師の北林谷栄がそのまま持っていく。これがラストまでの伏線になっていく。本作は「ラブレター」の映画といってもよく、吉永のところにあるラブレターが届くが、それはどうやらクラスのある者が、転校生で校風になじまない吉永を貶める偽の手紙ではないかと彼女は疑う。それで吉永は芦川に相談に行くが、芦川は、ここに女性同士の陰湿ないじめを感じ、クラスにおいて究明していこうとする。古い因習の残る町で、東京の女子大出のインテリである芦川はその古臭いモラルこそ改めるべきだという熱い思いを持っていて『青い山脈』では、彼女が古い町の女たちの生き方を変えるような行動をする。それは新しい民主主義の本質を問うことだが、芦川が適役なのはイデオロギー的にならないことで、周囲に芸達者な役者を並べてテーマも明確だし娯楽作品としても楽しめるのはさすが西河先生だ。

校医である二谷英明も芦川に好意を持っているが、ある時、彼の古臭い考えに腹を立てて芦川は二谷をぶってしまう。吉永に偽のラブレターを書いたのはクラスメートの進千賀子である。また吉永と浜田光夫（今井版では池部良）の様子を見ていた者は、彼女を不謹慎と非難する。このことから学内では騒動となり、古い伝統を守るのか、新しい自由な教育を選ぶのか、つまり生徒と芦川が対立し、急遽職員、ＰＴＡ役員会議が開かれる。石坂特有のこういうモラルの攻防は多くの作品にみられ、戦後の文学さらに映画に大きな影響を与えたと思う。

芦川にとっても石坂原作の映画は大きな意味を持ち、今回の島崎先生も原節子よりリアリティがあるのは大正生まれの原が敗戦後、新日本の旗振り役となった今井正演出で革新的な先生を熱演するも立派すぎるのである。その点、巨匠田坂具隆の石坂三部作を経ての芦川の島崎先生は、なんと新しい感性に満ちていることか！　吉永も泥臭いたくましさがあり、飄々とした浜田をやがて夫として、かかあ天下の家庭を築くだろう。職員、ＰＴＡ会議は紛糾するが、最後に北林が藤村の手紙を読むに至って、そこで述べられているのは「主体性」ということだが、それによって芦川の主張が勝利するのだ。戦後はこの主体性が真に問われる時代であった。

ＰＴＡ会長は今井版と同じ三島雅夫だったり校医に惚れている芸者は前作の木暮美千代を意識したかその役の南田洋子に黒子をつけたりしているのは遊び心か？　西河は「つまり民主主義という言葉が輸入品の言葉として流行った。八紘一宇が民主主義にただ入れ変わっただけなんです。〝民主主義〟、そして〝暴力否定〟ってのがやたら出てくるんですよね。そういうところが時代の差が出てくるところです。」（「西河克己映画修業」）と言っている。そういう意味では西河克己版『青い山脈』での芦川いづみは新鮮であった。

『四つの恋の物語』（一九六五）

『四つの恋の物語』は西河克己監督と芦川いづみの十作目で最後の作品となる。六五年末公開の正月映画で私は

『四つの恋の物語』芦川いづみ、和泉雅子、十朱幸代、浜田光夫、吉永小百合

地元の津日活で見ているのだが、同時上映が裕次郎主演の『赤い谷間の決闘』（舛田利雄監督）。この頃はもっぱら東宝の映画ばかり見ていたので、なぜ日活へと思うのだが何の記憶もない。余談だが、次週の日活の番組が、あの武智鉄二の『源氏物語』（一九六六）で、芦川は藤壺の女御役なのである！

さて西河は芦川いづみ出演のいくつかの佳作を残したが、『四つの恋の物語』は西河センセイの中では凡作で、日活をふくめ映画界全般に最盛期を過ぎ、陰りが出てきたころの映画でもある。「四つ」とは四人姉妹のことで、芦川、十朱幸代、吉永小百合、和泉雅子が演じており、当時の日活女優陣のトップを揃えた正月映画らしいキャスティングだろうが、芦川がダンゼン美しいと思う。原作は源氏鶏太の「家庭の事情」で、定年退職となったやもめ男の父親が五人の娘に退職金と貯金を合わせた全額を（自分も含め）六等分する話で、映画化（脚本・三木克巳）されたものは四人姉妹となっているが、大筋は変わっていない。源氏鶏太は「サラリーマン小説」を多作し映画化されたものだけでも八十本に及ぶというから映画会社に多くの題材を提供した救世主と言えるかもしれない。

映画では定年退職した父（笠智衆）が、その全財産二五〇万円を、みんなに等分し五〇万円を渡している。なかなかシビアだなとも思うが、今なら二〇〇万くらいの価値だろう。主役は三女の吉永で調子のいいコメディ役なのだが、やっぱりこのヒトはこういうのは無理なのだ。上の二人（芦川と十朱）がクラく、下の二人（吉永と和泉）がアカルいというのは、時代背景もあり疎開していたころの思い出というのも出てくるのである。

「恋」というのは、姉妹それぞれに恋人がいて、離婚歴のある芦川は、どこか暗い影があるが、妻子ある下元勉と不倫関係となっている。十朱は藤竜也に惚れているが、彼女が五〇万円を彼のために用立てると他の金持ちの娘と付き合い始めている。吉永にはブルジョアの関口宏がプロポーズするが、浜田光夫が本命で、末っ子の和泉はチャッカリ屋で関口に岡惚れしている。しかし注目したいのは娘たちでなく父の笠智衆である。五十五歳で定年となり当時としてはもう老人なのだろうが、この笠が「恋しちゃったのよォ！」と鼻歌を歌い小料理屋の女横山道代に惚れられていると思い込む姿がおかしくも哀れ！　それでまだまだ欲望をギラギラさせているオトーサンの笠は、べったりと接近してくる横山に有り金をむしり取られるところであったが、お金を娘たちに分けたことがわかると、横山は手のひらを返したようにサーと離れていく。横山のこのドライな豹変ぶりが何とも言えない。原作にもこの女は登場するが、再婚相手の候補者で娘たちの良き相談相手となる女性は映画には出てこない。娘たちの恋愛が中心なので、その方が賢明だろう。

本作における芦川はわき役であるが、下元の愛人として生きていくにも不安があり、喫茶店でも開こうかという長女なのだが、まだ三十そこそこである。当時の女性は今よりもっと大人で落ち着きがあったように思うが、それは芦川のキャラによるところもあるだろう。その彼女がラブホテルから出てくるところを次女の十朱が見てしまうのであるが、もちろんそれを口にすることはない。主役である三女の吉永をめぐって労働者階級の浜田と資本家階級の関口が恋のさや当てなのだが、吉永が浜田を選ぶのは当時、日活の労働組合の力が強かったからか？

そんなこともあるまい。

『気まぐれ渡世』（一九六二）

西河克己＝芦川いづみ映画はほとんどが誠実な感動系の文芸作品だが、『気まぐれ渡世』は唯一コミカルなアクション映画である。

宍戸錠は拳銃使いの名人であり射撃場で賭けをして稼いでいる。腕は立つがどこかとぼけた風来坊は宍戸のムードにぴったりで気まぐれな日々を送っている。ある日、勝負して珍しく負けた相手の藤村有弘は身分を隠しているが刑事らしい。彼にしてはシリアスな味のある役どころだ。二人は意気投合して銀座のバーを飲み歩くが、ある店で赤ん坊を連れた男が来て、その男は殺されてしまう。宍戸は仕方なく赤ん坊を自分のアパートに連れてくるのだが、どうしていいかわからない。翌朝、アパートの隣室から赤ちゃん用にと牛乳瓶を失敬しようとすると、そこにいたのがシスター姿の芦川いづみである。その名をスール・マリー蕗子というが、なんとも人を食った名前ではないか？

『気まぐれ渡世』の芦川いづみは他のシリアスな西河克己映画にはないキャラクターで相手の宍戸のコミカルさにマッチする漫画的な感じだがキュートさは光っている。彼女は戦争孤児で教会の孤児院で育てられたという境遇であり、今もその孤児院には多くの子供がいる。赤ん坊はその施設に引き取られることになる。

宍戸も孤児院で育ち何度も脱走しているが、やがて戦争となり外地で戦っていた。そこで戦友だったのが内田良平なのだが意外なところで再会することになる。ここはオーソン・ウエルズの『第三の男』（キャロル・リード監督、一九四九）のイタダキとのことらしいが（「西河克己映画修業」）、戦後、宍戸はやくざ渡世に生き、戦死したと思っていた内田は暗黒街で拳銃の密売をしている。それが旧陸軍の拳銃であったことから二人の関係が見えてくる。そして赤ん坊の母親と名のる女（香月美奈子）が出てきて教会から赤ん坊を引き取る。だが、実の母親は産後すぐ亡くなっていて、香月は内田の情婦であり大きな密輸取引のスパイにもなっている。香月は「夫はなぜ殺されたのか？」と言って宍戸に接近する。赤ん坊を

『気まぐれ渡世』宍戸錠、芦川いづみ

預かってくれと言った男を殺した拳銃から宍戸は犯人とされ逮捕される。だがそこから、この改造銃が大量生産されていることが分かる。宍戸は別の留置所に送られる時に護送車から脱走して谷中の墓地に行く。そこで死んだはずの内田に会うのだが、彼は人が変わって今や犯罪者となり密造の拳銃を売っている組織の人間であった。

芦川いづみは本作では正義感が強く常に神を信じるシスターだが、教会の広場でソフトボールのピッチャーをしてバッターの宍戸を空振りさせるなど明朗なところが面白い。事件が解決して、宍戸は、またどこかに気まぐれに流れていく。西河克己としては『六三制愚連隊』（一九六〇）から始まる和田浩治主演の「小僧」シリーズと同系統の映画（「西河克己映画修業」）と言う。こういうギャグ満載のコミカルな作品で何かピシッとくだけたところを押さえて作品を引き締めるのが芦川いづみの魅力である。

西河克己は、日活のプログラム・ピクチャーの中心の一人として六〇年代末まで数多くの作品を送り出した監督。和田浩治主演の「小僧」シリーズや中編『俺の故郷は大西部(ウエスタン)』（一九六〇）という珍品も興味深いが、芦川出演作品は、誠実でオーソドックスなものがほとんどで、『気まぐれ渡世』というコミカル味の一作を例外として文芸作品と言える。そのような意味でも、芦川いづみにとってのベストの監督として西河克己先生を挙げておきたい。

5　あの手この手・中平康

西河に次いで芦川いづみの出演作品が多いのが中平康監督で、九作品ある。

『誘惑』（1957）
『紅の翼』（1958）
『その壁を砕け』（1959）
『学生野郎と娘たち』（1960）
『あした晴れるか』（1960）
『あいつと私』（1961）
『アラブの嵐』（1961）
『結婚相談』（1965）
『喜劇　大風呂敷』（1967）

中平はデビュー作『狂った果実』（一九五六）で日本映画のニューウェーブとして注目され時代の寵児となったが、後年は不調で、どちらかといえば不遇な晩年であった。中平は西河とタイプも作風も異なるが、芦川が中平映画で見せた多彩な面は、その作品の魅力ともなり見逃せないものである。出演一作目の『誘惑』（一九五七）から最後の『喜劇　大風呂敷』（一九六七）までの十年間、日本映画は繁栄期から斜陽へと向かう時代ではあるが、映画は滅びることはない。中平映画の最多出演者は、一位が中原早苗の十一作、二位が芦川の九作、三位が渡辺美佐子の八作である（「中平康レトロスペクティブ映画をデザインした先駆的監督」プチグラパブリッシング、二〇〇三年刊）。中原、渡辺ともに芦川と共演も多く、特に中原は同い年ということもあり注目すべき存在である。

中平＝芦川コンビの頂点は一九六〇年であり、その年を中心とする三連作は中平の絶頂期と日本の政治的高揚期が重なり傑作が続くことになった。シリアスな学生運動物から和製スクリューボール・コメディそして石原裕次郎とのコンビの大ヒット作まで芦川は、それぞれの役を見事にこなして作品に貢献している。とりあえず騒乱の時代の三作を概観しておく。

『学生野郎と娘たち』（一九六〇）

『学生野郎と娘たち』をポリティカルで反権力的な一作と印象付けたのは、ラストの「うるせいぞ、ロッキード」という台詞を中原早苗が叫んだからであるが、今見ても新鮮な、ある意味では実験的な学生たちの群像描写が展開する。曾野綾子の原作（「キャンパス110番」）を山内久が脚色、ただし原作はほとんど使われていないという。かなり「サヨク」的な作品にも思えるが、青春喜劇とある。だが喜劇というより悲劇ではと思える暗い内容である。後の『あいつと私』のように安保反対のデモが描かれることはないが、本質的には『学生野郎と娘たち』がより政治意識が強い。というのは学生たちには一番切実な学費値上げ反対闘争が山場であるからだ。「学生野郎」は卒業したら就職することが目標だが、就職難の時代でもある。「娘たち」つまり女子学生は寮生活をしていて一つの部屋に寝起きして、そこがまた学生自治活動の場でもある。

日本にあまた大学はあるが、ほとんどくだらないというのは、米国帰りの少壮学者、中谷昇である。主人公の学生たちの大学に中谷は学長として迎えられ大改革が進むが、その一歩が学費値上げであった。それに反対する学生たちはストライキに突入、女子寮で闘争委員会が組まれ、その中心が「おんな忠治」中原早苗である。つまり中平の最も過激派的作品『学生野郎と娘たち』の主人公は中原なのだが、実年齢が同じの芦川は、本作のリアリズム路線というか動の中原に対して静の立場で苦悶の果てに、悲劇の最前線を背負ってしまう。

女子大生は清水まゆみ、楠侑子、高田敏江などの日活の若手女優が並び、集団の中でそれぞれの主張が語られるが、全体のトーンは政治主義的であり芦川は中原と対立する。男子学生は長門裕之の貧乏な演劇青年、バイク屋を営む岡田真澄そして芦川の恋人である秀才の苦学生伊藤孝雄というところである。『あいつと私』（一九六一）が同じ安保闘争を背景にしながらも裕次郎主演のカラー大作で、こちらを陽とすると『学生野郎と娘たち』は陰でネガティブな問題作である。

　芦川いづみはお金のためにキャバレーのカウンター係そしてホステスになるが、そこの経営者のドラ息子波多野憲に無理やり犯されてしまう。そのことは恋人の伊藤には打ち明けられず二人で海に行くが、心の傷はいえず人が変わってしまう。思いつめた表情の陰性のヒロインは芦川には珍しく、コールガールになったことを伊藤に見られたことからついに思い切った行動をする。マンションに着いてご機嫌の波多野の姿を見て、思い余って波多野を殺し自分もガス自殺する。これは芦川にとっては出演作の中でも最悪の境遇の人物ではないか。学内で行われた葬儀のシーンは、いささか大島渚風ともいうべきディスカッションが繰り返され、伊藤は式に来た中谷に帰ってくれというが、中原は「なんでェ、死ぬ前に思いッきり好きといえ」と憤慨、こんなところにいられないと大学を去る。俯瞰で撮られた大学の群衆シーンに米軍機が飛んできて、それに向かって、あの過激な叫びが飛び出す。『学生野郎と娘たち』はアジテーター映画でなく政治性を内在した来るべき時代のコミュニケーションシネマだが、いかんせん早すぎた傑作だった！

『あした晴れるか』（一九六〇）

　中平は続いて『地図のない町』（一九六〇）という社会派ドラマを経て『あした晴れるか』というコメディタッチの快作を裕次郎＝芦川コンビで撮る。『学生野郎と娘たち』の陰性ヒロインと全く違うハイテンションのコメディエンヌ芦川いづみの登場である。『あした晴れるか』は和製スクリューボール・コメディの傑作だが、それは芦川の存在によるところが大である。ここでは若手カメラマンの石原裕次郎の担当となるフィルム会社の宣伝部員を生き生きと演じる。黒ブチ眼鏡をかけた彼女の姿は多くの映画ファンの記憶に残るもので、けたたましいばかりの膨大な台詞、アクションにしても、あるいはアルコールにしても、すべてが過剰というノリだが、それをこなした才能と努力は芦川の女優魂だろう！

　新進カメラマンの裕次郎は秋葉原のヤッチャバ（青果市場）に住んでいる。『あした晴れるか』はゴミゴミしているが人間臭い一九六〇年の東京を裕次郎と芦川が駆け抜ける元気のある一作だ。裕次郎がカメラ会社の宣伝部に行く日の朝、野菜満載のオート三輪に乗っていくところでメインタイトル。新入社員の芦川が対面した裕次郎に「アンリ・カルティエ＝ブレッソンは云々」とか高尚な写真芸術論をまくしたてる。二人は「東京探検」というシリーズで、深川の不動尊、佃島などをカメラに収める。芦川は信欣三と高野由美の娘で、姉渡辺美佐子は前衛書道の先生、弟（従兄弟）が杉山俊夫。芦川は徹底して中性的ボーイッシュなスタイルで知的な雰囲気を保ち、ずっこけてもキュート！　印象的なのは初対面で西村晃編集長に裕次郎と中華料理店へ行って、冷静なようでペロッと舌を出すところ。こんなパフォーマンスが様になるのも彼女ならでは。裕次郎と芦川は恋愛感情のウエートよりドライな相棒感覚でコンビを組むところがモダンである。この時代の東京の街で芦川の最先端というべき行動ぶりを見事にキャッチしたのが才人中平康のいちばん勢いのある頃でもあったといえる。

『あした晴れるか』の芦川はハンサム（男前）に徹している。本作から半世紀以上経って「ハンサムウーマン」という言い方がされるが、何のことはないこの頃にもうこのような女性像が描かれていた。さらに中原早苗が、ここでも対極的な存在である。中原は下町育ちのホステスで、裕次郎に夢中になっている。知的で理性的な芦川に対して情感たっぷりで動物的な中原という関係は、他の作品でもそういう位置を占めていることが多い。中原のいる銀座のバーで飲んだ帰り芦川がチンピラに囲まれ、その場を裕次郎がカメラに収める。その後も酒場をはしごするが、芦川の酒豪ぶりが実に面白い。杉山俊夫がチンピラにフィルムを取り返すという約束で話をつける。裕次郎は翌朝、芦川の部屋のベッドで目がさめる。どうやら酔っぱらって彼女の家にへたり込んだようだ。二人は「東京探検」の仕事を始めるが、やはり全編をスラックスで通す芦川の姿が素敵で、森英恵の衣裳であるが芦川の抜群のセンスと当時の日活のモダニズムも感じられるのである。二人は喧嘩しつつも作品を発表し、それは会社の正面に飾られる。取材先のチャームスクールの校長（宮城千賀子）のパワーに圧倒された

『あした晴れるか』石原裕次郎、芦川いづみ

りする。ある時中原の父東野英治郎がリヤカーで花を売っているところに二人の車がぶつかってしまい、その瞬間を撮った写真が飾られる。その写真のせいで、東野は元ヤクザだったことで、ムショ帰りの安部徹に狙われるという後半はアクションになる。ここでもヤッチャバで野菜の投げ合いをするなど喜劇的なノリのシーンとなっている。

中平の娘まみは「なんといっても芦川いづみ。それまで彼女が演じたことのない役柄は笑いを誘い、愉快でたいそう可愛いらしくもあった。」そして「中華第一楼へ行こう！　というのは楽屋落ちでプロデューサー水の江ターキーさんの御贔屓の店であった」という（中平まみ「ブラックシープ　映画監督中平康伝」ワイズ出版、一九九九年刊）。同書に淀川長治先生の評も紹介されているが、「商品がタイアップなのであろうがさかんに飛び出すことも、中平はきれいに処理して見事に劇の中に同化させ、その才気は見事なものであった。けれどもこの映画はその才能が快く映画にしみこんだ作ではなく、その才をひけらかした、そのお楽しみが、そのままっすぐこちらのお楽しみまで通じなかったのである。」（「キネマ旬報」一九六〇年十二月上旬号）ときびしい！

なににせよ、モダニスト中平康監督はスタイリッシュでもあったが、その特質に芦川はふさわしかった。

『あいつと私』（一九六一）

『あいつと私』は、スキー事故で負傷した裕次郎の復帰作（待望の石原裕次郎全快第一回作品！）で、その年いちばんのヒット作となった。石坂洋次郎原作の文芸大作だが、「文芸」を超えたダイナミックな快作である。本作が陽性であるのは、安保闘争時の大学生が主人公とはいえ、恵まれた家庭環境にあるブルジョア階級の子弟たちが主人公だからだ。アナーキーだがどこか育ちの良い青年群像が生き生きと描かれる。裕次郎と同じ大学に通う芦川いづみは四人姉妹の長女で、高校生の次女が吉永小百合、中学生の三女が酒井和歌子そして四女（尾崎るみ子）は小学生である。この時代に大学に進学できたのは、まだ少数で特に女子学生は少なかったと思うが、芦川の仲良しグループを、それぞれの個人として描いているのは、今見ても新鮮である。中原早苗はドライさと古風な女らしさを共有するタイプ。政治活動に熱心なのが吉行和子で、クリスチャンの正義派が高田敏江である。「バンビ」とニックネームで呼ばれる笹森礼子は社長令嬢で大学をやめて結婚するお嬢様。（前述の中平まみの本には「笹森礼子をミンナして胴上げしたとき、落っことしちゃって腰を痛め病院に入院したがどうも相当怒っているらしい」とある。もっとも笹森はとってもいい表情を見せていて、そんなアクシデントがあったのも本作の勢いのある証拠にも思える。）そして理知的でリーダー格の芦川の五人だ。彼女らが交わす会話は実際に六十年前のキャンパスにあったであろう日常の雰囲気である。冒頭に人気教授浜村純の講義の雑談で男子学生と女子学生がやりあうことになる。「ジェンダー」にそれほど意識的であったと思えないが、ここでは女性差別的な発言をした裕次郎を女子学生は詰問してゆく。プールに突き落とされ女ものの服を着せられた裕次郎は家が近いので芦川のところで父の服を借りる。住まいは田園調布であり上流クラスの家庭で、母（高野由美）祖母（細川ちか子）がいて、男性は父（清水将夫）のみである。

一九六〇年六月十五日、安保の日、クラスメートのセレブ娘バンビこと笹森礼子が東京会館で豪華な挙式をあげる。列席した裕次郎、芦川、小沢昭一はその式からの帰り、学生、労働者を中心に激化した安保反対デモの熱

『あいつと私』芦川いづみ、石原裕次郎

気を感じる（中平まみの本には「アンポ！　反対のデモシーンの撮影ではエキストラ三千人を府中競馬場に集めて」という助監督西村昭五郎の証言がある）。彼らは式場からデモに参加し、小沢は負傷する。そしてやはりデモに参加していた吉行の下宿に行く。だがそれはポリティカルなことより映画自体をふくらませるための多面的な要素であり、大学生活の一コマは野球のリーグ戦や楽しいクラス会も夏休みの旅行も同列に描かれる。中でもセックスが大きな主題となる。それはあけすけにセックスを口にする主人公の裕次郎像に反映され、その母である高名な美容師の轟夕起子の健康的でさばけた女傑としての生き方も本作の中心となっている。キャンパスライフにも政治も恋愛もレジャーも盛り込んでサービス旺盛だが、円熟期の中平の演出はショートヘアーの芦川に理知的女子大生をリアルに体現させている。彼女は母轟と裕次郎のはじめての女であった渡辺美佐子という二人の年上の女と対立することになる。そして芦川はこの二人と本質的に対峙できる真の戦後派の登場ともいえるだろう。学生たちの宿泊所となった別荘に轟が渡辺を連れて立ち寄る。芦川は渡辺と裕次郎の間に何かを感じ、問い詰めると「彼女は自分のセックスの相手だった」と告白。ショックで暴風雨の中、外へ飛び出した彼女を追いかけてきた裕次郎は強いキスをする。翌朝、ホテルで芦川は渡辺に会い、彼女の頬を叩く。ここには理性でなく人を愛した若い娘の激情があるのだが、それが清々しいと感じさせるのは芦川だからである。

『あいつと私』は裕次郎の再起にふさわしい傑作であるが、芦川を核にした女性映画というのが実質的である。女子学生は、女っぽい中原早苗、政治行動に流される吉行和子、お嬢様の笹森礼子といったふうにバラエティーに富むが、小沢昭一、伊藤孝雄などの男子学生の方に精彩がない。政治行動も野球リーグ戦もあって、大学生活をエンジョイできる層はまだ少数派だったのだ。彼女らは将来、仕事を持つであろう。夏休みのキャンプで裕次郎に渡辺との関係を聞いた芦川はショックを受けるが、やがて人生経験豊富な轟の生き方に感銘を受ける。

轟の一家は宮口精二の弱気なパパさんも大事な存在であるし、裕次郎は本当の父（滝沢修）を知ってしまうが、そのことを乗り越えて芦川と婚約宣言して、家族の平和を守ろうとする。これは新しい保守層（?）の誕生かもしれない。田園調布というロケーションが芦川にふさわしいのは、あの『陽のあたる坂道』の印象が強いからである。それは日活撮影所という新しい映画の都の青春でもある。『あいつと私』はキャンパスや家庭の中でもセックスや恋愛を大胆に描く娯楽映画としても大ヒットしたが、田坂具隆監督『陽のあたる坂道』のような文芸名篇の香りはあまりない。

以上一九六〇年を中心とした三作は、芦川いづみが主役ヒロインを演じ代表作に挙げてもよいものである。

『誘惑』（一九五七）

芦川が中平康作品に出演した第一作の『誘惑』は、出番は多くないが映画の重要な役柄として印象深い。伊藤整の朝日新聞連載小説が原作の都会派恋愛喜劇の『誘惑』は先述の三作よりずっと洗練されていて、中平の早すぎた才能の開花ともいうべきシャープな映像が垣間見られる。撮影は本作で撮影監督に昇進した山崎善弘で、以後中平と最も多く組むことになる。

銀座の洋装店とその二階の画廊を経営する父と戦後派のドライな娘を中心に多くの人物が交差する群像劇で、父千田是也は妻を亡くし、娘左幸子と暮らしている。千田はかつて画家で大正ロマンチストの残党と言ったところだが、その若き日の恋人が芦川いづみ。若き日の恋は空しく終わり接吻することもなかった。そしてそれは彼女の方も求めていたことで、映画はラストにその恋人の娘（芦川が二役）の唇にキスするという長すぎた春（？）のようなロマンチスト千田の究極の愛の映画だ。

しかし映画全体は懐古趣味ではない。左幸子は「ライフイズセックス！」「アートイズマネー！」と宣言するような口調でアプレゲールの風俗描写が強調される。それで五十五歳という設定の大正モダニズムの千田是也も男の色気を感じさせ、経済力と共に文化的教養さらに純真さも残している。彼の店には小沢昭一と渡辺美佐子が店員として勤めているが、渡辺は化粧もせず愛想もないので店の売り上げもはかばかしくない（これが後で大変身！）。

『誘惑』芦川いづみ、左幸子、中平康監督

『誘惑』にはアートが大きなウエートを占める。美術と華道であるが、千田はもともと画家であったし娘の左は華道をやっている。それも前衛派ともいうべきものでそのグループのアトリエは、旧派の華道家の中にある。中原早苗もグループの一員で、彼らは若い画家グループと合流して千田がオープンさせる画廊を安く借りて展覧会を進めようとしている。旧派の華道に通っている轟夕起子は眼鏡の保険外交マダムだが、千田のことが気になり猛アタックする野放図なバイタリティと憎めない純真さがあり、轟のキャラクターが活かされている。話はテンポよく進み展覧会の日を迎えるが、それまでに渡辺は貧乏画家安井昌二に「美しい！　化粧すべきだ」と言われ、初めて化粧すると見違えるように美しくなり人格まで変わってしまう。この鮮やかな変身ぶりは本作で出色のところだ。さて展覧会では、この安井の絵が岡本太郎や東郷青児に褒められ、彼は脚光を浴び渡辺と結ばれる。

芦川いづみはファーストシーンの回想に少し登場しただけであったが、終盤の重要シーンでは本作のテーマを支えることになる。画家グループの葉山良二の妹である芦川は画廊の受付嬢として働くことになるのだが、その彼女を見て千田はハッと驚く。何と彼女は恋人の娘だった（それゆえにソックリ！）。そして芦川も母の残した手紙から、その切ない恋心を知っていた……というのが、この映画のロマンチシズムの極まったところである。ついに彼の思いは寝ている娘の唇に接吻することで完結する！　このように理想化された夢のような女性像は芦川をおいてほかになかなか考えられない。芦川出演の中平作品の一作目『誘惑』に彼女の持ち味が集約されている。撮影所に銀座のセットが作られた『誘惑』は、千田の店の向かいが殿山泰司の喫茶店で、ここでもいろいろな人物が交流している。まるでオシャレなフランス映画の趣があり、ベレー帽の千田のダンディズムは女性を虜にしてしまうに充分なものであるし、絵画や華道というアートの取り込み方も単に添え物ではなく映画の中に重要な位置づけがなされている。

『紅の翼』（一九五八）

芦川いづみが出演した中平作品の『紅の翼』と『アラブの嵐』（一九六一）は石原裕次郎主演のアクション映画である。『紅の翼』で芦川の出演場面はそれほど多くはなく、裕次郎の相手役は中原早苗で、この二人と二谷英明がセスナ機＝紅の翼に乗り、運命共同体となる物語である。それは八丈島で破傷風になった子供に血清を至急届けることと殺人犯二谷が国外逃亡するという「善悪」二つの事態である。傷ついた機体で裕次郎が危機的状況を乗り越えんとするヒューマニズム映画でもある。

日本遊覧航空の操縦士石原裕次郎はチーフの芦田伸介の元、アテンダントの峯品子とともに仕事を終えたところだ。峯は新聞記者の中原早苗に「職場の女性」という取材を受けている。その時、八丈島で破傷風の少年に至急血清が必要との連絡が入る。それを中原がキャッチし、美談記事になると思い同乗させてほしいと主任の西村晃に頼む。八丈島に飛ぶのはセスナ機で、チャーターした男（二谷英明）は血清を届けることに同意する。だが、この二谷こそ映画の冒頭で都心のビルの会社社長（安部徹）を射殺して逃亡していた殺し屋だった。血清を届けるパイロットの裕次郎も記者の中原も二谷が殺人犯であることは知らない。しかし機内で偶然、二谷が殺人犯であることが分かり彼は拳銃で二人を脅し自分の命令に従わせようとする。

『紅の翼』は日本で戦後最初の航空映画だという。機内はセットであろうが、セスナ機は実際に飛んで、大空を紅色の翼で飛ぶシーンが見せ場でもある。本作は中平にとってもヒット作であるが、正直ナカヒラ先生の中ではそれほど面白いものではない。こんなマジメな映画を作る人ではないからだ？　ただ裕次郎の正月映画であるし、中平本人にとっても自分の希望を実現したもので、文系と思ったが理系好みらしくメカニックなこと、例えばセスナ機の構造についても正確であったようだ。当時としては画期的な航空アクション映画で人気上昇中の裕次郎ということもあって大ヒットであった。

二谷は殺人犯であることが知れてから、さる小島に着陸させる。セスナ機が行方不明になったと会社では大騒動となる。『紅の翼』はセスナ機の三人、血清を待ち望む八丈島の様子、自衛隊や警視庁への捜索も依頼した東京の会社とスケール感も増してくる。マスコミにも「セスナ機八丈へ就航中行方不明、搭乗者三名絶望か？」という記事が載る。

会社に中原の父（滝沢修）や母（東恵美子）が来る。芦川いづみは裕次郎の妹である。なかなかの家柄らしく長男は飛行機のりで先の戦争で戦死している。芦川は良家のお嬢様で、こういう状況でもありピリピリした感情を露にしている。セスナの裕次郎には次々危機が訪れる。鞄にドル札を詰めている二谷は海岸から小舟に乗り沖の船で香港へ脱出する計画。裕次郎は二谷と闘うが手を撃たれてしまう。セスナ機はバッテリーが上がってエンジンがかからない。深手を負った裕次郎はプロペラを回せないので、二谷が回そうとするところ吹き飛ばされるが、機体に拳銃で穴をあけられてしまう。しかしながら傷だらけの身体と機体は八丈島に到着する。血清は少年の元へ届き命を救うことができた。兄裕次郎を迎えに来た芦川は晴れやかであり、青空の中を東京へ一行は帰っていく。その機体をいつまでも「ありがとう」と叫びながら助かった少年は走り続ける。中平としてはマットウすぎる一作である。なお『紅の翼』は韓国の申フィルムでリメイクされ、もちろん中平の監督作であるが、『青春不時着』（一九七四）というタイトルで公開、『愛の不時着』ではない！

『アラブの嵐』（一九六一）

『アラブの嵐』は、中平＝芦川としては『学生野郎と娘たち』『あした晴れるか』『あいつと私』に続くコンビ七作目である。これも石原裕次郎のアクションで、世評は知らないが『紅の翼』よりも面白い。『アラブの嵐』は、ほとんど海外（エジプト）の現地ロケの作品である。

大手物産会社の社長が亡くなり、その孫である裕次郎が目障りな古参の役員たちは、彼をパリあたりにやってしまおうと画策する。放蕩者と思われていた裕次郎は、すぐ日本に帰り、バーで飲んでいると会社の葉山良二に、祖父の作った温室の中でしか生きられない男と罵られ一念発起し、その祖父（千田是也）の仏壇より遺書を発見すると、そこには「狭き日本を出て、広き世界を生きよ」とあった。こうして『アラブの嵐』は日本から飛び出していく青年の成長物語であるし、映画自体も古臭い湿気の多い土壌から抜け出した明朗な一作となった。裕次郎の相手役が芦川いづみで、とびっきりの魅力的な存在であり、『あした晴れるか』と並んでナカヒラ＝おムギの代表作と言っていい。

パンナムの機内で英語を話さない裕次郎の隣にいたのが芦川で、まずはベイルート空港まで同行することになった。ここから事件に巻き込まれていくのだが、そこには民族独立派とそれを阻止する帝国主義者の暗闘があってポリティカルアクション映画ともいえるもので日活の中では異色作である。

『アラブの嵐』の魅力は、やはりエジプトに大ロケーションを敢行したその風景（ピラミッド、ナイル河、古代遺跡

『アラブの嵐』芦川いづみ、石原裕次郎

等）と裕次郎と芦川の恋愛には発展しないかもしれないが絶妙のコンビネーションが最高である。芦川は戦争中にエジプトで行方不明になった両親を探すべくカイロに寄るが、パリへデザインの勉強に行く当時としては先端の女性である。

ベイルートの空港で裕次郎の鞄が独立派の鞄とそっくりなので替えられてしまう事件がおこり、そこには独立運動の機密書類があった。カイロに着くと怪しいガイド（小高雄二）が近づいてきて、裕次郎をそそのかしピラミッドの登頂競争に参加させて、その間に裕次郎の五千ドルを奪ってしまう。芦川の両親は医師であったが戦争中にスパイの仕事をやらされていたらしい。『アラブの嵐』はエジプトで対決する独立派と帝国主義者の間で裕次郎が巻き込まれていくアクション映画である。

独立派はペンダントの中にあるマイクロフィルムに重要な情報があるので、何とか手に入れたい。そのペンダントを裕次郎は身につけ独立運動の闘士ライラ（シャディア）を助けることになる。親を探すためにカイロにとどまる芦川と裕次郎はホテルの同室にいても「女には惚れられるとも、惚れることなかれ」との祖父の言葉を念じているので、何事もなく芦川が「しょってるわ」と言うのが可笑しい。

ナイル川の畔で芦川が会った老医師（マハムド・エム・リギーリ）は現地人に成りすましているが、実父であり、ついに本当のことは告げずに別れる。この医師から真実を聞いた裕次郎は独立派と帝国主義者が結集している古代遺跡のあるルクソールへ向かう。芦川は両親がすでに亡くなったと聞いて「父の墓」があるルクソールへ一人夜汽車で向かうが、このシーンが素晴らしい。この地での独立派と帝国主義者の闘いは、独立派が勝利し解放を勝ち取る。裕次郎は帰国の途に就き、やがて日本の会社においてこの体験が大きく生きるであろう。現地の新聞に「独立」の記事が載っていた。パリへ行く芦川を実父の老医師は遠くから見送る。中平の職人性が、共同脚本である山田信夫のエトランジェ指向によって広がりを見せている。キャメラはコンビの山崎善弘。アラビア語も学んだという芦川はショートカットで実にチャーミングである。

こうして中平＝芦川は黄金の六〇年代を日活の中で生きるが、一九六〇年代前半からすでに兆しはあったが、後半になってさらに、映画界に翳りが生じてくる。時代の先端を切り興行的にも成功したころから考えると、このコンビの後期作品は精彩を欠き混迷している。それが久しぶりの出演作となった『結婚相談』と『喜劇　大風呂敷』である。

『結婚相談』（一九六五）

『結婚相談』は「芦川いづみがいままでの清純派のイメージを一新して、生活の汚れにひたる三十娘の大役をやり抜いている」というもので、当時から映画界はセックスを中心にした作品が増え、本作と同時上映されたのが、吉田喜重監督の『水で書かれた物語』（一九六五）で、やはり性を主題にしたものであった。その当時、女性は三十歳ともなると「行き遅れ」とか「売れ残り」とか言われ、本人や家族も結婚することを焦っていたのだろう。『結婚相談』は円地文子原作を、当時エロチック路線を撮り続けていた中平康の芦川いづみ主演作品で久しぶりの顔合わせである。中平は『月曜日のユカ』（一九六四）から『猟人日記』（同年）、『砂の上の植物群』（同年）、『おんなの渦と渕と流れ』（同年）と続き、ある面では彼の一つの絶頂期で、吉行淳之介原作物（砂の上の植物群）などは、なかなか傑作と思える。その当時にエロチックな役を演じたのが稲野和子だが、芦川はそのようなねっとりしたエロチシズムとは無縁であった。

　結論から言えば『結婚相談』において芦川いづみのイメージは壊れていない。また、そのことが低迷期に入っていた中平の成功作とは言えない本作にマイナスを与えるものではなかった。

　映画は芦川の友人横山道代の挙式から始まる。高卒後、母子家庭であった一家を支えるために三十まで働いてきた彼女も、あとは結婚することが人生の目的である。美人だが彼氏のできない芦川は、結婚相談所に行く。沢村貞子の所長はあなたぐらい美人ならと条件のいい二人を紹介するが、上手く話が進まない。それもそのはずで、沢村の「結婚相談所」は、それはカムフラージュであり、コールガールを斡旋する売春屋であった。そうとも知らず初老の金持ち（松下達夫）と一夜を共にしてしまう。それを沢村に逆に責められ、彼女はズルズルとコールガールとして働かされるというのだが、その描写はほとんどなく、つまりここでも「生活の汚れにひたる三十女」というほどのリアリティはない。ただ結婚を焦るばかりにカモにされた三十女の実態は、それなり演じているが、ベッドシーンや裸体をさらすことは日活が許さなかったのだろう。それで本作を中平のエロチック映画と期待するとお門違いである。家には母（浦辺粂子）がいて、妹（山本陽子）、弟（中尾彬）が大学へ行けたのは芦川が働いていたからだろう。ただ、世間的には女は三十までに結婚し家庭を築くことが、普通の常識として通ってい た時代であった。

「問題作」の『結婚相談』は後半右往左往（?）の展開となって「珍品」とされるのもうなずける。芦川は取引先の男で、プレイボーイの噂のある高橋昌也に惹かれていく。彼も芦川にフィアンセということにしてくれと、なじみのバーの女（稲野和子）と手を切ろうとしている。稲野の猛烈な嫉妬があるが、二人は浜名湖のホテルで落ち合い、そこで男が公金横領で絶望的な様子であることを知ってしまう。本作が珍品化していくのは、その後で、芦川は大資産家夫人（細川ちか子）から発狂した息子と一夜を共にしてほしいと懇願される。ここは人助けの美談であり、当初の社会のゆがみや時代風俗のドライな現実主義が消え、いささか浮世離れした展開だが、それゆえにヴァンプ型でない本作のヒロインは芦川いづみ以外には考えられない。円地文子の原作は読んでいないのだが、ここらは原作にあるのだろうか？　高橋を助けようと彼のアパートに行くと、稲野に無理心中させられた彼は死んでいた。驚いてそこを飛び出し事故に逢い病院に運ばれ、そこで沢村のところが売春で摘発されたことを知る。

本作はセックス映画というより文芸タッチの女性映画であり、当時の若い女性の反応はどうだったのだろう。時代はそののち女性の社会進出や性解放があったが、「三十」という年齢は、やはりある区切りであり仕事にせよ結婚にせよ、そこが目安になることに変わりはないだろう。本作がライトコメディになりきれなかったのは残念だが、芦川いづみの映画歴で突出したものではない。『結婚相談』は、冒頭で登場した病弱の妻を亡くし、二人の幼子を抱える善良な高原駿雄と横山のところに身を寄せている芦川が再会し、どうやら二人は結ばれるであろうというところで終わる。シリアスで陰湿な作品は健全な最後を迎える。やはり芦川いづみの本領が作品にも反映している。

『喜劇　大風呂敷』（一九六七）

中平康と芦川いづみの最後の映画が『喜劇　大風呂敷』である。TVの「てなもんや三度笠」などで人気者になっていた藤田まこと主演の一風変わった喜劇である。芦川の出番はたいしてないが、キャストタイトルのトップには「藤田」と並んで「芦川」の名が出る。本作の一年後に引退するのだが、最後まで「スター」としての位置に

『喜劇　大風呂敷』芦川いづみ、三遊亭圓楽

いたということである。当時は日活もそろそろ斜陽が色濃くなってきたころだが、『結婚相談』より面白いんじゃないの？　と思うのは火事場のバカ力よろしく『喜劇　大風呂敷』は、なかなかアナーキーな快（怪）作となっているのである。当時の評価はどうだったのだろうと言うと田山力哉は「かつて『狂った果実』のようなフレッシュな映画を撮り、喜劇にもいいセンスを見せていた中平康ほどの監督にしてこのお粗末きわまる仕事ぶりはどうだろう。しばらく香港で映画を撮っていたという話を聞いたが、こうひどくなっていようとは思わなかった。ただ失笑するほかはない。愚劣な駄作である。こんな仕事が映画をダメにするのである。」（「キネマ旬報」一九六七年十月下旬号）と酷評である！

映画はベトナム戦争の現地から始まる。どこでどう間違ったのか、その戦火の中に迷い出てくるのが藤田まことで、幼年満蒙開拓団から大陸にわたり太平洋戦争の戦中戦後に各地を放浪していたという設定。藤田は馬面のキャラクターで売り出していたが、この主人公は「大野馬六」と言い、このホンペンで藤田は主役を生き生き演

じている。彼の初恋の人、憧れの君が芦川いづみである。さて藤田はベトナムで花沢徳衛と博打をして勝ったので、その娘の木の実ナナを嫁にということになる。木の実はベトコン姿で銃を構えて登場し、藤田に一目ぼれしてしまうが、ここはポップで面白いところだ。藤田は故郷の四国へ帰るが、ずっと前に死んだものとされていて、ミヤコ蝶々の母親は「なんや生きとったんかいな、親不孝もんが」とすげない反応をするのがおかしい。そして憧れの君であった芦川は、作り酒屋の主人でありながら、四国独立運動の妄想に取りつかれた五代目三遊亭圓楽（当時、のっぺりとした美男子で売っていた！）の妻になっていた。

さて「ホラ六」というあだ名もある藤田は、こうなりゃ大金持ちになって四国を買い、芦川も手に入れる大風呂敷的作戦で上京する。本作はそこからのフル回転がメインなので、芦川が登場することはあまりないわけだ。

東京での藤田の波乱万丈の中で、いろいろな人物が交差するが、当時の人気者が配置されている。満州時代の友人であった田中邦衛はキャバレーの経営者になっている。彼の情婦の一人が久里千春で藤田にいろいろな人物を紹介してくれる。山奥にいた左とん平は彼を社長と呼び慕ってくれる。ところで再び木の実に会い、父親の大工の棟梁花沢のところに弟子入りすることになる。それはゆくゆく娘と結婚し跡目を継いでくれということである。それで藤田は三年待ってくれと言って、懸命に働くが、昔気質の花沢の仕事を大手の建設会社が横取りし、いよいよ落ち目になっていく。その会社に変な三人組で加藤茶、荒井注、高木ブーが登場、当時人気者を出したのだろうが歌手の森進一も歌う。藤田はこうなればと会社の会長（内田朝雄）の箱根の別荘へ談判に行き、話ができるまではと玄関に座り込む。そこに大きな台風が来るが、この別荘は花沢が建てたもので台風にびくともせず、会長はそのことと藤田の男気に感心し仕事を回してくれる。

こうして藤田は名実ともに社長となってついに四国に錦を飾ることになる。とにかくまずは芦川に会いに行くが、なんと貧しいあばら家に住んで、藤田のことはもう死んだ人だと全く受け付けない。絶望した藤田は「ワイはどないしたらええんや」と嘆きつつも、かつての芦川の住んでいた土地や屋敷は、四国独立運動で夫の圓楽が全て売ってしまっていたことも知る。その家屋敷を取り戻すべく旧宅へ乗り込み、何とか権利書をとり戻す。途中相手に囲まれるが、旧友の谷村昌彦と共にやっつけて、芦川のもとに権利書を届けると、彼はまたベトナムの地へ。

『喜劇　大風呂敷』で芦川は憧れの君として存在するのみだが、作品は珍作と言うべきだろう？　だんだん低迷していく中平にとっても本作は最期のコメディであり、ゲイジュツぶった作よりも面白い。ちょっと狂ったエネルギーがあるのは一九六七年という時代のせいか？

『その壁を砕け』（一九五九）

『その壁を砕け』は社会派サスペンス映画の力作であり裁判劇としても記憶されるべき傑作である。芦川いづみ＝中平康コンビとして目立つものではないが、最後にこの隠れた名作について記しておきたい。

冒頭五千円札が並んでいる。主人公の青年がお金をためて念願のワゴン車を購入し、恋人が待つ新潟へと夜を徹して走るのだ。青年は東京の深川で自動車修理工をしている小高雄二で、看護婦をしている彼女の芦川いづみの元へ幸せいっぱいの表情で車を飛ばす。夜道で一人の男を乗せてやるが、すぐ駅の近くで降りて行った。その直後、駅前に差しかかったところで、小高は突然、警官に逮捕される。

他方、新潟で三年間看護婦として勤めた芦川は、同僚たちの送別会で祝福されている。小高とのなれそめなど質問され彼女は幸せをかみしめる。『その壁を砕け』は地方のロケーションが活かされ、中平の他の作品とは一線を画すリアリズム描写で、長岡や柏崎、佐渡といったところのローカルな雰囲気が姫田真佐久のキャメラで捉えられている。小高は降ってわいたような悪夢とでもいうように身に覚えのない強盗殺人犯人にされてしまう。『その壁を砕け』は新藤兼人のオリジナル脚本で、この冤罪事件をサスペンス風に分析していくのだ。中平とは『殺したのは誰だ』（一九五七）でもコンビを組んでいるが、どちらも重厚な社会派映画でもある。

『その壁を砕け』弘松三郎、芦川いづみ

殺されたのは旧街道筋の古い村で郵便局をやっている男で、鉈が凶器であった。家にはすでに亡くなっている長男の嫁（渡辺美佐子）、次男夫婦、そして重傷を負った主人の妻（岸輝子）がいた。渡辺は何か訳アリであるが、それは最後に明かされることになる。岸は小高の顔を見て、このオトコだ！　と言う。喜び勇んで約束の場所へ急ぐ芦川に警察の者が近づき事情を告げる。驚くが小高が絶対に人殺しなどするはずがないと信じる芦川は毅然とした態度を崩すことはない。冤罪になったフィアンセの相手というのは、ワンパターンになるところ、芦川はむしろその信念をじっと秘めてラストまで涙を見せない。

本作には、もう一人田舎の新米警官、長門裕之が重要な役として登場する。すぐに「犯人」を逮捕したことに手柄があったと本署勤務に栄転することになるのだが、彼にはどこかこの事件が腑に落ちないところがあるのと、出世だけが目的というのも疑問があって、それが作品にも幅を与えている。また長門は未亡人である渡辺に好意を持っていた。その渡辺は離縁され実家のある柏崎へ帰っている。長門は彼女に会いに柏崎に行くが、再婚して佐渡へ渡ったというのでそこまで行ってみると、結婚の相手は事件のあった頃、近くに仕事で来ていた石工であった。

どこか不自然な感じを持った長門は、再び被害者宅付近を歩くと挙動不審の男を発見し、その男の後をつけ列車に飛び乗ると東京上野まで来た。尾行すると男は場末の安ホテルで殺されていた。この競輪狂の男が真犯人で、一五万を奪ったが借金を返さないのでやくざ連中に殺されたのである。こうして裁判は再審となり不利であった小高にも希望が見えるやり直しの実地検証がなされる。ここらは事件物としてリアリズムの極みで、第一の実験から始まり、殺された男の妻岸は実は布団をかぶって犯人の顔は見ていなかったのだ。そしてついに渡辺は隣にいたのではなく小屋で石工とみだらなことをしていたと自供する。彼女は結婚して半年で主人に死なれ孤独であり古い家に馴染めなかった。渡辺は小高と芦川に真実を言う勇気がなかったことを詫びる。

こうして晴れて自由の身になった二人はワゴン車で一路新潟に向かう。伊福部昭の音楽も情感を盛り上げる。

なお伊福部は実話をもとにした冤罪映画の『真昼の暗黒』（今井正監督、一九五六）『帝銀事件　死刑囚』（熊井啓監督、一九六四）の音楽も担当している。『その壁を砕け』で真実が解明され無実の主人公が解放された大きな契機は、強い意志を持った芦川の存在感が署長（清水将夫）や弁護士（芦田伸介）を動かしたことによる。地味ではあるが、こういう役にも芦川いづみをヒロインとして中平は使ったのだ。

日活の中核を担った西河克己と中平康作品だけでも芦川いづみは、その女優の資質をフル回転させたと言っても過言ではない。

6　はかなき生・病者の映像

「佳き人よ　地上のものは　せつなくもはかなかりしや」滝沢英輔監督『佳人』（一九五八）のラストの言葉は、芦川いづみが主演した「病気のヒロイン」に共通した絶唱である。現在なら障害者映画といわれるかと思うが、病弱特に難病もの映画というのは日本映画の最盛期に多く作られ、お涙頂戴、つまり泣くというカタルシスが目的なので悲劇に終わろうが主人公が亡くなろうが観客は涙でハンカチがグチョグチョになれば満足だったのだろう。

芦川いづみは清楚という形容が一番ふさわしい女優として、人々に知れわたっているが、また病弱のヒロインが似合う人でもある。スター女優が難病のヒロインを演じることはあるが、彼女ほど障害を持つ女性を多く演じた女優はいないのではないか。それも知的障害者の役をやると芦川は見事なまでの適役で、それは単なる弱者的存在ではなく、障害者ゆえに健常者にはない特性を持つ女性像を作り出した。ここでは芦川が病者を演じた数本の映画を考えるが、『陽のあたる坂道』に代表されるように、その多くは恵まれた家庭で家族に囲まれている娘である。それでも決して過保護というわけではなく、自立していくことで周囲の健常者にも勇気を与えるのである。

『硝子のジョニー　野獣のように見えて』（一九六二）

『硝子のジョニー　野獣のように見えて』（蔵原惟繕監督）は本章「はかなき生・病者の映像」に入れるがジャンルを超越した芦川いづみの最高傑作ともいわれる映画である。蔵原の中でもトップクラスと思われる作品で、芦川が演じた「みふね」は知的障害者ともいえるが、映画史に残る名作と言っても過言ではない。天涯孤独の薄幸のヒロイン＝みふねは、病気のお嬢様ではなくルンペン・プロレタリアートで事実「あんな乞食オンナ知らないよ」といわれる住所不定の流れ者である。北海道の海辺の寒村から競輪場のある町へ。まるで海から陸へ流れてきた漂流物のような芦川を見ていると、この美しくも残酷な珠玉の一作が日活の番線で上映されていたことさえ感慨を催す。

芦川＝みふねという少女を中心に宍戸錠＝元板前で競輪の予想屋ジョー、そしてアイ・ジョージ＝女衒（ぜげん）の秋元という三人の情感の揺れが『硝子のジョニー　野獣のように見えて』で絶妙な映像空間を形作るのだが、それを可能にしたのは蔵原惟繕監督、山田信夫脚本、間宮義雄撮影というトリオの映画の到達度の高さである。荒涼たる海辺で海草を採り頭にのせているオツムの少々弱い芦川は、アイ・ジョージに買われてトラックでどこかに連れていかれるが逃走する。行き当たりばったりで列車に乗って車掌に捕まったのを、車中で一気飲みして小銭を稼いだ宍戸に助けられる。北海道ロケを中心とした本作は、列車や線路のシーン等日本的な叙情とは違うが、それは蔵原＝山田コンビ特有のものでもある。着いた駅で風呂敷一つの芦川は宍戸を追いかけるが、栄養失調で倒れ、宍戸は安宿に運び込む。「ジョニー」というのは彼女にとって天使であり救いの神であって、その幻影を追い求めるというのが本作のベースであるが、そんな天使がいるわけはない。むしろ無垢な魂を持つこの少女に苦界に身を沈める二人の男が救われていくという日本版『道』（フェデリコ・フェリーニ監督、一九五四）のような映画である。

『硝子のジョニー　野獣のように見えて』芦川いづみ

芦川は宍戸の後を追いかける。そして等間隔でついて行く。男が止まると女もピタッと止まる。このシーンの新鮮な感覚はどうだろう！　同様に大好きなのは、芦川が宍戸のマネをして予想屋の台にのって口上を言うシーンで、周りに誰もいないのだが、手を挙げての言い方がこの上もなくチャーミングだ。両シーンともロングで引いた画面なのだが映画詩ともいえる心に残る名シーンである。

競輪場近くで飲み屋を営む南田洋子は、宍戸を憎からず思っているが、ロマンを追うこの男に愛想をつかしている節もある。宍戸は若い競輪選手に自分の夢（ロマン）を賭けている。アイ・ジョージは妻に逃げられた元歌手で、今は女衒の男を不思議なリアリティで演じている。芦川を探して何とかしようとしても逃げられるが彼自身が妻（桂木洋子）と再会するところは日活メロドラマ的興趣にあふれ、この企画自体がもともとは、アイ・ジョージのヒット曲「硝子のジョニー」にインスパイアされた作品でもあるので映画全体のムードメーカーとなっている。

蔵原＝山田のコンビでは「脱出」をテーマにすることが多いが、本作でも登場人物は、それぞれがある場所から脱出し、青い鳥を見つけようとしたのか？　いやむしろそんなものは最初からあるわけはなく虚無的な索漠たる思いが、見る者にも迫って、いいようのない寂しさを憶える。『硝子のジョニー　野獣のように見えて』はその完成度の高さからメタなる愛の映画とも言えるが、ここで芦川が単にきれいなだけで終わらない肉体＝精神性を体現したことで詩的リアリズム映画になった。男たちがその目的を失い立ち尽くす時、芦川は故郷の海に憔悴して辿り着く。だが家族はもういなかった。彼女の存在が生の喜びであったと気づいた男たちは追ってゆくが、彼女はもう海中に沈んでいた。

『硝子のジョニー　野獣のように見えて』が、ほかの病者を演じた芦川の諸作に比して、神話的であるのも本作が原初の輝きに満ちているからだ。生まれ育った海にまた還っていくみふね＝芦川を見るとき悲劇的ラストシーンというより永遠の無垢な少女の休息の時を想う。リュック・ベッソンの『グレート・ブルー』（一九八八）で海から生まれたようなジャン＝マルク・バールが母なる海へ帰ったように。

『風船』（一九五六）

では、障害者であることが、周りの人々に生きる理想となった他の作品を見ていこう。川島雄三監督『風船』のラストは京都の下町で浴衣姿の芦川いづみが盆踊りの輪の中にいるところで終わっている。それは、は

『風船』森雅之、芦川いづみ

かなげであるが人の世の無常と哀歓がこもっていて、川島が最後に芦川を見せることで作品のテーマを象徴したのではないかと思う。『風船』は大佛次郎の原作を川島と今村昌平が脚色したものである。その今村が川島について小児まひの芦川が歩くシーンを撮る時「これは彼自身の問題にもなるわけなので僕は可成り関心を持った。脚本の時には、どこがどうマヒしているかという事について何となく避けたかたちで、触ってなかったのである」と書き、手より脚がマヒしている方がよかったと、そのイキサツが回想されている（「川島雄三　乱調の美学」より『田舎者の太陽傳』今村昌平、ワイズ出版、二〇〇一年刊）。それを考えると川島は自身が身体障害者（小児マヒ）であることに拘泥していたのだろうし、芦川演じた「珠子」は身体障害者であるものの美しく理想化されているところもある。『風船』は韜晦趣味があってあまり「名作」を指向しない川島にあって珍しく心をうつ名作であると思う。

『風船』の主人公は、かつて画家であったが、カメラ会社を興し企業家として成功した森雅之で、さすがに渋いがどこかに空虚たるものを抱え込んでいる。映画は森が妻（高野由美）と出席した葬儀で二本柳寛と出会うところから始まる。今は社長として社会的地位を築いている森（村上春樹という名だ！）は、かつて二本柳の父の画伯に師事していた。二本柳は戦中戦後を上海、シンガポール、パリと放浪し今はナイトクラブのマネジャーをしている。本作にエトランジェの匂いがあるのは、この男やその愛人のシャンソン歌手北原三枝（神戸、上海にいた）の存在である。森の息子の三橋達也は父の会社の部長だが、あまり仕事に熱心ではなく、愛人であるバーの女給新珠三千代の家にいる。情事の後のけだるい感じだが、二人の関係はもう秋風が吹いているようで、部屋にはガスストーブが見える（のちの自殺を暗示するように）。新珠は戦争未亡人で美しいが、どこかはかなげで三橋を愛し頼っている。すがるものがないとどうしようもない風船のような気配で、「今夜どこかへ連れて行って、お店で待っているわ」と言っても三橋はすげない。

森にはこの三橋と娘の芦川がいる。前述したように川島は本作の真の主人公を彼女に託している。芦川がスケッチブックをもって夜のバー街を歩いている。まだあどけなさを残す彼女は新珠を訪ねてきたのだ。本作での芦川と新珠のいくつかのシーンはこの映画の白眉であり、俗臭漂う現代人の多い人物の中で、彼女らの間に交わされるのは汚れない孤独な魂のふれあいであって、原作はいざ知らず、主人公森の人間の真の幸せを考える選択肢と絡んでくる。芦川は「兄に似てないと言われる」「小さい頃病気をして頭が悪い」と新珠に言う。芦川は小児マヒで左手が不自由で画学生だが、自室にこもって絵を描いている。ここを見て誰もが『乳母車』の新珠と芦川を思い出すだろう。二本柳のナイトクラブで三橋と新珠は舞台で歌う北原を見ている。二本柳は二人を事務所に招いて北原を紹介する。森が商用で京都に行くので東京駅に芦川が見送りに来ている。「珠子、学校から下ってはいけない？」とかなりしょげている。『風船』における家族の中で、父と娘は希望であり救いとなっているが、反面、森と妻高野そして息子三橋は冷たい関係で、画一的な描写でもある。スクリーンの裏側が見えるバーの入り口で二本柳は北原に三橋を誘惑してみないかという。バーの中でどちらに揺れていくのか北原の心情のような風船。映画のタイトルでもあるが一九五〇年代の洗練された風俗映画であるし、特に新珠と北原に代表される、衣装の森英恵のファッション感覚がすばらしい！

　京都で、森はなじみのカメラ屋の主人（天草四郎）からある女性のことを聞き出す。それはかつて下宿していた家の娘で、今は木屋町の「おそめバー」に勤めているらしい。ママは空飛ぶマダムと言われた銀座にも進出した人で上羽秀さん本人が出ている。森は西陣のさる家の二階に戦時中下宿していた。その娘（左幸子）と弟（牧眞介）に会う。森は当時、ほとんど亡命するような気持ちの失意の中で、大徳寺へ通っていた。東京と京都は本作ではある意味を持って対比されている。現実的あるいは物質的価値の東京と逃避的だが精神的価値の京都である。やがて京都に住む森はモラリストとしてだけでなく自らの終の棲家を精神の安定を含めて京都に定める。ある日曜日、三橋と芦川は自宅の茶の間にいると新珠からの電話が来るが、三橋は薄情にも取り合わない。逆に北原から「歌とモウドの会」というリサイタルの案内が来たのでそちらへ行ってしまう。そして横浜へとしけこみ二人は深い関係となる。北原のやや異国的な風貌も戦後派を描くことが得意な川島らしい。

　銀座の新珠の店に二本柳と北原が行く。三橋をめぐる二人の女つまり新珠三千代は愛人で健気に尽くす女、北原三枝は二本柳寛が経営するキャバレーで歌っているが三橋と関係を持つ女。戦前派で控えめな運命に逆らわない新珠と戦後派で自らが人生を切り開いていく北原ではあるが、大きな視点で見れば二人とも明日をも知れない「風船」のような存在ではある。三橋と新珠さらに北原と二本柳の大人の関係は変化しつつ「愛情は時として男の命取りにもなりかねない」とデカダンスな生き方をしてきた二本柳にも言わせている。離れていく男に対して新珠は「あなたと離れるのは死ぬことと同じなんです」

と訴える。

ある日、新珠が芦川の部屋に来ている。庭にある小鳥の墓が見える。新珠は芦川の純な優しい心に安らぐのである。芦川＝新珠の関係が『乳母車』と同じように、お互いを認め合う仲となる。そこに母親の高野が来て冷たい視線を新珠に浴びせる。京都を訪れ芦川は左と牧の姉弟とも打ち解け庶民的な心根に癒される。少し前に三橋に別れを告げられた新珠はガス自殺を図り、危ういところで一命をとりとめるが、三橋は見舞うこともなくそばで看護するのは芦川である。絶望で自殺を図った新珠のもとで芦川は「ねむり姫」の物語を語り続ける。森は三橋に辞表を書かせ依願退職せよと宣告する。アプレである三橋は「私の不品行ばかり責められるけど今は男より女の方がルーズなんだ！　女が娼婦でなかったことがありますか？」と言う。新珠のところに高野と二本柳が見舞金と言うか手切れ金をもって訪れる。後で新珠は芦川に眠っていた時話してくれた話はみな聞いていたという。

だが、新珠は死んでしまう。森は彼女のもとへ行くが三橋は行かない。芦川は沈丁花をもってお墓で新珠に話しかける。森は社長を辞しすべてを捨てる決意をする。これは一家の崩壊であり川島のシニシズムが濃厚であるが、この人情紙風船のごとき現実を逃れるように森は京都の左幸子の家に移る。

『風船』は、一人天涯孤独で京都に住む森の生活を終幕にしている。一抹の寂しさを隠し切れないこの初老の主人公を、夏の地蔵盆の頃、左が森を盆踊りの場へ引っ張っていく。弟が櫓の上で太鼓をたたいているが、見せたかったのは踊っている娘芦川である。今日「つばめ」で来た彼女は、浴衣（前のうちで浴衣も帯も貸してくれた）で輪の中に居る。森の目に映った娘の姿に見ると『風船』の真の主人公は芦川であり、川島は自らも小児マヒである共通点から、さりげなく芦川いづみを最後の救いとして描いたのであろうと思われる。

『佳人』（一九五八）

病者の映画の極めつけのような一作が『佳人』である。滝沢英輔監督というと日活が戦後映画を再開した最初の作品『國定忠治』（一九五四）の巨匠であるが、芦川いづみとは相性がよかったのか何作か佳作がある。

自然に囲まれた古い町豊岡の戦中戦後を舞台にした『佳人』で、芦川は生まれながらにしてマヒで歩くことができない旧家の娘を演じる。幼い頃からこの子を慕っている少年がいて、外出できない彼女の家に行くことを楽しみにしている。この「つぶら」（なんと役柄にふさわしい名前だろう！）は小さい時から部屋で着物を着て椅子にかけて本を読んだり窓の外を眺めたりしている。そんな娘に父（宇野重吉）は冷たく接しているが、母（村瀬幸子）は終生我が子を愛してやまない慈母である。深窓に育つ娘でもあるからだが常に丁寧な言葉遣いをするのは本から得た知識でもあろう。『佳人』は、この主人公が幽閉されたままで生涯を送るという、今風に考えると「カルト」としか思えない映画だが、芦川いづみによって淋しいリリシズムをたたえた叙情歌となっている。

『佳人』芦川いづみ

少年はいつしか成長し、りりしい青年となっている。その学生が葉山良二で、芦川＝葉山というのはゴールデンコンビというべきで、本作でも二人は美しい調和を見せて性を越えた愛の讃歌になっているのは、このコンビの持つリアリティと言えるだろう。冒頭に佐藤春夫の詩編が引用され「つぶらな瞳の君ゆえにうれいは蒼し空よりも……嘆きは深し海よりも……」とある通り哀しい物語で、不幸な人生を送る主人公の映画は見るのがつらいものがある。

『佳人』は地方都市豊岡で家柄を誇った一家の一人娘つぶらのはかない生涯を、彼女を思慕し続けた葉山良二の視点を中心に描いている。子役二人から成長したつぶらについて、芦川本人は「大きくなり過ぎ！」と述懐しているが、この小児まひの美少女像のイメージは、彼女によって最後まで維持される。本作で驚くべきはきれいごとの難病映画ではなく、かなり露悪趣味的な無残なシーンがあることである。というのは戦中にこの一家に入り込み、資産や家屋敷をうまいように自分のものにした金子信雄の存在である。芦川の家は戦後没落し、兄は戦中の恐怖から自殺、その後を追うように父宇野重吉も亡くなり、一家のことを取り仕切るのが嫌味ふんぷんの金子で、父親が株で全財産をなくし借金だけが残ったと怪しげな株屋と結託し、書画骨董から家まで借金のカタにし、不幸が重なった一家は金子の言いなりになり、信じられないことだが、芦川を妻にすると言い出すのである。肉体的には、妻であることができない相手と夫婦になるというのであるが、それがこの男のドS趣味であり、その犠牲となるのが「お人形妻」の芦川である。

そして皮肉にも長く生死が分からなかった葉山が、やっと外地から帰省した日が、その狂った結婚式の日であった！　葉山は芦川が戦地へ送ってくれた故郷の神社の小石が命を守ってくれたと後生大事に持ち帰り、やがて上京する。結婚後、金子の経営する料亭へ母子で住むのだが、信じられないというのは、夫は強制的に寝所に妻の芦川を寝かせて、他の女を連れ込んで事に及ぶというえげつないシーンがあることである。直接的な描写はないものの、当時としてはかなりセンセーショナルな場面であろう。このような辱めに堪える娘の姿を見ることで母村瀬幸子は心労の果てに死んでしまう。孤独な芦川を助けるのが、料亭の帳場を任されている渡辺美佐子で、昔金子と駆け落ちしたこともあり、少年時代の葉山にちょっかいを出したりする多情な女だが、葉山との連絡役になる重要な役である。時に芦川はイリュージョンシーンにおいて野外で葉山といることを夢みる。現実は東京で新聞社に勤める葉山は早々に結婚して母の小夜福子を迎えに帰省して芦川に会うのだ。その日に彼女は自死する。佳き人よ……というわけでこのヒロインは芦川いづみしか考えられない。

『しろばんば』（一九六二）

滝沢英輔監督作品に芦川は七作出ているが、『しろばんば』も、最後肺病で亡くなってしまうヒロインなので病者の映画と言える。だが、これは珍しく芦川でなくてもいいのではと思った。というのは少年のというか男の子が生きる哀しみを体験していく映画で、井上靖原作、木下惠介脚本ということからも分かるように文芸名作であることが最初から約束されているもので、芦川の魅力が全編からあふれるものではない。

芦川は伊豆の湯ヶ島の古い家の娘で、学校を出て村の小学校の先生になり、その甥にあたるのが主人公の少年である。この美しい叔母を慕うというのが定番的な展開であろうが、むしろ少年の孤独に焦点が当てられている。これは少年と老人の映画で、彼は事情があって北林谷栄のばあさんと本家から離れた土蔵に暮らしている。両親は町に暮らしていて父芦田伸介と母渡辺美佐子（芦川の実姉）と会うこともない。本家の人たちは北林のことをよく思っていないが、少年は村一番の秀才である。少年たちは村に帰った芦川と川湯で入浴したりするくらいにはまだ子供であどけなく、スッポンポンになってオチンチンを丸出しにしている。時代は大正時代で、芦川は純情というより当時としては結構ススんでいる女性で、同僚の教員山田吾一と恋愛関係にあるが、彼女の方が積極的でオドオドと周囲を気にしている山田と対照的だ。それもあってか子供ができてしまい、できちゃった婚になるのだが、出産後、肺病となりはかなく亡くなってしまう。『しろばんば』は、その体験も少年の日の悲しい追憶となる物語なのだが、その間の芦川が魅力的な存在ともいえないので、ファンとしては切歯扼腕の気分になる？　撮影は山崎善弘で、ロケーションを多用した地方の風物詩がすばらしい。

7　戦争映画のかげに

「戦争映画」は日本映画各社で多種多様に作られ、中には社運を賭けるような大作もあったが日活映画も何作かあり『七つボタン』『最後の戦斗機』『人間魚雷出撃す』『硫黄島』『出撃』の五作に芦川いづみは出演している。

『七つボタン』芦川いづみ

『七つボタン』（一九五五）

『七つボタン』は「～七つボタンは予科練の～」という歌で有名な予科練を舞台にした古川卓巳監督作品。芦川いづみは予科練生長門裕之の相手役である。『七つボタン』は戦争映画の範疇と思うが、戦争アクションでもヒロイズムを強調したものでもない。むしろ予科練生の心情を描いたリアリズム的な良心作で、それはこの映画が作られたのは敗戦の十年後で、スタッフにも戦争体験者が多かったこともあるのだろう。

舞台は西浦海軍航空隊の予科練校舎。練習生を指導する班長として新しく実戦で負傷した三國連太郎がやってくる。三國は同校の安部徹と同窓のよしみで、ここに来たが暗い影がありサディスティックな感じで班の練習生たちは萎縮している。『七つボタン』は戦争末期を背景にし、冒頭に「昭和十年代、当時の少年たちの憧れは予科練であった。二十年代になっての本作は若い魂の追憶である」という言葉が流れる。新人の長門裕之が主人公だが、家が近いこともあって幼馴染の芦川が心の支えで、厳しい予科練の日々を耐えている。少年たちの楽しみは家族との面会日で長門も父（加東大介）母（英百合子）と会える日は、差し入れを食べ、つかの間の家族との交流を喜んだ。

『七つボタン』は予科練の教場、グラウンド、それにハンモックが並ぶ寝室などを中心に少年たちの集団行動を描いているが、それなりのスケール感がある。練習生たちの夢は、いつか飛行隊長である三橋達也のようになることだが、すでに戦局は敗戦色が濃く結果として彼らは戦地へ行くことも戦死することもなかった。三國の班に長門とともに少年院から来た練習生がいて、その市村博（本作がデビュー）の存在がかなり大きい。手のつけられない不良少年であった市村は、今では少年院の者の憧れの的で、院長（東野英治郎）は、みんなが金を出し合って贈ってくれた腕時計をもって面会に来る。この市村博は、その後日活がロマンポルノ時代になって五條博という名前で『性盗ねずみ小僧』（一九七二）など曾根中生監督の常連となった役者である。そして三國もまた、孤児だったということからこの市村少年への愛憎が強いのである。

映画は日々の訓練が描かれフンドシ姿での海水浴、カッター競技などあるが、三國のもとで帝国軍人として鍛えられていく。長門と市村は対極的な環境で育ち反目し合うこともあったが、やがて深い友情を結ぶ。しかし市村は無理がたたって死んでしまう。三國は軍隊は裸の世界で、どんな生まれでも平等だという思いを持ち、デモーニッシュな屈折した人物である。

ある日、彼は山の分校で子供たちを前にオルガンを弾く若い女性（新珠三千代）と知り合う。「ふるさと」の曲にいたく心ひかれた三國はいつしか新珠のことが心から離れなくなっている。「ふるさと」は予科練のかくし芸大会でもバイオリンで流れるが、生徒も親も三國にとっても深い悲しみを感じさせる。長門と芦川の関係は、三國と新珠と対比される。ある日、信号を打つ大会で優勝者には外泊が許されることになり長門は決勝まで残るが敗れてしまう。しかし長門は脱走し母のもとに帰る。父は戦死し、隣家の芦川に会いたいがためであった。挺身隊で労働していた芦川は負傷して障害者となっているが、私のために大変なことをしてくれたと悲しむ。長門は予科練に戻り、また集団生活になるが戦局は日々悪くなるばかりで彼らが戦地へ行くことはなかった。面会に来る女学生姿の芦川は、まるで天使のように見える。それは予科練に行くことを長門が打ち明けた夏の日の彼女の白い帽子にショートカットの清々しい思い出とダブる。『七つボタン』の芦川いづみは、本当に天使なのだ。

『最後の戦斗機』（一九五六）

『最後の戦斗機』は反戦映画と言ってよい。日活の戦争映画は派手なものよりシリアスで真面目な作風が多いが、何か「思想」があったのだろうか？

海軍航空隊基地の通信兵葉山良二とその恋人芦川いづみの短かった純愛と非情な軍隊生活を描く野口博志監督作品。芦川は病弱のはかない女性という定番の役で葉山とのコンビはいつもながら最適である。敗戦近い頃で軍としてはやけくそ気味で若者たちを特攻隊にして敵に体当たりさせようとしている。憎まれ役の少佐が西村晃、葉山の友人の中尉に大坂志郎。基地がある地方にロケーションしたキャメラは永塚一栄でローカル色豊かである。

『最後の戦斗機』はラストで「広島に新型爆弾が落ちたそうだ」と言う台詞もある。そのような終戦直前の時であるが、葉山と大坂とは京大卒のインテリであり戦争に対しては内心批判的である。この時になると戦斗機の数も少なくなり葉山は情報係なので特攻兵に志願もしない。学生服の葉山とお下げ髪が初々しい芦川が誓い合う回想のシーンは「一つの美しい命を二人で生きよう」との言葉も印象的なところで大事な鈴を分け合う。基地近くの料亭の女（渡辺美佐子）は戦地に赴く若い兵士たちに体を与えてやるが、葉山にも近づいてくる。また親戚の娘高友子も彼を恋しく思っている。

最後の戦斗機が少なくなってついに葉山も志願して特攻隊となる。それを知らない芦川はもんぺ姿にたすき掛け（これが実によく似合っている）で面会に来る。浜辺で会うシーンも美しく葉山は無駄な死に方はしたくないと思う。上官の西村はなぜ死ななかったと怒るが、渡辺に自分の拳銃で射殺される。芦川は葉山が死んだものと思い海に身を投げる。「平和な国で二人で美しい生命をいきるために」。葉山は母の写真と鈴を抱いて戦斗機に乗り大坂も同行してくれるが、自死のように飛び立つ。もはや戦争の終わりが近い。見送る若い兵士たちの表情もしっかり捉えていて、反戦映画というわけではないが静かなヒューマニズムを感じる野口博志の名篇である。その中で芦川いづみは清らかな永遠性を持つ。

『人間魚雷出撃す』（一九五六）

『人間魚雷出撃す』は古川卓巳監督、森雅之主演の硬派な戦争映画である。ドイツの『Uボート』と同じように、ほとんど艦艇内の戦争ドラマで、特撮もふくめてかなりの大作である。森の戦後の回想という形式をとりながら若くして「人間魚雷」となった兵士たちの最後を淡々と描いている。彼らを英霊扱いすることや悲壮感はない。むしろクールな描写というべきで、石原裕次郎、長門裕之、葉山良二などの若者が敵艦めがけて出撃するまでの日々の記録である。芦川いづみは裕次郎の妹役で、まだ少女のようなあどけなさもあり、兄の下宿先に来て手製の下手なマスコット人形を渡す。

『硫黄島』（一九五九）

『硫黄島』は戦争映画でもあるが社会派ミステリー的なところもある菊村到原作、八住利雄脚本、宇野重吉監督作品である。硫黄島は太平洋戦争において二万数千人が玉砕した島であるが、その戦場ではなく昭和二十六年の話である。東京のさる酒場で若い新聞記者（小高雄二）が悪酔いしている男（大坂志郎）に出会う。大坂は小高が新聞社の人間だと知ると近づいてきて自分は硫黄島の数少ない生き残りだという。『硫黄島』はそこから戦時下を交差しつつ戦争がもたらしたものを問いかけていく。回想のシーンでは硫黄島の洞窟の中で敗残兵として大坂と佐野浅夫が何とか隠れて生き続け死者たちの残したものから食料などを探している。佐野は板前として戦後社会を生きている。

ある日、大坂は新聞社に小高を訪ね、硫黄島の岩穴に自分の日記が残っている、ついてはそれを出版したいという話を持ち掛ける。小高はそれが本当のことか疑っているが、映画で何度も洞窟での生存競争を見ていると、大坂は何かを訴えたかったのだろうと思う。だが、大坂は硫黄島で身を投げて自殺してしまうのである。小高はそれから大坂に興味を持ち、関係者を訪ねる。アパートの管理人夫婦（宮坂将喜、渡辺美佐子）は、彼が自分たちの息子をトラック事故から助けてくれて大坂が障害者になったという。工場に勤めていた時は労働者を守る運動の中心になっていたと彼を慕う青年が証言する。つまり大坂はヒューマニストとして戦後を生きてきたのだが、それでも余人には理解できない過去を引きずってきた。

芦川いづみは大坂と硫黄島で戦友だった男の妹で看護婦をしている。彼女にも小高は会いに行くのだが、どうやら戦争孤児であった彼女は、かなり年上と思われる大坂に好意を持ってデートを重ねていた。それも回想として描かれ清純な健気さを保ちつつ、自分の気持ちを知っていながら結婚してくれないことに失望していた。大坂は芦川に「これ以上交際してはいけない！」と伝える。何故なのか？　やはり大坂はわからない人物であり、そこにミステリアスなところがあるが戦争体験における極限状態がそうさせたのだろうか？

日活の戦争映画の中で芦川いづみはあくまで清楚で戦争でほんろうされた運命に逆らうというよりは、それに堪え、はかない命のあり様を訴える存在である。そういう役が多くの女優の中で芦川が一番ふさわしかった。

8　「ミュージカル」の中で

『ジャズ・オン・パレード1956年　裏町のお転婆娘』（一九五六）

ＳＫＤ（松竹歌劇団）附属音楽舞踊学校出身である芦川いづみであるが、音楽映画というかミュージカルは少ない。日本映画では、なかなかミュージカル映画というものが製作されなかったし特に日活はそのジャンルに縁がなかったようだ。芦川いづみ出演作は『ジャズ・オン・パレード1956年　裏町のお転婆娘』『ドラムと恋と夢』『お転婆三人姉妹　踊る太陽』くらいだろうか。その中で『裏町のお転婆娘』と『お転婆三人姉妹　踊る太陽』は井上梅次監督作品。井上梅次は日本映画ではミュージカル映画の第一人者と言えるだろう。

『裏町のお転婆娘』の「お転婆娘」は江利チエミで、芦

『ジャズ・オン・パレード1956年　裏町のお転婆娘』芦川いづみ、江利チエミ

川は戦災孤児の面倒を見ている母（坪内美詠子）と共に暮らしている。江利チエミは信州から歌手を目指して上京したが、あわや無銭飲食で捕まるところ芸は身を助けるというように踊り歌い、その場を切り抜ける。しかし流しの連中にモグリとされ彼らのたまり場に連れていかれる。ここでいつか舞台でミュージカルを実現したい思いのしがないアーティストと仲間になる。このメンバーが長門裕之、フランキー堺、岡田真澄などである。本作は彼らの夢の実現と芦川の母の隠れた美談が中心となる古風な人情ドラマである。芦川は実は興行界のドン菅井一郎の孫娘であるが、家から姿を消して大事件となっている。質屋の親父（森川信）やペテン師的プロモーターが、なんとか菅井とコンタクトをとってミュージカルを上演したいと画策する。初めは欲のためであった彼らも孤児たちの施設を作る基金として公演を実現し成功させたいと思うようになる。最後まで公演に反対していた菅井は、初日に全員を紹介して幕が開く。彼は事情があり息子の嫁であった坪内や孫の芦川と疎遠であった。

終盤の舞台は特別出演のスターたちが華やかな歌と踊

りを見せる。芦川は全体的には特に目立つ役ではないが、このショーではさすがＳＫＤ出身だけに華麗な踊りのシーンを見せ、長身だし愛らしいステップはＳＫＤでも大成しただろうが、彼女が主演のミュージカル映画がないのが残念！　チエミは「サイド・バイ・サイド」を歌い天才歌手の片鱗を見せる。ショーの圧巻は月丘夢路、新珠三千代、北原三枝、高英夫、市村俊幸らにフランキーや岡田が加わる「三人の女スリ、三人の男スリ」という寸劇だが、ファッショナブルにしてゴージャスである。ここは日本映画の音楽シーンでも華やかさとコミック性のある貴重なところであろう。井上梅次監督はヒットメーカーであるが、このように和製ミュージカルの中心人物でもあった。

『お転婆三人姉妹　踊る太陽』（一九五七）

『お転婆三人姉妹　踊る太陽』は「お転婆」シリーズなのだろうか？　こちらは三姉妹、長女春子（ペギー葉山）次女夏子（芦川いづみ）三女秋子（浅丘ルリ子）が、母冬子（轟夕起子）と住む郊外の瀟洒な家を中心に展開するコメディタッチのミュージカル。その住居のリビングは五〇年代の建築を考えるにも参考になるモダンで開放的な設計であり、そこを中心に舞台的展開で終始する。亡き父（三橋達也）はミュージカル作者であり彼を讃えるショー（「ジャズ・オン・パレード1957年　踊る太陽」）を後半に持ってくるのは『裏町のお転婆娘』と同じ構成であることからもシリーズと言えるだろう。

未亡人の轟は洋装店を切り盛りしているが、大学生のペギーは学生バンドですでに歌手として舞台に立っている。その彼氏がフランキー堺である。芦川はバレリーナで、オカマっぽい柳沢真一のバレー教室で習っているが、長身でハンサムな岡田真澄がボーイフレンド。眼鏡の高校生浅丘ルリ子がコメディリリーフ的な役で、いちばんしっかり者。石原裕次郎が近所の酒屋の息子で彼女に好意を持っている。芦川は主演といってもいいくらいな立ち位置で、家で岡田とダンスをするシーンは素敵のひと言！　話はたわいないもので、ルリ子の学校に英語教師として赴任してきた安部徹が母の再婚相手にふさわしいと姉妹で作戦開始する。悪役のイメージが強い安部が二

『お転婆三姉妹　踊る太陽』柳沢真一、芦川いづみ、岡田真澄

枚目の善良な役で驚くが、彼を家に招待し母と引き合わせると、お互い憎からずどうやら作戦成功というところである。そこに安部の旧友でミュージカル演出家の高英夫が亡夫のショーを催し、その真価を世に問いたいという企画をもって来た。みんな大喜びで家族全員参加することになったが、母も元シャンソン歌手であった。

映画は「さて、皆さんお話はこれくらいにして、お待ちかねの豪華ショーに移りましょう」ということで「ジャズ・オン・パレード１９５７年　踊る太陽」の舞台になる。スター総出演の正月映画らしい華やかさあふれるものだが、私はモノクロで見たが本来はカラー作品でさらに魅力的だっただろう。三幕構成でフランキー堺と南田洋子のパリの恋物語、月丘夢路、新珠三千代、北原三枝の三つの恋の物語そして「裏町のお転婆姉妹」ということで三姉妹が登場するが芦川がダンゼン光っていると思う。

『ドラムと恋と夢』（一九五六）

吉村廉監督『ドラムと恋と夢』は前二作の間に作られたもので中原早苗主演の中篇映画である。

『ドラムと恋と夢』芦川いづみ、北原三枝、中原早苗

中原演じる盲目の少女が東京でお金を持ち逃げされ、途方に暮れているところを見せもの小屋の住人たちに励まされて手術をして目が見えるようになるまでのハートウォーミングの小品である。『街の灯』をモティーフにしたもので中原を特に励ますのは小屋の「蛇男」のフランキー堺演じるドラマー。彼自身ドラマーであるし熱演する。中原と同年である芦川いづみはここでは看護婦の役で少しだけ登場する。ただ、手術後の包帯を取るという重要な役。製作の水の江ターキーさんの男装もある！

この三作くらいが「音楽」映画と言えるが、芦川が歌い踊る姿をスクリーンでもっと見たかった。なお「歌手」としては吉永小百合のようにレコードまで出していないが、いくつかの作品ではその歌声を聞くことができる。

9　妹あるいはフィルムノワール

芦川いづみは、日活において主演あるいは準主演がほとんどであり、人気と実力がそれを可能にしたということであるが、あらためて黄金時代の映画界で役柄に恵ま

『死の十字路』大坂志郎、芦川いづみ

れたといえるだろう。そして「妹」として多くの作品に出演している。ここでは作品を論じつつ芦川の妹キャラの存在意義を考えたい。

『死の十字路』(一九五六)

『死の十字路』は川島雄三の『風船』に続くものだが、江戸川乱歩原作(「十字路」)のサスペンスを映画化した井上梅次監督の傑作である。本作でベレー帽を被って登場し実にチャーミングで印象に残る芦川は、画家の大坂志郎の妹でタレント業である。彼女は商業美術で成功している三島耕と恋仲であるが、画家として落ち目でアル中の大坂は三島が気に入らず、やがてこのミステリーサスペンスの第二の死者となってしまう。

『死の十字路』は三國連太郎と新珠三千代が主演の暗い犯罪映画で、三國はダム建設会社の社長、新珠はその秘書であり愛人である。三國の妻の山岡久乃は新興宗教に凝った女で、二人の関係を知って怒りに燃え、愛人を殺そうと新珠のアパートに乗り込んできたところ誤って死んでしまう。三國は妻の死体を、もうすぐ水の底に沈むダム現場の井戸に投げ棄てようと車を飛ばすが、街の十字路で事故に遭い派出所に出向く。そこを何とか出たところ自動車の中に殴られて瀕死の状態であった大坂が乗っていて、それを知らないまま三國は現場へ急ぐ。車中で大坂は死んでしまい、三國は二つの死体を始末する羽目になるのだが、人里離れた深夜のこの場に犬を連れた浮浪者がいてそれを目撃していた。ともかく二遺体を井戸に沈めて二か月がたち、もう大丈夫と三國は新珠と新しい人生をスタートさせようとする。芦川は行方不明のままになっている兄を探そうとするが、何一つ手掛かりはない。ここで兄ソックリの私立探偵（大坂の二役）が登場、サスペンスドラマとしての緊張感が増してくる。

芦川が仕事の終わった夜、銀座の画廊に飾られた兄の手になる彼女の肖像画を眺めているところに近づいてきたのが、この探偵である。彼は近くの事務所に芦川を連れてゆき、兄の行方を探すことを請け負う。この男元は辣腕刑事で、仕事はできるが金や女にダラシない一面もある。芦川の出番は多くなく、三國と新珠が、もう大丈夫、これから二人で幸せに暮らそうと、さるレストランで食事をしているところに三島とやってくるところがあるくらい。新珠は三島の勤める店に行って顔を知られているので、彼らは早々と店を出る。

探偵は鋭い勘と行動で「犯罪」を暴いていく。完全犯罪もやはり落とし穴があり、探偵は、まず兄が街で乗った自動車の持ち主を突きとめ、次に最後まで村に残り、今は新宿のホームレスである男を探して真相を探る。

しかしこの探偵も曲者で三國を脅して大金を出させようとしたところ反対に殺される。家に戻った三國は、そこに安部徹の警部がいてもはや調べがついていて犯行が隠せなくなった。三國は新珠に電話をして自殺、おそらくことを知った新珠も死んだであろう。なかなか息もつかせぬ見事なサスペンスだが、芦川はいささか全体のムードからは可愛すぎる感じだが、暗い人物の多い作品では光るものがある。

『銀座の沙漠』（一九五八）

画家の妹という役柄が一緒なのが『銀座の沙漠』で、柴田錬三郎原作、阿部豊監督の和製フィルムノワールともいうべきもので、これも傑作！　芦川は「男爵」というあだ名の酔っ払い画家（西村晃）の妹だが、『死の十字路』の兄も同じ画家だったなと偶然の一致に驚く。『銀座の沙漠』は、銀座のさるキャバレーに大阪からやってきた若者長門裕之が主人公の暗黒映画。ここで喧嘩をしてたたき出される彼を「面白そうな子だから、使ってやれば」と支配人の金子信雄に言うのが謎の女南田洋子である。それでボーイとして働くことになるが、そこは裏社会のアジトであり、その権力争いがモダンなタッチで描かれる。金子に使われていたヒットマンの小高雄二は、妻の白木マリとの間に子供もできて、この世界から足を洗おうとしている。

芦川いづみは、そのキャバレーの近くの柳永二郎がマスターの喫茶店の女の子で、元気のいい長門を気に入ったのか、つき合うようになり遊園地でデートする姿が微笑ましい。兄の西村は、時々絵の具代といって無心に来るが、どうやらアル中でもう絵は描けないらしい。南田は金子を支配する立場だが、やがて彼女は支配人の金子の情報を知らせるスパイとして長門を雇うようになる。

金子は麻薬の密売を主たる仕事にしているが、自分の悪事を封じるために小高と白木を監禁して、キャバレーのスチームの部屋で瀕死の状態にする。この二人をドラム缶に入れて海に沈めようとするのを長門の機転で救う。

こうして組織の実態が明らかになっていく。南田はマスターの柳によると、ぜいたくな暮らしがしたい、たとえ短い間であっても、ということで、金子の店に行き今の地位を手に入れたが、彼女が長門とつるんでいたことが発覚。金子の差し金により墓地で南田は殺され、長門は助かるが、逃走中に西村に彼の身代わりを頼み自首させる。ところが組織によって西村は殺されてしまう。虫一匹殺さないお人よしの兄が、こんな事になったと芦川は柳と長門の前で泣くが、追手がいるので長門は喫茶店でかくまわれる。しかし彼も金子に使われている大坂志郎に捕まりトラックで連れていかれるが、反撃し大坂は死んでしまう。ところが芦川が誘拐され人質となり、長門と例のスチームの部屋で殺されそうになるところ、小高が駆けつけ、やがて水島道太郎の警部に金子は逮捕される。長門も小高も自首するが、その二人を芦川と白木

『完全な遊戯』芦川いづみ、岡田真澄

が見送る。『銀座の沙漠』は全体のスピード感やある種のスマートさが、芦川のモダンな雰囲気とマッチしていた。一杯三〇〇円というスペシャルコーヒーが芦川と長門の出会いだが、当時としてはたいそう高価だったのだろう。

『完全な遊戯』（一九五八）

『完全な遊戯』の芦川いづみは、葉山良二の妹。不良学生が主人公の映画は、市川崑監督『処刑の部屋』（一九五六、大映）、増村保造監督『親不孝通り』（一九五八、大映）『偽大学生』（一九六〇、大映）とブームの時があったが、それは当時の文学界の新人作家の映画化であり、『処刑の部屋』は石原慎太郎、『偽大学生』は大江健三郎が原作である。舛田利雄監督の『完全な遊戯』も石原慎太郎原作で白坂依志夫脚本という、これだけでも当時のニューウェーブであろう。これは無軌道な学生物であり日活映画の中で娯楽映画を作ってきた舛田監督は、それほど作家性のある人ではないと思うが、当時の大学生のアナーキーなニヒリズムをドキュメンタリータッチで描いた異色作である。競輪の予想を裏工作して荒稼ぎしている学生グループがいて、その中心格が梅野泰靖である。その中に小林旭や岡田真澄がいて、彼らは就職するまでのモラトリアム期に結構悪事を働いている。小林が主人公でエリート階級の子息で知的な雰囲気も漂わせている。この予想に場を提供しているノミ屋を仕切っているヤクザが葉山で、その妹が芦川である。

芦川いづみはデパートガールで潑溂たる現代っ子という感じ、一日に何人にもナンパされるというのもリアリティがある！　兄の葉山が大きな借金を背負うことになり、兄をおびき寄せ借金の残りを出させようという魂胆で小林が芦川を誘い出すのだが、本気で好きになってしまう。ところでアキラ＝おムギという（恋愛）コンビはめったにないのではないか？　学生たちは大型の外車で芦川を自分たちのところに誘拐し、兄を脅して金を出させようとする。ここからは明るかった彼女も転落していく。母（高野由美）は病弱で特に兄のことを苦にしている。

芦川を好きになった小林は、何とかこの一家を助けようと思う。彼は父親が大会社の幹部で、卒業後はどこでも入社できるような身分である。もっとも本作は社会派作品ではなく当時の格差社会を告発するというものでもないが、エリートである学生とアウトローの対立する構図の中で、ニヒルな青春像を描く原作者というより脚本の白坂調のニュアンスが強く感じられる。葉山はついに金を強奪し警察にも追われる身となる。学生たちはどんな金でも手に入れたらいいのだとうそぶき、芦川は岡田真澄に犯される。『完全な遊戯』は奈落に落ちていくような後半だが、迫力ある描写が続く。すべてを知った芦川は母と自殺する。葉山は学生グループの頭であった梅野を大学正門前で刺殺する。

やがて卒業、そして入社試験のシーズンで当時は就職難であったようだが、小林は父の地位があってすんなり入社し、他の連中も彼にすがって何とか社会人になろうとしている。だが、最後に小林は新聞社のデスクに真相を告げる。社会派熊井啓のような告発調ではないが、社会の構図を浮き彫りにした傑作。芦川は兄の悲運に付き合うように哀れな最期であった。

『ゆがんだ月』（一九五九）

この三作（『死の十字路』『銀座の沙漠』『完全な遊戯』）に続く『ゆがんだ月』の芦川いづみも妹の役。菊村到原作、松尾昭典監督。松尾監督は、この年（一九五九）、芦川出演作が三作ある（他は『清水の暴れん坊』『男が命を賭ける時』）。『ゆがんだ月』は石原裕次郎モノの派手さはないが、引き締まったサスペンスアクション（脚本、山崎巌）とロケを活かしたスタイリッシュな画面構成（撮影、姫田真佐久）が見事である。ヤクザの下っ端である長門裕之は兄貴分が殺された現場にいて犯人を知っているが、組織のために言えない。神戸が舞台で長門は南田洋子と同棲している。渡辺武信は、本作について「『ゆがんだ月』は長門裕之　南田洋子コンビの主演作で、女に惚れたためにやくざになった男が、暗黒街の闘争にまきこまれて悲惨な死をとげるまでを暗いタッチで描いた暗黒映画の佳作として記憶に値する〜後略」と評している（「日活アクションの華麗な世界」未来社刊）。ただ渡辺の記憶違いかと思うが、長門は死ななかった。

殺された男の妹が芦川で、神戸にやってくる。兄（高原駿雄）の葬儀は組が取り仕切った派手なものであった。芦川は兄が女のために死んだのではない本当の犯人を知っているのではないかと長門に迫る。長門は清純で可愛い芦川を好きになって観光や買い物に付き合い、六甲山や神戸元町を案内して恋人気分になる。長門は訳知りで親身になってくれる新聞記者大坂志郎に真犯人を打ち明け、神戸に居られなくなる。心の中に芦川のことがあった長門は上京し、ここで大坂の兄（大坂志郎二役）でやはり新聞記者に世話になる。この兄が用意してくれた下宿は芦川の家の近くであった。彼女は「トクホン」を作っている会社に勤めていて、会社の門の前で待っていた長門は彼女と再会し、家に行く。彼女の家は下町の貧しい住宅街にあったが、病弱の母を助け健気に働く姿を見ることになる。だが長門の前に不気味な「赤とんぼ」の口笛と共に殺し屋神山繁が出没する。

新宿のバーで職を見つけ働いている長門の下宿先に、南田はやってきて、いつしか同じ店で働くことになる。彼女のところに常連のように足しげく来る客（下元勉）がいて、いつの間にか麻薬入り煙草の中毒にされてしまう。下元はクスリ漬けにした女たちを香港に売り飛ばす手配をする男であった。長門は芦川から兄の三十五日だから来てくれと言われる。喜んで行くと、いかにも下町の労働者の青年（赤木圭一郎）が彼女の婚約者として現れ、長門はがっかりして出て行ってしまう。一方、南田は下元によって悪の組織に拉致され、密航させられる寸前であった。それを察した新聞記者の助けで彼女の行方を探すが、殺し屋が迫ってくる。殺し屋はストイックな哲学を持っていて銃の決闘をするという。そこで拳銃を売る怪しげな店に行くとそこに南田がいた。浜辺での果しあいで長門は倒れるが……何と殺し屋が死んで長門は生きていた！　そして女たちを乗せた密航船が出るところ水上警察船が出動し、多分南田は助け出されるだろう。暗い海に月が出る。『ゆがんだ月』は全く無駄のない出来栄えで松尾監督の中でも突出している。芦川はたんに可愛いだけでなく生活者として意志を持って働く女性像を表現する。南田も、もともと長門を堅気の家から転落させた女だが、あくまで惚れぬいている姿を情感たっぷりに演じる。対極的な二人の女性だが、暗黒映画の傑作でもあり女性映画でもある。

これらのジャンルとしてはフィルムノワール的な日活映画は全盛期ゆえに多く作られた映画群である。女優の中で芦川いづみが選ばれたのは彼女の抜群の存在感が映画の香りを高めることを撮影所が分かっていたからだ。そして、監督にも恵まれたことに他ならない。そこに不木意な生き方をしてしまった兄としっかりした健気な妹という構図がある。

『大学の暴れん坊』（一九五九）

『大学の暴れん坊』も妹の映画と言える。ここでの芦川いづみはある大学の柔道部員梅野泰靖の妹である。同年に石原裕次郎映画の『清水の暴れん坊』（松尾昭典監督）があるがシリーズ物ではないし裕次郎映画ではないので、こちらはモノクロの二番手番組だが古川卓巳監督の『大学の暴れん坊』の方が作品としては上である。

本作は赤木圭一郎主演作と言ってもよく「暴れん坊」は赤木のことで映画は大学の柔道対抗試合から始まる。芦川の兄梅野は相手の赤木に投げ飛ばされ負傷し入院す

『大学の暴れん坊』赤木圭一郎、芦川いづみ

る。赤木は信州の山出しの朴訥な青年だが、スポーツ万能の好男子で、あらゆる運動部に属して、ある時はラグビー部の試合で活躍する。しかし力余っていつも相手を傷つけてしまうところが赤木自身も不甲斐ないのだ。彼が行きつけのカレー屋は親父（佐野浅夫）と娘（稲垣美穂子）がやっていて、稲垣は赤木に好意を持っているが、恋愛まで発展しない。苦学生の赤木はえらくひねた（何年も浪人している）同級生（藤村有弘）の紹介でさるクラブの夜警として雇われることになる。そこのマダム（白木マリ）にも気に入られるが、ここは地下には賭場があり怪しげな闇空間で二本柳寛の組のアジトでもある。

『大学の暴れん坊』というタイトルだが、あまりキャンパスは描かれず、もっぱら話は負傷した後もはや再起できないでふてってしまう梅野と芦川のことが中心となる。芦川に横恋慕しているのが梅野と同じ大学の柔道部だった内田良平で、大学を中退し二本柳の組の用心棒として雇われ、梅野を誘い出しずるずると堕落させていく。実はカレー屋をやっている一帯の土地を二本柳の組は無理やり買いあさり（時代は1964年のオリンピックの前である）ホテルを建てようとしている。それで住民たちの支援をしている法律事務所の葉山良二にも金で何とか手を引けと言ってくるが、正義漢の葉山は全く動じない。この葉山は赤木の大学の柔道部の先輩であり芦川と恋仲でもある。だが今は梅野のことや土地のことがあって二人にもやくざから手が回る。赤木はその名も三四郎というくらいで、鉄腕健児と言うにふさわしいが、そのルックスと長身は魅力的でスターの輝きがある。ただ謹慎中の身であり、あまり立ち回れないが、二本柳のところに行った佐野が刺されて病院に運ばれ赤木は輸血する。

一方、葉山のところに芦川を捕らえていると連絡があり、クラブへ乗り込むが、やくざに取り囲まれ苦戦する。そこへやっと赤木が駆けつけ二本柳と対決する。葉山と赤木は何とか組の者を取り押さえ、梅野も大いに反省する。この映画は葉山と芦川、赤木と稲垣のロマンスには力点はない。赤木圭一郎のスポーツ万能の快男子の暗い影を持ちつつ正義感を全うする姿を描く。どうみても赤木のスタイリッシュな身振りを見せるものであり、それは成功している。それはプログラム・ピクチャーの名手古川卓巳監督の演出の冴えである。芦川に関していうと地味な役柄だが、やはり前述のフィルムノワール系の妹がそうであったように、不甲斐ない生き方をしている挫折した兄を思う健気な存在である。

10　1950年代の芦川いづみ
（五〇年代芦川いづみ出演作・補遺）

一九五九年末に正月映画として公開された『男が命を賭ける時』（松尾昭典監督）で、芦川いづみの出演作は五十三本目。それから引退する一九六八年の『孤島の太陽』（吉田憲二監督）までの全作品が一〇八本なので、五〇年代、六〇年代同じほどの出演数である。本稿では巨匠作品や常連監督作品あるいは「テーマ」を決めて、それぞれに書いてきた以外の五〇年代作品を概観する。日活入社の一九五五年では『大岡政談　第一話　人肌蝙蝠』（野口博志監督）、『沙羅の花の峠』（山村聰監督）、『未成年』（井上梅次監督）、『続警察日記』（久松静児監督）について。

『大岡政談　第一話　人肌蝙蝠』（一九五五）

『大岡政談　第一話　人肌蝙蝠』は八尋不二脚本、野口博志監督、助監督は鈴木清太郎。大岡越前守（坂東好太郎）は休暇中で山紫水明の地を八助（多々良純）などの家来を連れて旅の途中である。そこでさる宿に泊まることになるが『大岡政談　第一話　人肌蝙蝠』は、ほとんどこの宿のみで展開する話で、大岡越前一行が泊まる前に宿で一人の武士が死んでいる。自殺か他殺か？　一行は宿に着く前に湯治場からの道すがら、さるお女中と道連れになる。宿には子供連れの浪人、若い町人の男女がいて、他にもどこかいわくありげな人物が宿泊していて、どうもただの宿屋ではない。浪人は若侍（長門裕之）が艱難辛苦の末、ここまで追いつめた父の仇である。長門の妹が芦川いづみで、おこそ頭巾で兄の後ろから浪人にむかって小太刀を構える。『大岡政談　第一話　人肌蝙蝠』は江戸市中の事件ではなく山深き地の宿での殺人事件から始まるが、どうやら肌に蝙蝠の刺青をした一団が暗躍しているらしい。大岡越前はのんびりと人物画など筆に任せて描いているが、宿の主人もその娘も、その一味の人間だろうと考えている。娘は美人で大雨の夜にイワナ捕りに出かけたりするが、多々良は助平心をおこして江戸へ行かないかと誘っている。大岡の隣に泊まった女は殺された男と関係がありそうである。サスペンス調で先が読めない展開であるが、蝙蝠の集団は小田原藩の小判を奪い金の延べ棒にした一味で、この御用金破りは小田原藩をツブすことが目的らしい。その一味のアジトがこの宿屋であったようだ。

一方、長門と芦川の兄妹は、ついに父の仇を討たんと浪人に迫るが、大岡越前は子供の前での仇討ちを制し、その本懐を私に預けよと言い、浪人は髷を切り出家することで兄妹も納得する。次の朝、みな晴れ晴れとした顔で出立する。

製作再開当時の日活は時代劇も多いのだが、翌年『太陽の季節』『狂った果実』など現代青春映画が作られ石原裕次郎が出て黄金時代がスタートする。本作は芦川いづみ日活入社四作目、まだまだ未知数である。野口博志監督については鈴木清順によれば「日活映画のあらゆるジャンルの祖である」とある（「忘れちゃ困るぜ、野口組」『日活1954―1971　映像を創造する侍たち』ワイズ出版、二〇〇〇年刊）。

『沙羅の花の峠』（一九五五）

『沙羅の花の峠』は山村聰の監督作品だが俳優だけでなく監督としても力量のあった人だと思う。二〇二〇年からコロナ感染が拡大し医療体制に苦しむ状況だが、この映画は無医村の悲劇を臨場感たっぷりに描いた作品である。

『沙羅の花の峠』芦川いづみ、牧眞介

信州の高原にキャンプに来ていた若者グループが、村の子供の様態が悪化して苦しむのに遭遇して苦心惨憺の末に命を助けるという話で、主人公は医者のインターンの南田洋子である（南田の日活入社初出演作）。他の学生に宍戸錠や牧眞介そして芦川いづみは女高生の役で、出演シーンは多くはない。病気の子供は村の本家の子で南田は盲腸であると診断する。だが、その村は無医村のうえに浜村淳の村長が仕切っている古くさい村落で、戦争未亡人の母（三好久子）はオロオロして、怪しげな東山千栄子の祈禱師にすがるばかりである。とにかく手術をするしかないので若者たちは医者を探すべく自転車部隊で出発する。ここらが今とは違う五〇年代の若者のヒューマンなバイタリティと言うべきであろうが、医療崩壊どころか最初から医療などないところが当時の日本にはあったのだ。

そしてついに探し出したのが監督でもある山村聰演じる酔いどれドクターである。この軍医あがりの医者は村里にて恋女房と暮らしているが、アル中で、探し出したのはいいがフラフラの体なのでリヤカーで運ぶことになる。当時は自転車とリヤカーの時代で、本作はこの二つの交通手段の映画ともいえる。苦しみながら戸板に乗せられて村人たちに運ばれる少年はどうなることやら？　弱り切った母親と疑心暗鬼の村人は峠の沙羅の木までたどり着く。タイトルはこの沙羅の大樹のある峠がクライマックスということでつけられたのだろうが、その前に山村が医師法違反だったということで調べを受けるシーンがある。そこには真のヒューマニズムを問う山村監督の姿勢がある。少年の命は助かり、若者の一人が「なんてすばらしい一日だったんだろう。人生にはやらなくてはならないことがある！」と言うと芦川は「ステキねえ、うれしいの」と答える。セーラー服にモンペのスタイルがなかなか素敵な芦川いづみが感動を自然体で伝える。

『未成年』（一九五五）

『未成年』を「生誕100年記念　映画作家　井上梅次」（シネマヴェーラ、二〇二三年）で見ることができた。芦川いづみが初めて井上梅次作品に出演、以後六作品に出ている。特集上映の解説に「プロ意識が強く、費用や時間の計算ができ、制約の中で可能なイメージを追求する柔軟性をもっている監督」とあった。井上梅次監督の『青春蚕歌』（一九五九）という作品は神戸の私立高校を舞台に石坂洋次郎原作物とはまた違った自由を訴える高校生と新任教師の連帯をややコミカルに描いたもので、長門裕之が新任教師をやっている。その四年前の『未成年』は長門が十代の自動車工場の工員を演じた社会派のネオリアリズム的とさえいえる作品であった。

ドブ板長屋から工場へ勤める長門青年は、貧しい母子家庭で高校へ進学できなかったが、優秀でその勤勉さから班長になるかというほど信望があったが、ふとしたことからやくざとつながりを持ち、安部徹のボスに見込まれ、組でだんだんいい顔になっていく。母の清川虹子は、自慢の息子が堕落していくとは考えられず、長門が家を出て行っても帰ってくるだろうと、いつも食事を用意して待っている。まだ少年の面影を残した長門が熱演するが、向学心があっても進学も出世もできない社会構造を

『未成年』長門裕之、芦川いづみ

背景にした「格差」映画で、全体のトーンは暗く、場末のリアリズムが強調される（撮影・間宮義雄）。

　長門を先頭にしたチンピラのグループが、まだ幼い靴磨きの少年を街角で拾いこむ。芦川いづみはその少年の姉で、家もない船上生活者の少女である。芦川は花売り娘として登場するが、なんとも可憐すぎてどこか場違いな感じもする。つまり本作の人物たちの中では異次元的な存在で、天使みたいな感じがして、それは汚濁の社会の底から長門を救う役になるのだが、リアリティはない。ただ入社した日活で、まずもってこういう役をやらされたというのは実によくわかる。入社した年の七作を見ても、どんな境遇にあっても可憐な姿で登場し観客の記憶に残ったであろう。食べものにも事欠く極貧の生活を弟とおくっている芦川の姿を見た長門の心にヤサグレてしまった自分のことが情けなく思えてくる。彼は堅気に戻り母に孝養を尽くしたいと思うようになる。そして住むところを失くした芦川と弟も引き取って、ゆくゆくは彼女と夫婦になるかもしれない——というハッピーエンドになると思いたいが、なかなか組から足を洗うことは難しく、雨の夜に組からの刺客に刺されて幸せになることはかなわなかっただろう。その後、音楽映画やサスペンスそして大ヒット作『嵐を呼ぶ男』で日活映画の存在感を示す娯楽派の井上梅次監督だが、『未成年』のような硬派な社会派映画があって、その多様な作品に芦川いづみは出演している。

『続警察日記』（一九五五）

『続警察日記』は同年の『警察日記』の続編で、製作坂上静翁、脚本井手俊郎、撮影姫田真佐久という同じスタッフによる久松静児監督作品。磐梯山を見晴るかす会津の片田舎町の警察署の日常生活を描いたもので、一作目は森繁久彌が主役で評判を呼んだ。まだ貧しかった時代であるが人情あふれる地方の警察署で様々な事件があり、多くの人物が入れ替わり立ち替わりやってくる。のどかなローカル映画という趣であるが、やはり警察というところは社会の底辺が垣間見られシリアスな面もある。そんな意味では社会派の作品でもある。

近くを走る鉄道の線路に若い女が横たわっている。どうやら自殺未遂で、訳ありのようだが、署に彼氏と親父がやってくる。署長は三島雅夫で、今回はまだ若い伊藤雄之助が主人公。芦川いづみはお茶くみの小遣いさんという仕事をしていて若い巡査の三島耕のことが好きなようであるが、男所帯の中でマスコット的なかわいい存在である。いくつかの事件があって、留置されている中ではは色男の三國連太郎はモテモテで、次々と女が面会にやってくる。コメ泥棒で捕まった男は村のはずれの小屋に住んでいる。食べるものにも事欠くのだが酒浸りでコメを盗んだと逮捕されるが無実であった。会社の金を横領して花街の女に貢いだ若い男がいるが、その女を調べに行くのが三島耕で、彼が驚いたのはかつて身売りされる時に助けた女だった。三島耕はその女新珠三千代のことが好きになっていて、この事件で会ってしまいお互い気まずい思いをしている。

『続警察日記』はこの辺からシリアスな面が強くなり、新珠の父はコメ泥棒の嫌疑をかけられ自殺した男であった。マスコミはこの件に関して警察の一方的な対処に問題ありと非難の目を向け新聞の一面にも出てしまう。男の家には体の不自由な男の子とまだ幼い女の子（二木てるみ）がいて芦川も署員に同行して、家に行き女の子に同情して村祭りに連れていく。芦川と二木が「赤とんぼ」の歌をうたうシーンは心にしみる。映画は全体が丁寧に作られ、やがて日本映画の黄金期を迎えるのだが、このような誠実な仕事の積み重ねがあってこそ娯楽産業の王者に君臨したのであろう。

日活入社一年目で七作品に出演した芦川いづみは翌年には十四作品、続く一九五七年には十作品と新天地日活で活躍していく。五六年の作品では『火の鳥』『洲崎パラダイス　赤信号』について。

『火の鳥』（一九五六）

芦川主演作を多く撮っている井上梅次監督であるが、前年の『未成年』から五六年になって『ジャズ・オン・パレード１９５６年　裏町のお転婆娘』『死の十字路』そして『火の鳥』である。井上梅次は多彩な監督でヒットメーカーであるが、かえって評価が低いかも知れない？『火の鳥』は月丘夢路主演の新劇女優の人生と愛を描くもので、伊藤整原作というから文芸作品と言っていいだろう。

英国人との混血で情熱的な美貌の持ち主である月丘は演劇の世界で人気を誇る女優である。バラ座という劇団の看板女優でありその劇団の演出家伊達信と師弟であり愛人関係にもなっている。劇団は今や月丘一人で持っているようなもので恋多き彼女の行動について団員は内心不満があるが現状を認めている。その彼女の英国人の父が亡くなり年金がまとめて払われるという知らせが来る。姉の山岡久乃と住んでいるが、二人は小さいころから反目しあっていた。月丘のかつての恋人三橋達也は小説家だが、今は別れているし、照明の大坂志郎も彼女をひそかに慕っている。人気を当て込んでか映画会社のプロデューサー安部徹と監督の金子信雄が月丘に映画に出てくれとやってくる。それがやや舞台裏的なのだが、「日活撮影所」が出てきて芦川いづみは北原三枝や長門裕之とともに本人ということで友情出演しているのだ。新しい日活のアピール効果ということもあろうが、その月丘の出演作品の若い相手役にニューフェイスの仲代達矢が抜擢される。これは多分に月丘の意向でもあり彼女はまだ学生の彼に惹かれてしまうのだ。仲代は左翼学生でありデモで捕まってしまうが、その情熱的なところでますます彼を好きになってしまい学生演劇をやっている彼らの仲間の支援もする。

ある日大きな劇場のこけら落としの舞台の話を社長の市村俊幸が持ってくる。それで出演することになり演出の伊達等と稽古に入るが月丘は仲代と恋の逃避行で初日舞台に穴をあける。どうなるかと思いきや彼女が戻ってからは大入りを続け評価もされる。仲代はどうやら有力な支援者である月丘を色仕掛けでだましていたようで、劇団の中原早苗ともねんごろであった。それを知った月丘は亡父の年金を下ろして仲代とも劇団とも縁を切って再出発しようとする。それで大学へ行って大金をくれてやり仲代を張り倒すと今度は劇団で退団を申し入れ、みんなは今まで本音を言わなかった、これから新しき劇団を作ってくれとここでも多額の金を置いてくる。恩師であり愛人でもあった伊達ともきっぱりと別れ彼女はいよいよ映画界に行く。ここなどいよいよ映画の時代だという気分が表れているところだろう。

芦川いづみは前年（一九五五）の『未成年』で初めて井上梅次組に登場し、あの大ヒット作『嵐を呼ぶ男』（一九五七）など七作品に出演する。

『洲崎パラダイス　赤信号』（一九五六）

川島雄三監督は芦川いづみを映画界に誘った人であるし、日活にも同時代在籍したが、映画会社を次々に移った監督なので、日活にいたのは短期間（一九五五～一九五七年）である。しかしこの時期は川島にとってのピークともいえる時代で傑作、名作が並んでいる（『愛のお荷物』『あした来る人』『銀座二十四帖』『風船』『洲崎パラダイス　赤信号』『わが町』『飢える魂』『続・飢える魂』『幕末太陽傳』）。

芦川いづみは、この中で三本（『風船』『洲崎パラダイス　赤信号』『幕末太陽傳』）に出演している。『風船』（一九五六年一月）に続いて『洲崎パラダイス　赤信号』（同年七月）は81分とタイトな小品だが、その中に女と男の

『洲崎パラダイス　赤信号』芦川いづみ、三橋達也、轟夕起子

腐れ縁の情感が流されていく水の中のあぶくのように描かれ川島のベストともいえる映画ではないかと思う。後の今村昌平作品にも共通するいささか諦観的なニンゲンの性愛のくだらなさやいとおしさを体現させている。真鍋理一郎の音楽もモダンだし現代映画としても製作されてから六十五年たった今日見ても古くない。

　金も行き場もない二人、新珠三千代と三橋達也は、ふらりとバスに乗り勝鬨橋から洲崎までたどり着く。新珠は元洲崎パラダイス（赤線）の中の女だったようだ。その入り口にある小さな一杯飲み屋にへたり込んだ二人だが、新珠はここで雇ってもらおうとしている。女将の轟夕起子が決めかねているうちに、好色そうな神田の電気店主河津清三郎が入ってきて、客商売になれている新珠は、さっそく色気を振りまいて男に酒を進める。このシーンのリアリズムはさすが川島らしい鮮度があり、大人のオトコとオンナのそこはかとないやりとりが小さな酒場の一角で繰り広げられる。三橋は面白くないのでふて寝しているが遊んでいるわけにもいかないので、近くの「だまされ屋」という蕎麦屋の出前持ちをすることになる。そこの店員が芦川いづみで、白い仕事着が何とも実直な人柄を感じさせるが、不愛想な三橋にどこか好意を持ったようだ。曲者の小沢昭一の出前持ちは三橋を先輩顔で見ている。仕事にさっぱり身が入らない三橋の姿に芦川は心配そうだ。

一方で新珠は金回りのよい河津といい仲になって、ある夜寿司屋にしっぽりムードで出かけていく。それを飲み屋に来た三橋は知って興奮してあたりの寿司屋をかたっぱしから探し回る。客のいない店で飲もうとするが諦めて出たところ、開けた座敷に新珠と男はいた。ここは皮肉にも一瞬にして今の関係が露になる圧巻のシーンといえる。河津は新珠を二号にする気か、アパートを借りていろいろ金を使っている。轟の人生にも悲劇があって、女のところに走った夫植村謙二郎が久しぶりに帰ってきたので、轟は嬉しくて夫婦生活が戻ったと思う矢先、その女に夫は殺されてしまう。それをドラマチックというより、男と女の世の常の情景として撮ってしまうのが川島の演出で、本作は特にその傾向が強い。新珠と三橋は元のさやに納まったというか、再び流れていくようにこの地を去る。芦川は、パラダイスの近くの川をぼんやり眺めている。『洲崎パラダイス　赤信号』の俗臭漂う人物たちの中で、やはり純な存在として芦川いづみがいる。

『哀愁の園』（一九五七）

吉村簾監督『哀愁の園』は葉山良二と南田洋子のラブロマンというか悲恋物。芦川いづみは葉山の故郷である浅間山の麓の牧場の娘である。前年の西河克己監督『しあわせはどこに』で芦川は葉山の恋人を初々しく演じたが、日活におけるラブロマンスの主役はそれが初めてであった。『哀愁の園』は葉山が南田と結ばれないのではないかというラストである。この時代の女性が処女性にどれほどこだわっていたか、あるいは男性が相手の女性が処女であることを重要視していたか、それが『哀愁の園』では問題になっている。南田は家庭の事情もあり就職した会社の社長秘書となるが、その若社長が仕事ということで箱根の宿に同行させ暴力的に処女を奪ってしまうのである。それで南田が湖に身を投げようとした時救ってくれたのが浅草のストリッパー、サリー（湖けい子）であり、南田はそのサリーのところに身を寄せることになる。

と話は後半からになったが、そもそもは東京の葉山と

『哀愁の園』葉山良二、芦川いづみ

南田はやがて浅間山の麓の牧場で二人の新生活をと夢を抱く健全なラブロマンスであった。毛織物会社の若社長には愛人（渡辺美佐子）もあり、ある日お楽しみの帰り、社長が自動車事故を起こし、その相手が中小繊維問屋の清水将夫で、偶々その妻（高野由美）と病院にいた娘南田を社長が見初めてしまい強引に自社に就職させる。葉山が帰省する日、南田は社長に会食に誘われ、その帰りに東京駅のホームで同僚の内藤武敏などが葉山を見送っているところに南田は駆けつけ、このまま連れて行ってと言う。

芦川は葉山が牧場に着くと幌馬車を御してやってくる。朝もやに煙る山麓の風景は美しく、もしかして芦川と葉山のラブロマンスがあるのではと思いつつ、二人の間には最後までその気配は全くなく大自然の中で野性的な健康そのものの田舎娘であった。芦川はもちろんそういう役も似合うのではあるが。

葉山は南田の両親のもとに結婚の許しを得るために行き、親は大喜びであるが肝心の南田の姿は見えない。その頃はストリッパーのサリーのところに身を潜ませていた。サリーは社長にどうしてくれるのかと問い詰めるが、そこには渡辺も来ている。家に帰ろうとする南田と渡辺は話をするがらちが明かないし家に帰っても泣き崩れるばかりである。ラストは葉山と南田が御茶ノ水ニコライ堂近くで会って、クリスマスなのか長いデートの後だろうか誰もいない街角での二人の別れが永遠のものになる予感である。葉山・南田のコンビは美男美女ではあるが、葉山と芦川のように続かなかった。日活で葉山＝芦川コンビが連作されたのは彼らには向日性もあり、この二人が受けたのであろう。日活移籍初期の芦川いづみは、やはりこの若々しい社風に合ったのだろう。

『無法一代』（一九五七）

滝沢英輔監督は『黒帯有情　花と嵐』（一九五六）で芦川いづみをはじめて起用し、その後芦川の清純系統の作品が多かった監督だが、兄は二川文太郎監督、彼自身は「梶原金八」という脚本家集団鳴滝組の一員でもあった。一九五四年日活と契約し製作再開第一作『国定忠治』（一九五四）を撮ることになる。『無法一代』は西口克己原作「廓」を八住俊雄が脚本化した日露戦争直後の京都伏見の中書島を舞台にした廓ものである。ここに食い詰めた夫婦がやってくる。夫婦は廓で何とか食っていこうとする三橋達也と新珠三千代であるが、この二人は多くの作品で男と女を演じ傑作も多い。ぼろ家から何とか女郎屋を開業するが、そこに来るのが親の借金のかたに身を売られた芦川いづみである。女郎の周旋屋殿山泰司のところから利根はる恵と三橋、新珠の店に買われるが、利根には色男の宍戸錠がいて足抜けさせてしまう。日活入社まもなく『無法一代』で芦川は女郎役をやっているが、映画全体は風物誌的で当時の色里の風情が感じられる。男知らずのねんねの芦川の初めての客が商家のボンボンである相原巨典で優しくなじみになっていく。

『無法一代』は明治の話で、その後太平洋戦争後の赤線がなくなるまで娼婦たちは不幸で、社会悪としての廓というものを批判する意図はあるものの、映画の柱は三橋達也がこの地で男をあげようと「鬼になる」決意で回りに立ち向かっていく話である。恋女房の新珠も夫に従い自らも鬼になる覚悟である。三橋の前に立ちはだかるのは商売敵の他の女郎屋の主人やその背後にいるやくざ、そして女郎たちを救おうとする救世軍たちである。ある時救世軍の男が暴行を受け、やったのは清水将夫組長の手下たちだが、三橋は自分が下手人だと自首してお縄になり留置される。その間新珠は清水組長に大金を借りて故郷若狭から少女たちを買ってくる。やがて三橋は堂々と出所して男を挙げていき店も大きくなってこの地の顔役となっていく。芦川はなじみの相原の子供を宿したようだが、男と会ってもすげなくされ、ついに入水自殺する。薄幸の少女を滝沢は芦川の資質の中に見出し、その後『佳人』（一九五八）でそれは見事に発揮される。

『無法一代』相原巨典、芦川いづみ

『「男対男」より　命も恋も』（一九五七）

名優であった小杉勇監督の『「男対男」より　命も恋も』は日本古武術の鹿島神流の若き名手である葉山良二主演の武道もので、かつ葉山と芦川いづみコンビの恋愛映画でもあって「命も恋も」を貫くこの二人の映画である。学生服姿のさる建設会社の見習いの葉山はある日社長（大草四郎）に因縁をつけに来たチンピラ二人（ひとりは高品格）を軽々やっつけて社長に気に入られる。社長令嬢（香月美奈子）も彼にほれぼれとしてしまうが、葉山には心に誓った最愛の芦川がいる。ただ病弱の母と二人暮らしの芦川はお金に苦労して借金のカタに芸者屋に売られそうになっている。

さて建設会社の方は北海道の自社の炭鉱でスト決行中となり社長は葉山を同行し、何とか解決させようと北海道へ飛ぶ。この時代はまだ全国に炭坑町があり、かつ労使の間で闘争が絶えなかったという時代色も伝わる。小杉の演出は丁寧でありきっちりとしてドラマチックである。北海道で葉山は酒場の女（利根はる恵）に惚れられるが、その堂々たる勇気によって労使の問題は解決する。そして社長から小切手を貰い、これで芦川の窮状を救えると家に急ぐが、すでに遅く彼女は芸者屋へ身売りされたところであった。そして建設の裏金を取っていたヒヒ爺に芦川があわや水揚げされるところを救い出す。社長令嬢は葉山に振られたので自暴自棄になり武術の対決相手の植村謙二郎とねんごろになって上京してきた利根はる恵の店にも行っている。令嬢香月を好きなのは専務の南博之なのだが、この男に葉山は「勇気を持って勤め人根性を捨てて、お嬢さんと対してください」と言う。葉山のスーパーヒーローぶりが万全で強くて正義感に溢れ優しいのである。

葉山＝芦川は「最強のコンビ」であったので、葉山は理想的なヒーローを演じることが多かった。男対男というと積年のライバルである二つの流派の対決であり、さる神社で「日本古武術大会」が催され、葉山は植村と死闘を繰り広げ勝利する。会場では社長や令嬢、利根などが見守り、芦川はひたすら神前で祈るばかりである。ラストは彼女のもとに彼が来て勝ったことを知らせ、二人で喜びを分かち合う。小杉勇は監督として七十本に及ぶ作品があり、息子の小杉太一郎が音楽を担当しているケースも多い。脚本は助監督でもあった井田探。

『幕末太陽傳』（一九五七）

川島雄三監督の日活最後の作品が、川島の代表作とされる『幕末太陽傳』で、芦川いづみは舞台となる相模屋の下働き「おひさ」である。大工である父（植村謙二郎）が博打好きで、その借金のカタに大工道具と共に店でこき使われ、それでもビョーキのやまない父のため、おひさは女郎にされそうになる。しかしここで芦川は弱くて泣いているばかりでなく自らが脱出するためにたいして好きでもない若旦那（梅野泰清）と結婚し佐平次（フランキー堺）に駆け落ちする手助けを頼む。もしうまくいけば年一両、十年で十両払うと持ちかける、つまり結構計算のできる現実主義の娘である。

『幕末太陽傳』芦川いづみ、植村謙二郎

芦川いづみ論のために本作の彼女はどれほどの意味を持つかと言えば、少なくとも『風船』の方が作品を核心にふれるほど大きいが、日活再開三周年記念作として作られた大作『幕末太陽傳』に芦川が起用されているのは、それなりの意味がある。

『幕末太陽傳』は品川の飯売旅籠（遊郭）を舞台にしたアナーキーなグランドホテル形式の映画だが、古典落語から材を得たシナリオは田中啓一（山内久）、川島雄三、今村昌平である。髙村倉太郎のキャメラも結構斬新であるし、本作は単なるエネルギッシュな喜劇だと見ることはできない。ここにはリアリズムを追求する姿勢が強く風俗考証（木村荘八）や資料提供（宮尾しげを、安藤鶴夫）が徹底されている。それによって社会派的あるいはテーマがしっかりあるかというと、『幕末太陽傳』には未知の問題があって政治主義が無に還元される、つまりアナーキズムが感じられるのだ。

フランキー堺が演じる居残りの佐平次の「首が飛んでも動いてみせるわ」とか「地獄も極楽もあるもんか」という永久運動が実は彼が身体的にかなり弱っているという反作用の行為でもあるところに、どこか巨大な「無」がある。それは目的があってないような、現世的欲望の追求であるようで、そんなものが真の目的ではないというような。それでディティールがすこぶる面白い。例えば貸本屋の金造(小沢昭一)が女郎おそめ(左幸子)と心中し幽霊になって現れるシーンは落語ネタだが川島贔屓の名優によってケッサクなシーンとなっている。石原裕次郎の高杉晋作は長州のクーデターグループであるが、いかにも形式的であることが強調されている。ここでは政治主義よりも実生活派が上であることを確信していることがわかる。モノクロ、スタンダードサイズゆえの確実なリアリズム描写、そして実は空無ともいえる内実。鈴木清順が川島の後継者とされるなら、ばかばかしいまでの過剰な表現の中にこのような「空」を中心に置いてしまうことだろうか？

芦川いづみは庶民派を代表しているのか？　いやそれぐらいなら彼女の起用はなかったと思う。川島にとって芦川は『風船』に尽きているが、何作かに出演させた彼女を発見者である川島は評価していたのである。『幕末太陽傳』は宿痾（しゅくあ）を抱えて常に死の影を意識していたと思しき川島の姿と見ることもできようが、フランキー堺の献身的な演技がすばらしい「乱調の美学」を体現した。おそらく肯定ではなく否定であることが生（性）の最後のエネルギーとなるなら『幕末太陽傳』はどんな時代でも意味のある病者の映画であり芦川いづみが何作も出演した病者の映像に繋がるものである。

『白い夏』（一九五七）

『白い夏』は新田次郎原作の青春ドラマで、斎藤武市監督作品。芦川いづみは斎藤監督作品に五本出ているが、斎藤武市は日活にあって「渡り鳥」シリーズで有名な他『愛と死をみつめて』（一九六四）も大ヒットした。房総の海岸町の郵便局に就職した青山恭二青年のひと夏の物語で、芦川は局長の娘で町内の有力者の花嫁候補なのだが乗り気ではない。青山にコナかけてくる中原早苗が面白い。青山恭二という人は良く知らないが、日活ではどんなポジションだったのだろう。ここではモテモテの役で、背景として素朴な町の夏の祭り、海岸などローカルな雰囲気がよく出ている。

『白い夏』は、田舎のおんぼろバスで青山が赴任先に向かうところから始まる。隣の席にサングラスの水商売風の女が乗っている。この町の郵便局は局長（織田政雄）はじめ天草四郎など数人の小さな所帯で、芦川は電話交換手をしている。少しやくざがかった配達職員（近藤宏）は小悪党という感じである。町医者で働いている中原は男好きで、近藤と付き合っているがハンサムな青山に接

『白い夏』芦川いづみ、青山恭二

沂する。大人しい芦川は町長選挙に立候補している相原巨典から早く結婚したいと迫られている。青山は魚屋夫婦のところに下宿して慣れない仕事だが、まじめに勤めていて、その姿に芦川も好意を感じ始めている。静かな町にしては俗物も多く、赤新聞の西村晃は、相原に取り付いて、彼が出る町内野球大会では、華を持たせようと八百長を企てる。それがたまたま青山の登場で失敗に終わる。逆恨みした西村はでっち上げの記事で、青山を追い詰める。俗物中の俗物が相原で、政治家をめざしながら実は芸者との間に子供まで作っているが、世間的に良妻として芦川を求めている。

短い間に、いろいろなことがあり青山は母のところへ帰る決心をして町を去る。明朗な青春物というより少し物悲しく、人物造形が深みに欠けるきらいもあるが、芦川いづみの古風でありつつ誠実な生き方を感じさせる女性像に捨てがたいものがある。

『江戸の小鼠たち』（一九五七）

『江戸の小鼠たち』は「江戸時代の太陽族映画」ともい

『江戸の小鼠たち』長門裕之、芦川いづみ

うらしいが、江戸庶民のヒーローといえば、ご存じ義賊鼠小僧だ。その鼠小僧が捕まって刑場に連行されるシーンから始まり貧乏長屋のあんちゃん（つまり小鼠）たちが憧れの気持ちで彼を見ている。鼠小僧は榎木兵衛でどうも義賊には見えない。名前も同じ次郎吉の津川雅彦が若者たちの中心で喧嘩が絶えず、その彼を心配しているのが幼馴染の芦川いづみである。村上元三原作を水の江滝子製作、棚田吾郎脚本、冬島泰三監督で映画化した『江戸の小鼠たち』は青春ものという面もあり、芦川をめぐって津川と与力の息子長門裕之の恋のさや当てもあって、茶店の看板娘的な芦川のところに足しげく通ってくる長門が情けない不器用な青年をうまく演じている。つまり本作は長門、津川の兄弟共演でその間に芦川が愛らしい姿を見せるのだが、津川と芦川は長屋の壁一枚隔てただけの隣で、仕事をしないバラケツの津川に対して茶店で働く芦川はしっかり者でもある。芦川をめぐってこの二人があるとき喧嘩になるが、お互いにさっぱりした気性で友情が生まれる。

この町は同心坂東好太郎が見回っているが、どうも悪徳商人がやくざとグルになって上層武士と結託して非合法な荷を運んでいる。その上、貧乏長屋をつぶそうとしている。津川の父（河野秋武）は元大工だが酒浸りの上、やくざの親分（植村謙二郎）の賭場で金を巻き上げられている。借金を返さなければ津川の姉（美多川光子）は悪玉武士の妾にされそうである。そのきっかけは津川がやくざに入り父と博打で対決するのだが、これもいかさまながら父が負け、おまけに父は植村たちに殺されてしまう。一方、長門は婿養子で義母や妻に頭の上がらぬ父（冬木京三）を軽蔑し家を出て芦川のところに転がりこむ。この作品は明暗両面から作られていてあの天才山中貞雄的なユーモラスな面もある。やがて御用船と偽って船が来るが、すべての裏を知った津川や同心坂東そして長門、与力の父らに悪党一味は退治される。また長屋にも平和な時がやってくるが坂東は悪ガキたちがいるのを見て「小鼠は尽きない」と長嘆息する。津川は労働者としてまともに働き芦川の便りを嬉しそうに読んでいる。

小品だがピリッとしまった快作である。

『知と愛の出発』（一九五八）

一九五八年というと映画史に輝く『陽のあたる坂道』がある年で、芦川いづみの出演作品は八本、うち三作品が主演である。『知と愛の出発』は中村八朗原作、植草圭之助脚本、斎藤武市監督である。斎藤監督の芦川出演作は五作あるが、滝沢英輔監督や西河克己監督のように芦川と相性が良かったとは思えない（?）。その斎藤監督の『白い夏』（一九五七）に続くのが『知と愛の出発』である。本作は大人の無理解から悲劇を生んでしまう高校生を描いたもので、芦川にとっては前作『美しい庵主さん』（西河克己監督）に続くもので、撮影は同じく姫田真佐久で、こちらは長野県諏訪市の諏訪湖近くの町が舞台。実はカラー（コニカラー）映画らしいが、今上映できるプリントはモノクロ版で、ロケ地を考えるとカラーで見たいところである。『知と愛の出発』はシビアな青春映画だ。

主人公である芦川いづみは高校三年の女子高生で成績優秀でお茶の水女子大を希望している。彼女には仲良し三人組がいて、白木マリと中原早苗であるが、冒頭に芦

『知と愛の出発』芦川いづみ、小高雄二

川と白木が何やら深い関係になりそうで、これは白木の同性愛的な感情がエスカレートしているから。映画の大きなテーマとして若い女性のセックスについてということがある。三人とも処女であり未知のセックスに対して好奇心と不安がある。白木は芦川が拒むので不機嫌となり、諏訪湖にモーターボートで出ていくが、そこに偶々同級生の川地民夫がいて二人はボートで漕ぎ出す。芦川はこれをきっかけに町の有力者の息子で東大法科へ行くことを厳命されている川地と仲良くなる。

川地はボーイフレンドではなく友達でいようと言うが、お互い強く惹かれていく。白木の父（永井智雄）は病院長であり後妻（利根はる恵）がいるが、どうも白木はそれも不満である。医師の小高雄二が白木の家庭教師をしていて接近してくるので興味半分で付き合っている。芦川との仲を川地は父に責められ、父は芦川の親のことを「日教組か」と軽蔑するように言い放つ。芦川は教員の父（宇野重吉）から経済的に大学は無理と言われショックを受けるが、当時は教師でも女に学問は必要ないと考える時代であった。それに対して芦川は女も自立して仕事を持って生きていくべきだと進学をあきらめない。それで芦川は母親がバーをやっている中原と夏休みに諏訪湖のホテルでアルバイトをすることになる。ある夜、彼女を迎えに来た川地と遅くまでいて、宇野はきつく注意をする。のどかな湖畔の町だが、不良たちに無理に連れ去られ暴行された中原は、白木の父の病院に入院し治療を受けるが自殺してしまう。まだ女性の立場が弱い時代で、しかも不安定な年ごろの高校生がどんどん追い詰められていくような展開となる。

急性盲腸炎で入院した芦川を小高が診るが、手術のための輸血は川地からの血であった。女グセが悪い小高は芦川につきまとい処女であるなんて古臭い迷信さとうそぶき、しつこく迫っていく。ここらが誤解を生み川地は芦川につれなくするが、それでとうとう芦川も小高の誘惑に「私は堕落してやるよ」とあわやという時、輸血したのは川地と知らされ、迫ってきた小高を傷つけてしまう。マスコミは「無軌道な女高生」と新聞沙汰にし、宇野は退職届を書き芦川も絶望的になる。一方被害者面していた小高は、あろうことか利根との浮気現場が発覚し、永井は離婚と小高の解雇を発表し、事実は反対だったと記者たちに言う。自殺を考えていた芦川のところに川地がやってきて、最後に山へ登ろう、今からなら夜明けに頂上に着けると出かける。そして早暁の山脈の美しさが二人を力強く再生させる。モヤモヤが吹っ飛んで、意気地なし弱虫だった、これから二人で強く生きていこうというラストは南アルプスの山並みと思うが、やはりカラーで見たかった。

というところで待望のカラー復元版がリリースされた（日活110周年記念、二〇二三）。『知と愛の出発』はコニカラーだが、当時日本映画はモノクロが主流であり、日活は『緑はるかに』（井上梅次監督、一九五五）でコニカラーによる初の色彩映画に着手した。芦川出演作は『ドラムと恋と夢』（吉村廉監督、一九五六）、『お転婆三人姉妹　踊る太陽』（井上梅次監督、一九五七）がコニカラーだが（『踊る太陽』はモノクロ版しか見ていない）、その後の『嵐を呼ぶ男』（井上梅次監督、一九五七）はイーストマンカラーで、やがてカラー作品が増えていく。

さて『知と愛の出発』カラー版であるが、風光明媚な諏訪湖畔の美しさはやはりカラーで見ると断然美しく、芦川いづみのセーラー服が白地にグレイの襟とリボンで大きめの上着やスカートを長身の彼女が着ているのがなんともファッショナブル！　植草圭之助のシナリオだが、『陽のあたる坂道』のヒットをうけた芦川いづみ＝川地民夫コンビ作品をと急ぎ書かれたものか（？）高校生の性をテーマにしているが消化不良の感がある。悩める十代の進路や家庭環境や恋愛問題の掘り下げ方ももう一つ足らないように思う。カラー版の見どころはラストシーンにあり、山頂から見晴らす南アルプスの美しさに邪念が吹き飛ぶ芦川と川地の感動が、やはり観客にもより伝わってくる。

『夜の狼』（一九五八）

『夜の狼』は牛原陽一監督で、芦川いづみの牛原作品は四本あるが、粒ぞろいである。『一匹狼』（一九六〇）という小高雄二の主演作も無駄のない傑作であった。『夜の狼』も派手なアクションはなく地味ではあるがフィルムノワールの力作である。また葉山良二と芦川いづみというコンビの映画なので二人の恋愛ものでもある。

「レインボー」というキャバレーを中心に、夜の街に生きるヤクザ（葉山）と貧しさから街娼になって生きる女（芦川）の出会いと別れを描く物悲しい作品である。芦川と葉山は夜の女たちがたむろする夜の街で出会う。そして葉山が貧しい堅気の老夫婦の家に借金の取り立てに行くと、そこの娘が芦川であった。さらに不幸なのは、両親は自殺してしまい芦川が身体で稼いだ金も救いにならなかったという最悪のパターンとなる。

牛原陽一監督は、第二作目であるが手慣れた感じで、冒頭西村晃の拳銃密売人が組のアジトにヨタヨタと来るシーンからフィルムノワール色の強い画面構成で緊張感を持続させる（撮影は伊佐山三郎）。葉山は松本染升組長と金子信雄店長のもとで、借金の取り立てをやっていて信望も厚い。『銀座の沙漠』に続いてノワール映画出演の芦川だが、清純な外見とは裏腹に街で立ちんぼうをする役は、たぶん他にはないだろう。彼女は暗く沈んで、葉山に対しては当初は恨み骨髄であったが、やがてお互い惹かれていく。

金子は組長の松本を殺し、一帯のショバを実力者の芦田伸介や天草四郎の組に任せるが、松本が殺されたことを知った芦川は仇がいなくなって呆然とし事故に遭って入院する。近くの病院の医者宇野重吉は、葉山のことも知っていて二人を見守っていく。葉山は芦川を看病するうちに、やくざ稼業から足を洗い堅気になろうと決心する。芦川は退院できたが、宇野によると彼女はどうやら胸に疾患があり遠方の療養所へ行くことを勧め、葉山にも知らせると彼は元気になったら二人で暮らそうと言う。しかし最後にキャバレーへ行って金子に堅気になることを告げると、乱闘になり彼を殺してしまう。約束の時間に列車に乗り葉山の来るのを待っていた芦川のもとに駆けつけた葉山は「今は行けないが、きっと迎えに行く」と言うが、何かを察した芦川は目に一杯涙をためている。しかし、この別れも山田禅二の刑事の温情であって、最後に彼女を見送ることができたのだ。この年（一九五八）は、芦川は様々な役をこなしているが『夜の狼』の彼女も印象深い。

『祈るひと』(一九五九)

田坂具隆監督『若い川の流れ』から始まる一九五九年の芦川いづみは十一作の出演作で充実した年であった。『祈るひと』は田宮虎彦原作、滝沢英輔監督で芦川いづみならではの誠実な生き方をする若い女性の姿を描くものである。これを「女性映画」と言っていいのか、あるいは芦川出演作は広い意味で女性の生き方を示すものと考えてもいいが、『祈るひと』は戦中、戦後をつないで少女時代の房総半島での疎開先の思い出がリフレインされる文芸映画である。そして若い女性が生きることに真摯に向き合う姿に心が引き締まる。滝沢英輔監督は芦川にとって恩師的な存在の名匠と言えるだろう。

『祈るひと』芦川いづみ

戦後、母月丘夢路と暮らしている芦川は女子大を出て働いている。その彼女に叔母の細川ちか子から見合いの話が持ち込まれる。本作は文芸作の多かった坂上静翁の製作、田宮虎彦の原作で「若い女性」連載というから、やはり女性向きの教養小説的なもので回想シーンも多く芦川のナレーションで構成される(因みに「若い女性」という女性月刊誌は芦川の表紙も多い)。亡くなった父下元勉は国文学者として有名であったが母とは冷え切った関係であった。その原因が何であったかが本作のテーマとつながり最後に理想的な男女の関係あるいは結婚生活についての強い思いが語られるのである。それゆえに当時の若い女性向きの映画であったと思う。

両親が不和であったのは月丘が金子信雄と恋人関係に

あり子供の芦川は実は金子が父ではないかという疑いを下元が最後まで持っていたことによる。今なら調べることができるだろうが（事実は下元の子だった！）、その疑いを死ぬまで持ち続け家庭では陰湿な父親であった。芦川には二つの夫婦像があり、理想は房総で療養所をやっていた叔父夫婦（信欣三、東恵美子）で、純愛と信頼で結ばれていた。だが病身の妻は亡くなり夫の信も後を追って自死したのである。疎開時代から十年、芦川の見合いの相手は小高雄二で、とにかく横柄で自己中心的な男である。当時の女性はほとんど見合いをして、それなりのバランスを考え結婚したと思うが、ある程度妥協して、こんな相手でも仕方ないかということもあったのだろうが、この『祈るひと』は女性教養映画であるから、いや今の時代それはまずいということで、芦川はこの話は断り自分の道を進んでいく。というと凡庸な気もするが、この映画は陰影に富み深い余韻を残す。芦川は母との関係も含めて自立することで未来を歩もうとする。本作では女高生時代が描かれ沢本忠雄と仲が良く家に連れてきたりするが、新しい時代の風潮か、みんなで研究会を持ち内藤武敏の先生宅へ集ったりする。芦川も清水まゆみもセーラー姿が似合う。

「星屑の空に愛の灯を求めさすらう美しき乙女の祈り！」という惹句が素晴らしい。

『東京の孤独』（一九五九）

続く井上梅次監督『東京の孤独』は野球映画としても一流で、井上友一郎原作で、後楽園球場も舞台となる。大坂志郎の監督が主人公というべき映画だが、ニューフェイスともいえる小林旭と宍戸錠の新人賞争い、かつ恋の勝利者をめぐるこの二人の対決の映画で娯楽映画の巨匠として井上監督の腕の見せどころ満載である。

伊東のキャンプ場へ出かける大坂の妻月丘夢路と妹の芦川いづみが、車中で財布を盗られた青年小林旭と知り合う。彼はピッチャーとして入団できるかどうかの試験を大坂が監督である球団で受けようとキャンプ地に行くところであった。とにかく小林は大坂を真に尊敬しているのである。さて新人というには、やたら図々しいのがバッターの宍戸錠である。『東京の孤独』は、この二人

『東京の孤独』小林旭、芦川いづみ

が優勝争いの二つの球団で対決するのがクライマックスの快作である。芦川はスチュワーデスの試験に合格し、暇なときは野球の応援をしているが、素朴な小林に好意を持つ。この世界はスカウト西村晃が背後にいて暗躍し、小林を大坂とは違うチームに引き抜いてしまう。小林はバーの二階に下宿しているが、そこの女の子の清水まゆみが彼に惚れていてモーションをかけている。ある時小林が故郷の博多へ帰った際に芦川と清水は鉢合わせする。ただきっぱりした気性の清水は「お姉さん、彼が好きなのね」と言う。小林は芦川が好きだが兄大坂と対する球団に入り、錠の方が大坂の球団入りすることになり、ここら野球映画らしい展開である。

『東京の孤独』の真の主役が大坂志郎だというのは、タイトルの「孤独」はたぶん弱音もはかない表情も変えない勝負の世界に生きるプロ野球の名監督の心情のことであろう。その同僚の安部徹もいい味を出して彼の気持ちを理解している。芦川のスッチィー姿は時々拝見できる。日本という国も上昇ムードにありすべて健康的で人々は前向きであり、今と正反対だ。優勝し新人王となったら芦川と結婚できるというので、その決勝戦がラストでハラハラさせる。結局、小林が勝利を手にし、詰め腹を切らされて大坂は監督を辞める。大毎オリオンズ、読売ジャイアンツの協賛で本物の迫力もあるし、有名な野球評論家の小西得郎さんも特別出演している。シーズンが終わって浜辺で妻と静養している大坂のところに安部が現れ、さる球団の監督という話でまた野球を続けることになる。球宴の陰に交差する人間模様の哀歓を描いたのが『東京の孤独』である。

『男なら夢をみろ』（一九五九）

『男なら夢をみろ』は二人の戦災孤児の少年が、戦後全く違う境遇に生きて成人して出会う宿命を背景にした石原裕次郎主演、葉山良二共演、牛原陽一監督のアクション映画。その二人から愛されるのが芦川いづみである。モノクロで描かれるのが敗戦直後の焼け跡で生き延びていく二人だが、年長の少年は刑事に捕まり、もう一人の少年は行方もわからないまま……十年が経つ。

法科の学生として真面目な青年となっている葉山良二は、血はつながらないが可愛い妹芦川いづみと育ての親である刑事の滝沢修とつましく暮らしている。陸橋をこえて彼らの住む家があるが、このロケーションが印象的だ。葉山と芦川は仲が良くある日食事に行った帰り町でチンピラに囲まれる。そこで出会ったのが離れ離れになって十年になる石原裕次郎であった。さて裕次郎と芦川の共演は『乳母車』（一九五六）からだが、洋裁学校に通う若い娘である芦川は、このやくざな男になぜか惹かれていく。映画の中ではファッションショーの場面があり、芦川本人のデザインのウェディングドレスはラストの結婚式のシーンでも登場する。『男なら夢をみろ』の衣装デザインは森英恵である。芦川の実父滝沢は刑事だがどうやら金でやくざの親分に使われていた。三島雅夫の刑事はもっとどっぷり悪につかり最後まで悪辣非道を重ねていく。裕次郎は芦川をデートに誘うようになり彼女は今までと違う世界を知ってしまう。裕次郎はクラブのダンサー清水まゆみと恋仲である。本作での清水は野性的なアウトローだが、なかなかセクシーである。滝沢は子供の手前もあってもう悪の道に走らないと金を返すが、その帰途三島に射殺される。滝沢殺しの犯人として裕次郎が疑われるが、その日は芦川と会っていたことで疑いは晴れる。葬儀の後、三人はそれぞれの道を生きることになる。裕次郎は組でいい顔になっているが舎弟の川地民夫とトラック運送業という堅気の仕事もしている。

家を出て三年、葉山は辣腕の検事としてその名を世間に知られるようになっている。そして東京へ転勤になって、久しぶりで三人で会うことになるが、芦川は銀座の子供服の店に勤めている。それぞれの三年間があって、芦川は裕次郎が好きなのだが、予想通り彼女は葉山と結ばれる。それまでに悪の組織の裏工作もばれて、裕次郎は敵方へ乗り込み、危ないところ彼らを始末すると、式場でやくざが葉山を殺そうとする寸前危機を救う。ラストは東京タワーを遠く望んで四人――葉山と芦川、裕次郎と清水が歩いていくところで終わる。やはりどんな仕事でも「夢をみろ」と言えるいい時代だったのだろう。裕次郎映画ではあるが、単にアクション、ヒーロー物ではなくて当時の社会情勢とか人間関係をきっちり描いた骨太な映画だ。

『清水の暴れん坊』（一九五九）

『清水の暴れん坊』は石原裕次郎主演、松尾昭典監督作品。この年（一九五九）芦川いづみは松尾監督の三作品に出演している。日活の「暴れん坊」というと小林旭のシリーズ物があるが、この裕次郎作品はシリーズ物ではない。

放送局の清水支局から東京へ転勤してきた裕次郎は登山に行ったままの格好で東京駅に着く。迎えに来た東京本局の北原三枝は呆れるが、この姿が麻薬犯罪事件の発端となる。局の帰り登山姿のまま蕎麦屋に入ると店員がビニール袋をリュックに入れてしまう。中身は麻薬が入っていて登山スタイルでヤクを取りに来るというのが犯人らの計画だった。『清水の暴れん坊』は麻薬撲滅キャンペーンの映画ではないが、この裕次郎扮するプロデューサーが麻薬シンジケート相手に大活躍する。

芦川いづみは麻薬がもとで死んだ新劇俳優であった浜村純の娘で弟が赤木圭一郎である。裕次郎は、麻薬で命

『清水の暴れん坊』内藤武敏、北原三枝、芦川いづみ、石原裕次郎

を失い人生を台無しにしたこの俳優が忘れられず、その子供である姉と弟を助けていた過去がある。（赤木圭一郎はやがてブレイクするが、同年の松尾作品『ゆがんだ月』にも新人とクレジットされ、その後芦川との共演の多い夭折が惜しまれるスターである）裕次郎はこの事件を放送すべく行動を開始するが、スポンサーになってくれたのが北原の父清水将夫である。赤木はこの麻薬組織のやくざの組にいるが兄とも慕う恩人裕次郎のことを知り清水へ帰って漁師となる。芦川も上京し北原の家に住むことになりファッションモデルの仕事も世話してもらう。麻薬シンジケートは組長の金子信雄の上に香港の西村晃がいる大きな組織で、それを調べているのが麻薬取締官の内藤武敏である。

裕次郎は麻薬を扱うラジオ番組の締め切りが迫り必死に取材を続けるが麻薬組織の暗躍があり簡単ではない。山田信夫と松尾の脚本もよく書かれていて、裕次郎と芦川のラブロマンスというよりも仕事にかける主人公の行動と芦川と赤木の姉弟の愛情が巧みに構成されている。ラストは赤木が警官の銃を奪って大掛かりな警察の包囲網に囲まれるが、駆けつけた裕次郎が赤木を信じて銃を渡せと迫る。芦川がハラハラとして行方を見守るが赤木が裕次郎に抱きついて、舞台となった大工場街の払暁を俯瞰で捉えて終わる。

『男が命を賭ける時』（一九五九）

『男が命を賭ける時』は、二年間海上生活していた石原裕次郎が帰ってくるところから始まる。実家の医院が建て替え中とあって、狩猟が趣味なので猟銃を持って山間部へ行く。そこで事件に遭遇して裕次郎のドクターが大活躍するアクション映画で正月映画の大作である。松尾昭典監督で『清水の暴れん坊』に続いて山田信夫と松尾の脚本。

裕次郎は山で死体を見つけるが、死んでいたのは狩猟を趣味としていた医師で、その娘が芦川いづみ、弟が医大生の川地民夫である。本作では裕次郎と芦川の関係はそれほど描かれない。むしろ事件があるごとに同行する川地が裕次郎の弟分として活躍する。死体発見を担当した大坂志郎の刑事も頻繁に顔を出す。続いて現金輸送車が襲われ車は炎上し、現金もなくなっていた。この事件では裕次郎の同窓生であった友人の二谷英明も亡くなり、その彼女であった南田洋子は警察で二谷の指にエンゲージリングがあるので彼と証明できた。しかし実はこれは偽装したことであり、二谷はやがて大金を持って南田のアパートに現れる。南田は裕次郎にも恋愛感情を持っていて、この裕次郎、二谷、南田の三角関係が何かあるのかと思うのだが、あまり描かれない。

それよりも次々と殺人事件が起こり、その都度裕次郎と川地は出動する。三番目の死者は二谷のいた建設会社の技師である。こうしてどうやらこの一連の事件の真相がわかってくるが、それは土木建設会社の大きな工事をめぐる入札の競争に端を発していたのである。実は犯人は中小土木会社の神山繁が黒幕で、大会社に工事を取られた恨みから、会社を裏切った人物を殺害、二谷も技師もそうであったし、バーと映画館を経営する近藤宏も同類であった。しかし近藤は二谷と南田が金を持ってきた時に、潜んでいた神山に殺されてしまう。神山は最後に建設を祝う現場にダイナマイトを仕掛け爆発させようとするが、危ういところで裕次郎と川地が駆けつけて大被害を逃れることができた。芦川は終始控えめで父亡き後、いつか医師である裕次郎と結ばれて医院を続けたいと思っているであろうとは思うのだがはっきりしない。やっと船から下りた裕次郎だが、何か今回のことで思うところがあったのか再び船に乗る。若いコックがなぜだと言うと、ピンセット代がなくなってまた戻ってきたとの答え。芦川は彼を待っているのだろうか？

11　ある種の愛情＝LGBTQ映画

『青春怪談』（一九五五）

「シンデ、というのは愛称シンデレラの略で、本名藤谷新子～略～バレーを始めて、まだ二年ぐらいで、～略～体も小柄で、顔も小さく、声がまた、甘ッたるく、可愛らしく、一目で、純情可憐の少女と、知れるのである」（原作より）。獅子文六の原作は一九五四年刊行、今やサニーディ・サービス（曾我部恵一のバンド）の曲にインスパイアを与えたくらい再評価されているが、翌年、市川崑監督で映画化、ここに登場する「シンデ」を芦川いづみが演じた。芦川の「日活入社第一回作品」で、その後が『春の夜の出来事』である。『青春怪談』は当時かなりモダンであったと思うが、今見るとカルトともいえるし、テンポの良い群像喜劇としても楽しめる。ただ、ここでは早すぎたＬＧＢＴＱ映画として、特に芦川いづみが女性を愛する少女シンデを変態美少女として怪演したことが彼女の映画史に大きな影響を与えたのではないかということを考えていきたい。

芦川いづみが、バレー教室でお姉さまと慕っているのが北原三枝であるが、それは単純な憧れを通り越して偏執狂的な同性愛である。北原は原作にギャルソンヌ（オトコ娘）とあるように、男性的であり長身で、スタイルの良さは、少女が愛情以上のものを抱くこともうなずけるのだ。映画で芦川のシンデが登場するのは、北原がボーイフレンドの三橋達也と新橋駅で会うところについてきたところだ。「彼女の後ろから、おつき女中のようにシナシナと蹤いてくる」と原作にあるが、可愛いというよりちょっと変な帽子を被った姿が余りにも強烈な印象！

『青春怪談』三橋達也、芦川いづみ、北原三枝

北原のキリっとした硬質な色気と、芦川の無邪気だが妙に色っぽい少女は、二人ともこれ以上のピッタリの女優はいないと思うが、新生日活でこの二人が出会ったことが最高の運命だろう。その後、芦川は年上の女性を慕うというキャラクターを演じるが、相手の女性からも愛される少女像を保持し、その相手の一番手として北原三枝が挙げられるし、新珠三千代もまたそのような女性の一人である。

『青春怪談』は流行作家として人気のあった獅子文六の原作を、ほぼ忠実に和田夏十が脚本、ロケも多い撮影は峰重義でスタンダードモノクロの作品である。戦前に疎開先で近所だった二つの家族が、戦後それぞれの境遇で生活しているのだが、映画は人情話や社会派とは無縁のスピーディな「人間喜劇」である。人並外れた天真爛漫な轟夕起子は、夫を亡くし息子の三橋達也と東京に住んでいる。早く妻を亡くしたケンブリッジ大学留学歴のあるインテリだが頑固者の山村聰は、娘の北原三枝と鵠沼に住んでいる。当時は初老と言われる二人が、子どもたちの計画と恋に目覚めた轟の情熱で結婚に至るまでを「青春」が再燃した「怪談」と言えないことはない？三橋と北原は幼い頃からの知り合いということもあるが性の匂いのしない相棒のような同性的な関係が今見ても面白い。美男がむしろ難点である三橋の一刻も時間を無駄にしない合理主義と、いささかマニアックなバレリーナ北原は、どちらも魅力的であるが、これもほとんど原作のイメージ通りである。だが、シンデという特異体質ともいえる少女の芦川いづみは原作を越えて今日的視点で見ても、驚くような雰囲気を漂わせ注視してしまうのだ。

働いたことのない山村は、その日も自宅で時計の修理に余念がないところから映画は始まる。各種の時計が部屋中に並べられているのは、市川流モダニズムらしいが、この男見るからに偏屈。そこに轟が来て、思わず長居をするが、山村は彼女の息子三橋の唯一気に入らないのは美男子過ぎるところで、俗に言うケチンボつまり合理主義的なところは大いに評価すると言う。両者は子供たちが結婚することは親として願ってもない事と思っている。その後前述の新橋駅のシーンだが、三橋、北原は自分たちのことでなく、親たちが交際していくことについて話し合っている。どことなくアタマで公算している三橋に対し北原が「わたしたち芸術家は、直感と想像力で、パッと真実を捉えちまうのよ……」とのたまうと芦川は「モチ、そうよ、お姉さま……」と答え、その小憎らしい白眼で三橋をにらむのだが、そこらはあまりの適役で圧巻である。

万事洋風の轟の家は、ライフスタイルも三橋の言う通りで、畳の間もないし、パンに飲みたくない青汁のジュースで辟易している。そこに先に新橋で会った年増マダムの山根寿子が果物を持って来る。山根は男ぶりのいい三橋に手を出そうとしてバーを始めるパートナーを依頼している。轟はその果物を持っていそいそと鵠沼の家を訪れるが山村が不在でがっかり。だが北原がいて二人は海辺へ出る。昔話をしつつ太った体に帽子を被って砂浜に座る轟の姿がユーモラスだが、北原は「おばさまにパパのお嫁さんになって欲しい。パパもその気でいます！」と言ってしまう。

三橋はいつもパシッと背広を決めて、お金のために行動している。渋谷に小さなパチンコ店を持っていて、そこへ近くの売れっ子芸者の嵯峨三智子がやってくる。どうやら彼女も三橋に気があるのだが、芸者を辞めて何か商売をしたいのでアドバイスをしてくれと甘え声で迫る。三橋は美形の上に金勘定ができるので、年増の山根、若い嵯峨からモーションをかけられているが、彼自身の哲学としては、現代人は色情的になってきたからセックスを重視しそれがかえって無駄な時間を費やすことになるので、色気派はゴメンこうむりたいのである。そこでセックスを感じさせない北原が相手としてはベストという結論を下す！　その北原は轟に父の意向でないことを言ってしまってバツが悪いが、山村は轟については「春風に包まれたような我欲のない人だが、すこしバカだ！」という感想。

芦川の出番は全部で四シーンあり、バレー公演で大役に抜擢された北原だが、先生（三戸部スエ）からは、きつく叱責されることが多い。洗面所に駆け込んだ北原に芦川は先生の悪口はひどすぎるというが、あんたなんかにわからないとはねつけられる。ＬＧＢＴＱ映画として注目すべきは、北原が教室にいるところ、後ろから芦川が彼女の体にそっと触れ、ここは鏡に映る像を凝った映像で見せるところで、あえて言うなら不健全な妖しさがあって二人の関係性の秘密に迫っている。

三橋は相変わらず山根と嵯峨に追いかけられるような日々であるが、ある日、山根のバーの二階で北原といたことで、山根は怒り心頭し赤新聞に、北原のことをオトコもオンナも両刀使いの悪い女とすっぱ抜きのでたらめ記事をデカデカと書かせる。同じころ、三橋のところに北原は女ではないという怪文書が届く。亡夫の墓参りに行った轟は、偶然山村に会う。彼女は、昔は恋に命をかけ死んだ人もいるのに、当節の男女は薄情だと嘆き、それは自分の思いの反映でもあった。だが、どうやら山村は自分に気がないことを察して急に元気がなくなってしまう。その様子を北原は心配し、このままではおばさまは死んでしまうというが、自身も新聞記事で、バレー教室で白眼視され、先生からも今回の役は降りてもらうように言われる。そのことをじっと見ているのが、実は怪文書を出した芦川である。山根は麻薬取引の容疑で捕まり、嵯峨は生き方がころころ変わって訳が分からない。無職ながら兄の会社から配当を貰っていた山村は、会社の仕事で急遽香港行が決まり、若い二人は最終手段として親たちを百花園へ行かせ結ばれることを願う。北原は役を降ろされたバレー公演の初日を見に帝劇へ行くが、そこで芦川が喀血し入院していると知らされ、すぐ病院へ向かう。病室で芦川は泣いて、怪文書を書いたことを告白懺悔（ざんげ）し、お姉さまはどうぞ結婚してというが、北原はかえって不憫に思い彼女と共に生きようと決心する。そのころ百花園では戦前の思い出話をしていた二人だが、ついに轟は自分の思いが遂げられないなら生きているわけにはいかないと池に飛び込み、ついに山村も観念し二人は結ばれることになる。

明治神宮での挙式は若い二人が采配を振るって、なんとか二人を送り出す。ホッとした三橋と北原は、お茶する暇もなくそれぞれの現場に急ぐ姿が爽やかなラストシーンである。この後多分二人は結婚ということになるだろうが、北原のバレー教室での稽古姿やキリっとしたスーツ姿は最高で、たぶんシンデ＝芦川でなくても憧れた女の子はいっぱいいただろう。芦川いづみの初期は清純派というような印象だが、女性を恋する『青春怪談』のシンデこそ彼女の映画史の最も深い部分にあり、映画の超少女ともいうべき前人未到の存在に位置しているのである。

12　コケティッシュに気をつけて

『春の夜の出来事』（一九五五）

芦川いづみは日活入社の一作目と二作目において強烈な印象を残した。すなわち『青春怪談』と『春の夜の出来事』は日本映画の中でも特別な異色作だが、西河克己監督『春の夜の出来事』は別稿「最多監督・西河克己」に収録するところ、こうして新しく一文を草するのは本作での芦川が最高にコケティッシュであることを改めて強調したいからである。新東宝からスタートした市川崑が日活で撮った『青春怪談』については前項で「ＬＧＢＴＱ」の実存映画と論じたが、芦川の存在こそが時間をこえている。崑のモダニズムは芦川いづみという女優にふさわしかったと思うが、その後市川崑はほとんど大映での仕事が続くので彼女の起用は一作にとどまった。

『春の夜の出来事』はタイトルからしてフランク・キャプラを彷彿させるハートフルな人情コメディで大衆受けもするものである。これはエーリッヒ・ケストナーの原

『春の夜の出来事』三島耕、東山千栄子、芦川いづみ

作を換骨奪胎（？）した河夢吉（西河克己）と中平康のシナリオによる三人の男の稚気あふれる友情の物語でもある。三人は菓子会社の懸賞で一等をとった三島耕と二等の若原雅夫と若原についてきた伊藤雄之助である。懸賞でスキー場の赤倉のホテルに招待された職のない若いデザイナーの三島青年は財閥に間違われ、本当の財閥若原はルンペンの風体で怪しまれる。ホテルでの偶然や誤解から生じた人情喜劇である『春の夜の出来事』では、三島が最高の部屋を用意され若原には物置同然の部屋があてがわれるが、若原はそのことを楽しんでいるようでもある。若原は三島と仲良くなり伊藤を交えて三人で痛飲し、あまつさえ外に出て雪だるまを作るなど子供ごころ満載の描写が楽しい。伊藤は主人である若原が心配でホテルには社長として滞在しているが、つい執事としての本性が出てしまう。芦川は『春の夜の出来事』で若原の娘のお嬢様として、その可憐な姿をスクリーンに刻み込む。

　全体的な感じは『青春怪談』の「シンデ」を引き継いで、ぽっちゃりしていて、ショートヘアなのだが、お屋敷で下手なバイオリンの稽古をするところから、赤倉から来た伊藤の手紙を読む姿などたまらなくいとおしい！　伊藤は主人が今おかれていることに耐えかねて芦川に連絡してきたのである。ここでばあやの東山千栄子はじめみんなで赤倉のホテルに向かう。駅に着いて雪道をディーゼル車に乗り込むが、芦川は乗り遅れ、ここで三島に出会う。馬車に二人が乗ってホテルへ行くシーンの明るい解放感は旧来の日本映画の体質にはない新しい楽しさがある。三島は彼女に一目ぼれしてしまうのも納得である！

『春の夜の出来事』はまるで皇族のように護衛されて若原が傘下の会社回りをしたあと迎賓館のような邸宅に入るシーンから始まりかなりの大作かと思わせる。またベテラン俳優がバカなことを真面目にやっているのがおかしい。貴婦人に扮した東山千栄子しかり、八面六臂の活躍の伊藤雄之助、三島に迫る宮城千賀子の色っぽいマダム、黛敏郎は本人のニセ者を演じるなど。多作の職人監督西河にとって本作が別段愛着があるかどうかわからないが、女優・芦川いづみを論じるには、日活に降臨した妖精としてホテルの余興で「ピーターパン」に扮したことは、あまりにも適役すぎるのである。ピーターパンの芦川は好きになった三島が「金色夜叉」の貫一姿に扮しているのを他の女たちが取り囲んでいるのでハラハラしているが、それを父の若原はなるほどと見ている。ホテルは若原に出て行ってくれと言うので、若原はホテルを去るが、それで一行も帰郷してしまう。三島は芦川のスキー靴を直すために町へ出ていたが、その一行を見てしまう。ホテルでは本当のことがわかり大慌てだが、三島は失意のまま東京へ帰り、忘れられない芦川を母・夏川静江と探す。そして彼のもとに若原から招待が届く。その家の娘が芦川であったが、二人はもちろん結ばれるであろう。西河監督の日活移籍第二作で、撮影の姫田真佐久との初顔合せであるが、この荒唐無稽に近い作品がしっくりくるのも芦川いづみゆえであろう。

13　二つの『嵐を呼ぶ男』

『嵐を呼ぶ男』（一九五七）

『太陽の季節』（古川卓巳監督、一九五六）でデビューした石原裕次郎は『嵐を呼ぶ男』で「やくざなドラマー」を演じて一躍スターダムにのし上がった。日活の正月映画として一九五七年十二月に公開された井上梅次監督『嵐を呼ぶ男』は大ヒットとなり日活の黄金時代を告げるものとなった。『嵐を呼ぶ男』は十年後に舛田利雄監督によってリメークされ裕次郎の役は渡哲也が演じている。この二つの『嵐を呼ぶ男』のどちらにも出演しているのが芦川いづみであり、役柄は違うのだが両作における芦川の存在あるいは映画自体の比較をすると時代相や日活映画の変化も見てとれるように思う。

井上梅次版（旧）『嵐を呼ぶ男』は、銀座のジャズ喫茶に、ジャズバンドのマネジャー北原三枝を訪ねて、裕次郎の弟青山恭二がドラマーである兄を売り込みにくるところからはじまる。舛田利雄版（新）『嵐を呼ぶ男』では、このマネジャーを芦川いづみが演じるのである。また（新）での弟は藤竜也である！　青山は音楽家を目指して音楽学校へ通う青年、藤は大学の自動車工学部であるがカーレーサーを目指している。兄弟物という本筋は同じだが、二作を比べてみることにする。そこで、まず井上梅次監督『嵐を呼ぶ男』だが、ネオン瞬く銀座をバックにタイトル。花を売る娘で清水まゆみ（マリ子）が出ているらしいがわからなかった。

芦川いづみは裕次郎、弟、母（小夜福子）の住むアパートの管理人の娘で、裕次郎を慕っているが、最後は音楽家となる弟青山と結ばれる。この芦川のところに北原から電話がかかる。裕次郎を探しているのだが、彼は喧嘩をして留置所に入れられているという。実は今や人気スターとなったドラマーの笈田敏夫が、人気を鼻にかけ次のステージを勝手に休んでしまうのでドラマーを探していたのである。そして裕次郎はその期待に応えることになる。

北原は母高野由美やバンマスである兄岡田真澄と住む家に裕次郎を住まわせ特訓する。青山と北原の家に来た芦川は、どうも裕次郎と北原の仲が深まっていることを感じて早々に退散する。素朴で清純な下宿屋の娘を演じる芦川は特に印象的でもないが、マネジャーとして男社会でたくましく生きる北原と対照的である（十年後、彼女はそのマネジャーとなるのだ）。笈田の女であるダンサー白木マリは裕次郎に興味を持つ。北原に惚れている音楽評論家の金子信雄も裕次郎を評価する。名声を得たい裕次郎もしたたかで、金子に北原との仲を取り持つから力になってくれと頼む。そうして企画されたのが、笈田と裕次郎の「ドラム合戦」で、丸の内劇場で行われることになった。ただ、その前夜に裕次郎は笈田の仲間の男（高品格）に暴行され手を負傷する。だが、「ドラム合戦」には出演し、白熱の闘いの中で、裕次郎は手の痛みでドラムを叩けなくなるが、突然歌い出すのである。ここは映画のハイライトシーンであり、観客は熱狂し裕次郎は圧倒的な勝利を勝ち取る。

こうしてドラマーとしての人気を不動のものにしていくが、金子に対しては恩義というか利用もしたいので、本当は自分が好きな北原にも気持ちが伝えられない。それで彼は独立することになる。青山はその才能を認められ、アメリカの財団の援助でリサイタルを開けることになった。母はまだ裕次郎を認めることはないが、青山は芦川と結婚することになった。荒れすさんだ裕次郎は泥酔し白木のアパートに転がり込むが、興行社の安部徹の愛人となっていたので、白木のところに安部の手下の男たちがきて、裕次郎は二度とドラマーとして活動できなくなるほどの重傷となる。他方、青山は「新人作曲家の夕べ」が開かれようとして、兄を心配しているが、きっとどこかで聞いていてくれるだろうと全身全霊でタクトを振る。会場の北原や母も裕次郎の行方がわからないので、落ち着かない。しかし彼はいつものバーで弟の演奏をラジオで聴いていた。マスターの連絡で、北原と共にバーに駆けつけた母は今までのことを詫びる。リサイタルは大成功で終わる。まるで音楽映画のような壮大なラストシーンであった。

『嵐を呼ぶ男』（一九六六）

舛田利雄監督『嵐を呼ぶ男』は原作・井上梅次、脚本・池上金男、企画（製作）は一作目と同じ児井英生である。

『嵐を呼ぶ男』（1966）渡哲也、芦川いづみ

裕次郎と渡哲也を比べてみると、裕次郎は陽性でありドライであるが、渡は陰性でウエットである。これが両作の大きな差であろう。渡哲也は最後まで傷つきやすく計算ができないタイプであるのに対して、十年前の裕次郎は合理的で、自分を売り出すために人情にとらわれず行動する。

芦川いづみは舛田版『嵐を呼ぶ男』ではジャズバンドのマネジャー、井上版で北原三枝が見事にやった役なので、プレッシャーがあったかも知れないが、なかなか魅力的である。それは北原三枝のように颯爽として行動的なマネジャーぶりかというと、ちょっと違うのである。ただ二人とも映画を生き生きさせる中心である。

そもそも『嵐を呼ぶ男』は熱血ドラマーが暴れまくる男性映画と思われがちだが、芸能界の荒波の中でジャズバンドのマネジャーとして生きる女性が主役と言っていい映画である。この役には、実にそれらしい北原が適役だし、井上版ではその対照的な娘役を芦川がやっているので、舛田版で、このマネジャーをやるには不安がなかったとは言えまい。だが結果として芦川は女性性を有したまま仕事に自信を持ち渡のことを愛する女性を演じ映画を支えていた。それは、ある種の中性的というか男性性を有する北原との違いであった。芦川が女らしいということではなく女優の資質として彼女しか表せないものがある。井上版で金子信雄のやった役は内田稔で、彼女に迫るのだが、うまく逃げ出すところなど北原とは違うなと思った。笈田敏夫の役は山田真二で、彼に愛想をつかして池袋の安キャバレーでドラムを叩いていた渡をスカウトする。渡の弟は藤竜也でレーサーを目指し、母は山岡久乃で渡のことを毛嫌いしている。どうやら家を出て勝手なことをしている父（宇野重吉）と似ていることも憎しみの原因である。映画全体は都会的センスのあった井上版の方が新しく見えて舛田版はいささか泥臭い印象。それが新宿のヌードスタジオに身を隠す宇野との再会のシーンなどに感じられる。新旧『嵐を呼ぶ男』は、図らずも日活の栄枯盛衰を窺わせ日活黄金期のオーラが感じられる旧作に比べ、新作がやや陰りがあるのはその違いだろうか？

この二作に出演した芦川いづみには何かしら心に浮かぶことがあったであろう。十年ひと昔と言うが、まさに青春であった日活の一つの時代が終わろうとしているのを感じていたかもしれない。

14　姉あるいは憧れのひと

芦川いづみは日活初期においては健気でかわいい妹という役が多かったが、一九六三年頃より〈姉〉的な存在となる。そこには年下の者にとって彼女がいかに憧れであり支えとなったかが見て取れるのだが、もう少し詳しく言うなら一九五〇年代を日活映画の〈妹〉として存在した芦川は、十歳年下の吉永小百合の出現によって、その座を吉永が継承し〈妹〉から〈姉〉へと成長した。多くの〈妹〉によって映画そのものとともに忘れられない芦川の可憐な姿は一九六〇年代にどのように変貌していったか。「美しい叔母に惹かれた少年の心！」というかにもそれらしい惹句の『しろばんば』（滝沢英輔監督、一九六二）などがその姉移行期の代表作だろうが、『しろばんば』については「はかなき生・病者の映像」で論じている。それでここでは一九六一年に芦川いづみが初めて鈴木清順映画に登場した『無鉄砲大将』を姉的存在の最も早い作品として見ていきたい。

『無鉄砲大将』（一九六一）

『無鉄砲大将』は和田浩治主演で、和田は若干十五歳で西河克己監督『無言の乱斗』（一九五九）でデビューし「小僧シリーズ」で人気を集めていく少年スター。『無鉄砲大将』の和田は高校生だが、スポーツマンでもありローラースケート場でインストラクターのアルバイトをしているが、ルックスはいいし女の子にモテモテである。芦川は和田から「お姉さん」と言われるが血のつながりはなく、とにかく和田は芦川のことが好きでたまらない。芦川いづみの〈姉〉を考えると、それは男の子も女の子も彼女を慕うことになるのだが、特にローティーンの少年が彼女に夢中になるのはその美しく純粋な芦川に動物的な嗅覚で引き寄せられるのだろう。

年上の美しい人に憧れるのは、和田もその後の『その人は遠く』（堀池清監督、一九六三）の山内賢と同じだが、こちらは文芸作品ではなく小僧アクションのセイジュン映画である。和田浩治映画の相手役はほとんど清水まゆみで、本作もクラスメートの彼女はとびきり元気でセーラー服姿もキュートそのものだが、和田とのラブロマンスは全くない。和田は西河克己監督の『六三制愚連隊』（一九六〇）の後、清順さんが『くたばれ愚連隊』（一九六〇）を撮り、しばらく和田主演のハイティーンアクションが続くが「和田浩治さんの映画はそれまで西河克己さんがずーっとやってたんだよね。何で僕のところにきたのかね。でも、ヒデ坊は面白かったよ。」（「清順スタイル」磯田勉編、轟夕起夫協力、ワイズ出版、二〇〇一刊）と清順さん。

さて『無鉄砲大将』の和田は最近街にやくざが出没して不穏なので仲間とパトロールして歩いているが、ある夜殺人現場に出くわす。殺されていたのは労働組合の委員長だった。芦川はやくざの葉山良二と相思相愛である。葉山の組は富田仲次郎が組長で、和田の母（山岡久乃）はこの富田に面倒をみてもらいバーをやらせてもらっている。芦川の父（菅井一郎）は飲んだくれの医者だが貧

『無鉄砲大将』和田浩治、芦川いづみ

乏人からは金をとらないヒューマンな男である。それぞれが大変な親を持ちそれでも明るく生きていくのだが、芦川は喫茶店でウエイトレスとして働いている。和田はとにかく芦川が好きでたまらないので葉山のことを憎しみの目で見ている。富田は芦川に目をつけ山岡にやらせている店のママにして自分の女にしようとしている。他方労組委員長殺しはこの富田の部下で、殺されたのは清水の父の会社の組合員だったので、社長にも富田はゆすりに来ていた。

『無鉄砲大将』は小僧アクションと言われるが、当時はもちろん裕次郎映画が圧倒的な人気だったが、同世代的なハイティーンの観客を狙ってより若い和田浩治の映画が連作されたのだろう。

清水は父のスポーツカーを売って店の権利金にして和田の母を救おうとする。葉山はやくざの足を洗おうとして組の者に痛めつけられ菅井は酒につられて組に連れ込まれていた。和田は仲間の協力もあって何とか事態は収拾する。山岡は新しい店を開くことができた。そして芦川は葉山とともに新天地へ向けて幸せな門出をするが、それを見送りに来た和田の表情は複雑であった。そのことについて三谷礼二は「ラストで和田浩治が虚無的な顔をするって、怒っている人がいましたけど（笑）ヒーローはもっとカッコ良くしてなけりゃいけないと（笑）」と言っている（「ムービーマガジン」一九七七年12月号、鈴木清順との対談）。『無鉄砲大将』における芦川は実に清純でまっとうな女性である。これもまた鈴木清順の女性像の一つの形でもある。

一九六三年は芦川の出演作は多くなく（五本）、文芸作品での準主役という役が続いている。森永健次郎監督の二作『美しい暦』『真白き富士の嶺』という吉永小百合主演作での「お姉さん」から見ていこう。

『美しい暦』（一九六三）

石坂洋次郎原作『美しい暦』は信州の地方都市の女子高校を舞台にしたいかにも石坂らしい話で、人気上昇中だった吉永小百合の青春映画で可もなく不可もないというところ。地方ロケを生かしたカラー（イーストマンカラー）で、そのような風光明媚な山河も見どころである。芦川はこの学校の理科の教師。隣の教室で美術教師の長門裕之は生徒がガヤガヤ騒がしいのに自由にやらせている。それに対して理想派タイプの芦川は気に入らないようだ。その芦川のところに入り浸っているのが演劇部の吉永で、彼女は芦川に憧れのようなものを持っているが、ここでは例えば、芦川と北原三枝や新珠三千代にあったような関係性はないし、第一吉永小百合はそのような体質を感じさせない。ゆえに『美しい暦』は早すぎた「シスターフッド」映画にはならなかった。

吉永は芦川に「三年になったら就職（ＢＧ）し、そしてお嫁に行く。女っていうのはあなた任せ風任せだ」と言う。六〇年代初頭は、まあそんなところだったのだろうが、吉永はここで芦川と長門を結びつける役割となる。長門が吉永に投函してくれと頼んだ葉書には、芦川のことが書いてあって「悲しからずや」で締めくくる歌まで添えてあった。長門は芦川のことを恋しく思っているのだ。そして吉永も叔父夫婦（内藤武敏、奈良岡朋子）と山登りに行って大雨になった日に出会った青年（浜田

『美しい暦』吉永小百合、芦川いづみ

光夫）のことを「悲しからずや」という心境で思い出す。つまり「悲しからずや」というのは、相手のことをどうしようもなく忘れられない好きになったということである。その青年は同じ地方の男子高の生徒である。彼の名も知らなかったが、質屋を営む吉永の家に来たことから知り合いになる。吉永の母（丹阿弥谷津子）は女手一つで娘を育てて店を切り盛りしてきたが、夫を亡くして何年か経つがまだ若くて美しい。

『美しい暦』はたいして事件も起こらない平和な日常生活を描いているが、女子校の古株教師細川ちか子が、吉永のクラスで浜田のいる高校に不良がいると放言したことで、浜田たちが女子校に抗議に来る。「不良はいないので撤回しろ」というのは本当なのだが、細川はクラスの中で浜田たちの主張が本当だというのは吉永ら演劇部の二人だけだと職員室で非難がましく発言する。それをきっちりと問い質すのが長門であり、教育現場ではよくあることなのだが、石坂らしくリアルに取り上げたのだろう。吉永は芦川に「女はいやらしくベトベトして図々しい」と嫌悪を露にする。女学生特有の感性ではある

『真白き富士の嶺』吉永小百合、芦川いづみ

が、このことに対して芦川の反応もはっきりしない。つまり本作は女性同士が、自らの性の在り方を問うという作品ではない。これが女性によるジェンダー論として生徒と教師の考えるべき問題となるには六十年の時間が必要だったのか？　ラストは男子校・女子校共同で「ロミオとジュリエット」を上演しその打ち上げでハイキングに行き山上で二組のカップルが誕生するところで終わる。芦川と長門、吉永と浜田である。

『真白き富士の嶺』（一九六三）

『真白き富士の嶺』もまあ平凡な健全な作品である。芦川いづみは本作では吉永小百合の姉で理知的な美しさが漂う。主役の吉永は病身とも思えぬプクプクした健康さだが（?）。海に近い逗子海岸の家や周辺のロケーションの美しさ、モノクロの格調高いキャメラワーク（撮影は『美しい暦』の松橋梅夫）と名篇の香りがする『真白き富士の嶺』は原作が太宰治の「葉桜と魔笛」でその年の芸術祭参加映画である。

映画は病気療養中だった吉永が亡くなり、また東京へ帰る家族のシーンから回想になっていく。二年半の入院生活から帰る日、吉永は本当に元気で陽のはいる部屋の布団で寝ているよりも一人で海辺へ出かけたりしている。ある日吉永は庭で水を撒いていて通りすがりの高校生にかけてしまうが、その浜田光夫は近くの逗子開成高校のボート部員である。ここで昔その学校のボート部員が海で亡くなった悲しい出来事を歌った歌詞――「真白き富士の嶺、緑の江の島」――が流れ、この故事が背景であるということからこの物語も悲劇的に締めくくられるだろう予感がする。母は亡くなっていて教師の父宮口精二、姉の芦川は洋裁学校の先生でフィアンセであるデザイナー小高雄二との結婚も決まっている。気のいいお手伝いさん（岡村文子）がいる。父と姉は妹のために温暖なこの地へ引っ越してきていた。二人はそこから東京へ通っているが、そのローカルなロケーションも本作の背景として効果的だ。

『真白き富士の嶺』は森永監督の前作『美しい暦』と同じく吉永、浜田、芦川というトリオということもあって連作のようにも感じる。芦川の役は当時としてはキャリアウーマンというかハイクラスの女性像を自然に演じている。だがそれよりも本作で重要なのは、妹に対する姉のまなざしの強さである。それは病身の妹に対して単に優しくて保護者的であるというだけではない。それは妹のところに頻繁にくるラブレターについて思いを巡らすところに表れるのだが、そこには同性としての複雑な感情がある。日活映画は小百合＝浜田コンビが定着してきて、先輩の芦川はピークを過ぎて主役から脇役に回ってきたが、それはまた妹から姉へと移るときでもあったわけだ。

『その人は遠く』（一九六三）

森永健次郎監督の二作品の間の『その人は遠く』の芦川いづみも年上の女性を演じ、その美しい従姉に憧れる少年の目を通して彼女の姿を描く堀池清監督作品。芦川は親を亡くして天涯孤独となり遠縁の小夜福子の東京の家に住むことになる。小夜の息子で浪人中の少年が山内賢。美少年というか当時の日活のアクション系とは違う青春スターとして売り出し中であったのだろう。山内は

『その人は遠く』山内賢、芦川いづみ

久しぶりに会った芦川の美しさに驚き憧れてしまう。これは年上の女性に恋するよくあるパターンながら藤原審爾原作を金子担、青山民雄がシナリオ化した本作は、実に地味で汚れなきまま綴られる佳作である。

原稿用紙にメインタイトルが出る趣味も奥ゆかしい感じで堀池清監督は日活の中堅の二番手というところだろうが、作品から誠実さが伝わり、この『その人は遠く』が代表作かもしれない。住んでいた京都では着物姿の芦川だが、洋装で上京、小夜の家に住むことになり、当時の若い女性の常として花嫁修業として料理教室へ通っている。浪人生山内にとってこの美しきオネエサマの出現は、まさに輝かしいものになる。母子家庭であるが、それなりの資産もあるらしく暮らし向きは中流で、山内は反抗するでもなく実に素直に育っている青年を好演している。この美少年を芦川もまんざらでもないらしく受験勉強する彼に夜食など作って差し入れるのだ。

芦川の親族は俗人ばかりで、信欣三にしても下元勉にしても適当に見合いして結婚すればそれでまあいいのだと考えており、当時の平均的ニッポン人の生活感としてはそんなものだろうと思う。それで勧められるままに見合いをして結婚してしまう相手というのが、一応大学で国文学など教えているらしいが、登場人物の中で唯一ガサツで下品な井上昭文である。体育系のモロ醜男なので、なんでこんな男が芦川の夫にと思うが、山内はひどく傷ついてしまう。

結婚して井上と生活する大阪の家を訪ねた山内が、まず見たのはふんどし姿の夫である。おいおいあんまりじゃないかという様だが、井上は空手部の連中を引き連れてきて今日は家で宴会をするのだ。むくつけき男どもは山内とは全く違う連中だ。

愛しき人は幸せなのだろうか？　とてもそうは見えないが、それが真実であった。がっかりして東京へ帰った山内だが、母が急死してしまう。ここで知りあったのが旅館の娘の和泉雅子で、山内＝和泉は日活では浜田＝吉永に次ぐ青春コンビだった。どうやら和泉は山内に好意を持ちはじめるのだが、彼はお姉さん芦川を忘れることはできない。そしてついにひどすぎる夫と離婚して芦川が東京に出てきたので、山内の心中は穏やかではない。和泉の山内への思いもだんだんエスカレートしていくが、どうも山内が芦川のことを思っていることに悔しさを隠せない。日活スコープ、モノクロの撮影は姫田真佐久でシャープだし、この六〇年代はじめの風景は今では見られないがロケーションが生かされている。惹句は「あたたかくチョッピリいじ悪！　ほら胸の鼓動が……美しい人に小さき胸ふるわす少年の妖しい祈り!!」って、結構意味深と言えばいえるが見事に男の子の気持ちを表している。全体的に暗い作品に見えるが最後は九州に国語の教師として赴任する芦川を山内と和泉が送るシーンである。汽車の中で笑うような泣くような表情が難しかったとか。抒情派の監督らしい作品である。

15　コメディエンヌの爆発

『堂堂たる人生』（一九六一）

芦川いづみがコメディエンヌの頂点をスクリーンに爆発させたのは『堂堂たる人生』だろう。西河克己センセイや中平康センセイという常連監督の作品においても芦川はそのコメディのセンスを発揮させてはいたが、この『堂堂たる人生』での彼女のコミカルな演技はスクリューボール・コメディの女優として記憶されるべきである。それでここでは作品とともに芦川のパフォーマンスについて述べてみたい。源氏鶏太のサラリーマン小説は『天下を取る』（牛原陽一監督、一九六〇）、『喧嘩太郎』（舛田利雄監督、一九六〇）とヒットし、続いて『堂堂たる人生』である。脚本、池田一朗、撮影、髙村倉太郎、監督は『天下を取る』の牛原陽一で、父は日本映画創世記の巨匠牛原虚彦である。芦川は牛原作品には『夜の狼』（一九五八）、『男なら夢をみろ』（一九五九）、『一匹狼』（一九六〇）、本作と四作品に出ているが、それぞれに内実があるものである。

『堂堂たる人生』は浅草観音様の境内で裕次郎と芦川が喧嘩になって出会うシーンからラスト飛行機に乗り込むまで、カラッとした女と男の駆け引きを描くライト感覚あふれるコメディ映画である。時代は高度経済成長期で社会も映画も健全、石原裕次郎の向日的な明朗さに多幸感があふれて陽気な快作と言える。その中で芦川いづみの挙措動作だけで映画の生命力が躍動するのである。けだし『堂堂たる人生』とは芦川のパフォーマンス全開を楽しめるものだ。芦川は浅草のすし屋の娘で両親（柱小金治、清川虹子）の大事な一人娘であるが、気の強いドライな現代っ子で、まるで小津安二郎の『秋日和』（一九六〇）のすし屋の娘・岡田茉莉子を連想させる。『秋日和』は『堂堂たる人生』の前年作なのだが、芦川の役について岡田を参考にしたとも思えないが、小津映画初出演となった岡田を小津は「お嬢さん」と呼んで早世した父・岡田時彦を思いつつ娘のコメディエンヌのセンスを見てとったようだ。とはいえ『秋日和』の岡田より『堂堂たる人生』の芦川の方がずっとのびやかに全身で映画の中を生きている。

芦川は何としてもBG（ビジネスガール）になりたい、ついては良く店に来る宇野重吉の社長の玩具会社に入社したいのである。観音様で偶々出会った裕次郎はこの会社の社員で、社の現状は倒産寸前の苦境なのである。『堂堂たる人生』は裕次郎、芦川に同僚の長門裕之を加えた三人が、この玩具メーカーを立て直していく痛快なオフィス物語である。芦川を挟んで裕次郎、長門がギャグ満載のハイテンポで展開する物語は、エルンスト・ルビッチかプレストン・スタージェスかというおかしさとずっこけ感がある。

それで「コメディシーン・1」として最初の「寿司屋」のところだが、宇野がカウンターでいるところに裕次郎がバーの女（中原早苗）と入ってくる。芦川はツンとして不愉快を露にするが、何と裕次郎は寿司を握らせてくれと言うのだ。服を着替えるので、こっちという無言で裕次郎に顔を動かして指図する芦川がなんともチャーミング！　裕次郎の腕は一流で来店した女客たちも上機嫌だが、それにまた芦川は反発する。落ち目の会社にエリートだった裕次郎が入社したのは、そんなところで自分の力を発揮することこそ「堂堂たる人生」だという思いからだった。すし屋での和服から水色のスーツを着て芦川は押しかけBGとして会社へ出向く。ワンパターンの裕次郎（それも悪くないが）、眼鏡で茫洋とした長門よりも、一見つかみどころのない芦川のウルトラ変化球が次々と投げられて楽しめるのがこの映画である。

『堂堂たる人生』芦川いづみ、石原裕次郎

それで「コメディシーン・2」は本作の圧巻ともいえる三人組大阪出張のところである。会社の窮状を救うための金策で裕次郎と長門が「つばめ」で大阪へ出かけようとする席に、まだ社員でもない芦川が来て同行する。車中で裕次郎は大学のラグビー部で仲間だった今はガス燃料研究をしている男（小野良）と会い、それをオモチャのエネルギーに使用できないかと考える。すると芦川はすぐ「XYZガス」と命名し、いよいよ大阪の陣となる。

男二人はバーのママ（浦里はるみ）のところに泊めてもらうが、そこに急にママのパトロン（東野英治郎）が来て、ひともんちゃくあるが、かえって裕次郎の男気を見込まれ、これが後で功を奏すことになる。さていよいよ三人は金策先の桑山正一社長のところに乗り込む。ケチな社長に画期的な製品ができるというエサで、なんとか金を出させようとするのだが、ここでサインを送る芦川のパフォーマンスが最高の面白さである。桑山は欲に絡んで二〇〇万から二五〇〇万出そうとしているのだが、彼の決断に迷う様子を窺って、後ろから身振り手振りで合図する芦川の対比がなんともいえないおかしさである。この交渉戦での不自然なサインこそ芦川ならではのもので、バカらしくもなく下品でもなくスマートなのだ。桑山がその気になってくると釣りあげたという手の動きをするところは監督の演出だけなのだろうか？　とりあえず融資は成功して芦川は入社しBGとなる。さて、裕次郎と芦川の恋愛がこの映画で描かれることはないのだが、憎まれ口をたたきつつ好意を持っていることももちろん感じられる。それで裕次郎に惚れている中原も身を引くのだが、二人の関係は最後まで実にドライでさっぱりしている。

裕次郎の相手役として芦川いづみは北原三枝と浅丘ルリ子に比べて目立たないのであるが、実は裕次郎ときっちり対立して自己主張する自立派女子の先駆者であった。『堂堂たる人生』の中原が人情派の古いタイプとすると芦川は理知派の実践者である。中平康の快作『あした晴れるか』（一九六〇）のいかにもコケティッシュなコメディエンヌぶりが有名だしすばらしいけれど、『堂堂たる人生』の生き生きしたのびやかさが、もしかしたら芦川本人に近いのではなかろうかとさえ思える？　会社はライバル社の支店長（藤村有弘）が乗っ取りを画策し、その金づるが東野であった。宇野や支配人（中村是好）の退陣を要求する株主総会で、裕次郎は陰謀を暴露し煙の出る機関車のオモチャを走らせる。

最後の「コメディシーン・3」は、世界の玩具王が来日して滞在しているホテルでの一幕。藤村は厳しくチェックしてその外人に近づけないようにしているが裕次郎と芦川はついに部屋に入ることができて、煙の出る機関車を玩具王に見せる。その機関車が気に入った玩具王は、けっこうシブちんで代金を値切るが、ここは引けまいと裕次郎も床にはいつくばって交渉するが、何と芦川も同じく身を横たえるところ巧まざるユーモアが発散する。それでこちらの言い値で大量の発注が入り、会社は盛り返していき、ドイツの世界玩具見本市に三人が参加することになる。最後まで甘ったるくないけど陽性の元気ある映画だ。タラップをのぼる芦川のスタイルもまたかっこいい！　そんなわけで『堂堂たる人生』をこそコメディエンヌ・芦川いづみの代表作とする‼

16　社会を告発する

『青春を返せ』（一九六三）

芦川いづみ映画の中で、社会派・シリアス系の代表作として井田探監督の『青春を返せ』を挙げておきたい。井田監督は『東京は恋人』（一九五八）でデビュー、「トップ屋取材帖」シリーズなど撮るが、芦川出演作は、本作と『こんにちは赤ちゃん』（一九六四）の二作。ほとんど未見の監督なので失礼なのだが、井田がこんな本格的な力作をものにしていたとは驚きで、これは日活映画の中の社会派としては熊井啓なんかがその中心とされているが『日本列島』（一九六五）よりよっぽどいいんじゃない？

『青春を返せ』は小さな木工所を営む兄（長門裕之）とBGになったばかりの妹（芦川いづみ）のささやかだが平和な生活が、兄が未亡人とその幼い子供を殺害した容疑で逮捕され、死刑を宣告されて一気に崩れてしまう話である。兄は決して人を殺していないと、芦川はその無実を明かすべく七年間、青春を犠牲にして事実を調べ続ける。『青春を返せ』はその妹・芦川の執念ともいうべき積年の努力を描くもので、女優・芦川いづみの社会派映画の演技について考える作でもある。死刑囚となった兄について、そんなことはありえないと芦川は身に降りかかる困難を乗り越えて、ついに無罪を勝ちとる。愛と怒りが交錯し静かなパッションが充満し、こんな映画が作られていたんだという驚きがある！　事件の後は世間から冷たい視線を浴び母（高野由美）はやがて自殺する。

兄の「殺人事件」はある夜遅く母子が殺されて、その家に長門が行っていたことから、また凶器とされた果物ナイフやてぬぐいに長門の指紋が付いていたことから第一の容疑者となった。彼が立ち寄ったたばこ屋や飲み屋の証言も、殺害があった時間と合っていてアリバイも立証されない。さらに警察の取り調べも、おマエがやったんだろうと暴力的かつ執拗に追及され、長門は呆然となったところで犯行したと署名させられる。ここらが冤罪映画のパターンで芦川は中平康監督の『その壁を砕け』（一九五九）でも兄ではなく無実のフィアンセ（小高雄二）の被った事件を解決していく。『その壁を砕け』はサスペンス風のものであったが、『青春を返せ』は兄妹の愛にウエートがおかれ複雑なサスペンスではない。芦川は広告代理店が職場であったが、兄が死刑囚とされてから周囲の目は厳しく辞めざるを得なくなる。妹は職を失いデッチ上げの調書で死刑を宣告された兄も望みが断たれた中で、芦川は、この四面楚歌状況に勇気を奮って立ち向かうのである。

『青春を返せ』長門裕之、芦川いづみ

ではここで芦川いづみの悲劇的演技について一考したい。それは芦川が激しく感情をむき出しにしないということである。演劇畑出身ならいかにもクサい（？）苦悩を内に秘めた芝居で見る人を感動させるのだが、芦川にあっては理不尽なる境遇を受け入れつつひたむきに動き続ける。『青春を返せ』は芦川の正真正銘の主演作で出ずっぱりの渾身の一作なのだ。終盤において芦田伸介が〝あっちゃんは何でも体当たりするんだなあ〟と述懐するとおり、その「須田敦子」を体当たりで演じる。だが芦川の体当たり演技は感情を高ぶらせて泣きわめくといういうものではない。本作は告発激情型やお涙頂戴劇にならないリアリズム映画として高く評価されるべきなのだが、それはこのヒロインを芦川が演じたからに他ならない。

そしてこの映画の真のテーマは、ひたむきに生きることへの肯定と労働の賛歌ということだろう。冒頭に〝若者よカラダを鍛えておけ〟という歌が流れ兄たちは希望をもって働く喜びを感じていることが伝わる。また兄には今は高校生だが結婚の約束をしている隣家の娘（田代みどり）がいて仕事に意欲を燃やしている。こんな兄が殺人の容疑者として連行され拷問に近い取り調べの末、刑事に自供を強要させられる。『青春を返せ』は、この事件をめぐっての裁判闘争の記録（映画）でもあり、そのリアリズムは徹底している。罪なき者が不幸に落ちていく、いや陥れられていく世の非情。その境遇に立ち向かう芦川の姿に、日活の映画が持っていたであろう社会的ヒューマニズムの流れを見てとれる。さらにはデッチ上げを覆していくサスペンスの構成（脚本＝小山崎公朗、井田探）と地裁から最高裁まで行く裁判映画としての展開も見事である。

芦川は勤め先の上司にも言外に辞めてほしいと示唆されるが「兄と私は違う。どうして私が辞めなければならないのですか」ときっぱりと言うが、当時そこまで言えたとは本当に自立した女性（像）を描いたものである。そして「それから四年」というタイトルが出る。それは長くつらい時であったが、妹は兄の工場とオートバイを守って、いつか無実が証明されることを願った歳月でもあった。兄の裁判は地裁から東京高等裁判所へ。だがここでも控訴は棄却され、落胆し疲れ切った母は自殺し、兄も弱音を吐く。兄と結ばれるはずだった田代はやがてどこかへ嫁いでいくが、心配そうに芦川のところに見舞いに来る。芦川は「私が自殺しやしないかと見に来たのね？　私がそんなに弱い女に見えて？」と言うところが圧巻！　芦川は生きて生き抜いて、きっと兄さんを取り戻すと決意を新たにする。ゆえに芦川の表情は前向きである。暗く沈んでいないのだ。そして最高裁を目指す彼女の行動が開始される。

最後の手段として最高裁判所への提訴をしたい。生活費を切り詰めて裁判費用を貯めているが、あるバーに勤めることになり偶々出会ったのが元刑事の芦田伸介である。この暗い中年男は元辣腕刑事であったが、誤って無実の者を罪人にして、今はやさぐれている。芦田は芦川が調べてきたノートを見て、女の足でよくこれだけ調べたと驚嘆し「刑事だって裁判官だって人間だ、まちがいがないとは言えない」といろいろアドバイスをするようになる。こうして孤立無援の闘いだったが芦田が大きな援軍となる。そしていままでのアリバイの不可解だったところを再検証していく。おでん屋で働きながら歩いて歩いて、まるで探偵のように調査を続ける芦川の姿が頼もしい！　例えば殺された未亡人から譲ってもらった布地に血痕が付いていたのは「ルミノール反応」といって布を売った行商のおばさんの家のバラが染まったものだった。芦川は次々と反証となるものを加えつつ、最後の切り札が当時兄を尋問した刑事（大森義夫）を見つけ出し、本当のことを証言してくれるかどうかにまでなった。

最高裁の弁護には信頼の厚い人物だが、忙殺されてとても相手にしてくれそうにない弁護士（清水将夫）に何回もアタックして、ついに担当してもらう。元刑事の大森だが、今は桐生に住み、工場の守衛をして妻と男の子とのささやかで平凡な家庭を持っている。芦川の哀願に対しても、この生活を壊したくないと断固として拒み続け、最後は平身低頭して謝る。失意で帰る芦川の前にトラックがきて、大森の子がひかれそうになるのを助ける。男の子は助かるが芦川は重傷で病院へ運ばれる。それで大森は証人になることの決断をする。最高裁での裁判で彼は自供を強要させたことを証言する。兄は無罪となった。病院の妹は息も絶え絶えで裁判の結果を待つ。映画はラストで病院に駆けつけた長門と芦川が静かに勝ったことを喜び合う。興奮することもなくただ長い闘いが勝利したことを喜んで芦川は涙を流す。自分の青春をすべて兄の無罪をはらすために生きた芦川は亡くなる。長門は釈放され自由になったとはいえ妹はもうこの世にはいない。最後に真犯人が九州で捕まる。近くの工場の工員だった藤竜也である。憎っくきこの男を藤が演じたのがオドロキではあるが！

17　タイホされたい！

『喧嘩太郎』（一九六〇）

『喧嘩太郎』は源氏鶏太原作、松浦健郎脚本、舛田利雄監督、石原裕次郎主演作品。一か月前に源氏＝裕次郎物の『天下を取る』（牛原陽一監督）が大ヒットしている。『喧嘩太郎』の裕次郎は型破りのサラリーマンに見えて会社の正道を行く人物で、後の同じ原作者の『堂堂たる人生』（牛原陽一監督、一九六一）と『青年の椅子』（西河克己監督、一九六二）の裕次郎も同様で、経済成長期の時代を背景に人気を呼んだであろうと想像する。

『喧嘩太郎』の芦川いづみは女性警官で制服姿がきまっていてこんな美人のおまわりさんに逮捕されたいというくらいキュートである！　裕次郎が時代を感じさせるのに芦川の存在は時を超越している。つまり芦川の制服姿の清潔でりりしいスタイルは現代にもアピールする。コスチューム・プレイとかコスプレイヤーという言葉も概念もない時代の映画『喧嘩太郎』は製作されて六十年以上になるが、ここでの芦川は作者たちが意識的であったかどうかはわからないが、日本における自立した魅力的な女性像＝「ハンサムウーマン」の嚆矢となった。この時代、女性が家庭でも職場でも男より一歩下がっていたことは歴史的事実だろうが、ここでの芦川はその関係性を爽やかに飛び越えて（他の出演作にもそういう印象はあるが）新しい女性像の輪郭をはっきりとさせている。現代のコスプレイヤーが、カワイイという愛玩的な要素が強いとすると、芦川は日活映画においてかわいい妹から数年後、自立した職業婦人として颯爽と「ハンサムウーマン」を体現している。

『乳母車』（田坂具隆監督、一九五六）のラストに「赤ちゃんコンテスト」が登場したが、『喧嘩太郎』のタイトルバックは「赤ちゃんコンテスト」から始まる。主人公の生まれた時から幼年期、少年期と続き幼い時からケンカに明け暮れ、ついたあだ名が「喧嘩太郎」で、今しも大学を出て二年、ケンカ好きはそのままだが、サラリーマンである。源氏鶏太というから痛快サラリーマン活劇と思うと、なかなかどうして定年を控えた上司・東野英治郎の

『喧嘩太郎』石原裕次郎、芦川いづみ

悲哀や政治家の汚職を追及するなど硬派ともいえる映画である。

商事会社の営業課の裕次郎がボクシング観戦で喧嘩の仲裁をして救ったのがある会社社長（三津田健）とその愛人と子供だった。三津田はチンピラに絡まれて、そこで裕次郎がボクシングの場外乱闘のように相手を叩きのめし警察署へ連行される。そして警察で事情聴取を受けるが、その担当が芦川いづみ。裕次郎のことは新聞沙汰になり会社で叱責されるところが、三津田の娘（中原早苗）が裕次郎にぞっこんの様子なので、社長（嵯峨善兵）は、その令嬢に接近するよう裕次郎に命じる。嵯峨と部長（芦田伸介）は、三津田の会社と関係ができれば、ライバル会社である会社の内情が探れると画策している。当時の日本社会の背景もあって東南アジア賠償物資入札の大事業があり、そこに経済界と政界が絡むものがあったようだ。

時代としては安保反対の学生のデモも見えている。東南アジアからの視察団の歓迎パーティが三津田社長宅で行われ、中原に近づけということで参加している裕次郎だが、ここで彼をめぐる三人の女が同席することになる。中原と芸者の白木マリ、そしてここに汚職事件を探っているらしい刑事（二谷英明）と芦川が身分を隠して来ていたのだ。三津田の会社の課長（神山繁）は、どうやら両社のスパイであり、中原を結婚相手として狙っている。パーティ会場のプールサイドで白木はカメラを構えていて、プールに落ち、すかさず救った裕次郎にのぼせ上がる。それで女性たちと裕次郎の関係であるが、個人対個人あるいは職業人として対応している芦川の態度がやはり新鮮で気持ちがいい。裕次郎をめぐっての三人の女性のレースは圧倒的に芦川がリードしているが、裕次郎と芦川の次の遭遇は、電車内でスリ（藤村有弘）を平服で尾行していた芦川を見つけた裕次郎が「おまわりさん」と声をかけスリに逃げられてしまうところ。

裕次郎は美人警察官と知り合ったことで、同僚のヒヤカシとヤッカミから彼女をデートに誘う。二人で丸の内の映画館で、日活の小林旭主演作『赤い夕陽の渡り鳥』（斎藤武市監督、一九六〇）を見ているなんて楽しいサービスもあり、映画館から遊園地のお化け屋敷のシーンがハイライトなのだが、芦川が怖くて裕次郎に抱きついたところ、裕次郎はキスしようとして投げ飛ばされる。ところで日活映画の最大の理解者である渡辺武信は、本作を含む裕次郎のサラリーマン映画について「立派すぎるヒーローが、その強さと正義感を企業に捧げる時、そのイメージは、もはや救いようもないくらい卑小化される。このような裕次郎のスターイメージの凋落の極点にあるのが、四本のサラリーマン映画である」（「日活アクションの華麗な世界」未来社、二〇〇四年刊）と前述の源氏鶏太原作の映画を一刀両断のもとにこき下ろしている。渡辺氏は裕次郎のイメージ以外には言及されていないが、監督が「明るくコミカルなものをめざした」という『喧嘩太郎』の芦川の鮮やかなスタイルや三人の女性の最後には友情が成立する、つまりはシスターフッドムービーとしての先駆性は評価すべきではないだろうか。

裕次郎の会社の不正入札工作は進んでいるが、それについて定年の迫った東野は苦言を呈するが社長らから一笑に付される。偶々パチンコ屋で会った裕次郎と東野はサラリーマンの虚しさを嘆くが、ここらは市川準の『会社物語』（一九八八）を彷彿させるところである。東野の話を聞いてサラリーマン生活に嫌気がさした裕次郎は「喧嘩買います」ということでやみくもに暴れ、また留置されるが、芦川に身元引受人依頼する。芦川は、あなたはもっと本当の喧嘩の相手がいる、会社の不正を暴けと示唆する。裕次郎の会社は要するに賠償物資入札で社長も部長も裏工作して儲けようとしていた。三津田の会社は秘書の神山が裏工作している人物だった。つまりサラリーマン社会の構図としてはよくあるもので、裕次郎はやがて汚職の証拠を告発することになる。それは芦川が取り逃がしたスリの藤村が芦田のカバンを盗んでいたが、その中に入札に絡むメモがあり藤村は裕次郎によって捕まるところ助かった恩返しと裕次郎にカバンを渡す。裕次郎はこのメモによって汚職の証拠を告発することになる。それで会社へ出向いた裕次郎は社長らに裏工作はやめるよう迫るが、芦田は芸者の白木がいる料亭で話をしようと言う。ここで社長は国会議員や輸出関係の局長を接待していた。裕次郎は社長の子飼いのやくざに連行される。料亭で二谷英明の刑事が局長に逮捕状を出す。

国会の委員会でもこの汚職問題は追及されるが、なかなか決め手がない。中原も参考人として、裕次郎が「求婚されたが、僕にはもう心に決めた人がいる。その人は僕を投げ飛ばすような人だけど、とてもいい人だと……」と言っていた――と発言する。傍聴席の芦川の感涙する姿が映る。やっと監禁先から逃走した裕次郎はメモを示すが、この攻防戦ではまだ証拠不十分であったが、その時白木が料亭でカメラを向けていたのを思いだし、そこに現金授受の現場が映っていた。これで悪事がばれ汚職の真相は明らかになり、裕次郎は芦川と結ばれるだろうという晴れやかな気分で国会議事堂をバックにラストシーンとなる。政治家や資本家の悪事を暴き痛快にして明るいラストは日活映画らしいが、やはり本作は芦川のブルーの警察官の制服姿が最高で、コスプレでもないが、コケティッシュでひそやかなセクシーさである。帽子も実際あんなのだったのだろうか？　こういう役はルリ子も小百合もできそうになく、日活にあって、このりりしくもキュートな婦警を体現できるのは芦川いづみだけでしょう。

18　働く女の時代

どこから見ても清純なお嬢様のイメージが先行する芦川いづみであるが、後期から（一九六〇年代）最後までは職業婦人をリアルに演じた。ここでは日活の看板路線であった石原裕次郎の相手役として『あした晴れるか』（中平康監督、一九六〇）や『青年の椅子』（西河克己監督、一九六二）の会社員（当時はＢＧ）の芦川ではなく、ごく平凡な市井に生きる働く女性の姿を見ていきたい。裕次郎をモノにする有能社員は映画自体も面白く楽しめるが実社会のリアリティに欠く。それで学校の先生や事務職は、女性が男女格差なく働ける職場であり、娯楽映画の中でも一九六〇年代は、芦川が大学生から社会人にという役柄的にも自立の季節ではあった。

芦川いづみは以下述べるように教員と事務職を演じている作品では、華やかさはないが、実社会のリアリティがある。

『青い山脈』（西河克己監督、一九六三）は、石坂洋次郎の原作を映画化した今井正の『青い山脈』（一九四九）のリメークであるが、先生（島崎雪子）の芦川が戦後民主主義を標榜する女性教師像としては今井版の原節子より適任であったことはすでに述べたとおりである。戦後の伸びやかな環境に育った体質を持つ芦川にとって、教師というのは権威主義ではなく生徒と同価値を求める人材であるべきという理想をその雰囲気で示している。それで同じく高校教師役として『美しい暦』（森永健次郎監督、一九六三）、『成熟する季節』（斎藤武市監督、一九六四）が続く。『青い山脈』と同じ石坂洋次郎原作の『美しい暦』での芦川は地方都市の新人教師で、これも『青い山脈』の亜流ではあるが古くさい教育が支配的な校風の中で、同僚の長門裕之とともに生徒側に立つ民主主義時代の教員を演じる。『美しい暦』は吉永小百合主演作で、映画の時代設定は学園闘争がある前で、高校生が革新的な政治イデオロギーを持っているわけでもない。ただ石坂洋次郎の原作は一九四〇年に書かれたもので、その前の先駆的な「若い人」（一九三七）の流れとすると原作者自身は戦前において、この日活の映画より女性解放的であったとはいえる。

『美しい暦』の芦川は学生運動家でもなかったし、特に戦後のデモクラシーを志向するものはない。ただ原作者がそうであったように旧世代に対する新世代として教員・芦川と生徒・吉永が反抗するよりも穏やかに理解しあっていくものである。告発型ほど芦川にふさわしからぬものはなく、教職員の労働組合も出てこない。これは『成熟する季節』もほとんど同じといってよく、主演の高校生は和泉雅子で、教師である芦川は自分の仕事の一番の拠りどころは生徒の側で考えるということである。教師が聖職者として見られる時代はすでに終わっていたであろうが、この二作にみられる芦川の先生像は、聖職者的でもないが品行方正で同僚の長門裕之を婿養子として結婚することなど万事に抜かりがない。そういう意味では高校教員役の芦川はその時代の女性としてはジェンダーギャップの少ない職業を得ているわけである。

後期作品の職業婦人としては『風車のある街』（森永健次郎監督、一九六六）のオランダ航空のスチュワーデスや『嵐を呼ぶ男』（舛田利雄監督、一九六六）のマネジャー（前作で北原三枝が演じた）を年相応に演じているが、これは一般的ではない。注目すべきは作品の評価は別として、次の三作の芦川の職業婦人としての生き方である。『私は泣かない』（一九六六）は誠実な作風の吉田憲二監督のデビュー作で、芦川は養護教諭の役である。女子少年院を出た和泉雅子と北村和夫の障害を持つ子供との交流を描いた作品で、その子供の通う養護学校の教員芦川は脳性麻痺で生まれた我が子を失くしている。物静かで落ち着いた中に何か秘めて仕事を続け、和泉に感化を与える重要な役である。さらに最後の年の『娘の季節』（樋口弘美監督、一九六八）はバス会社の事務員だが、以前バスガイドだった時に事故で腕を失くしている。どこか暗い影があるのだが、事務員として働きつつ悩みも多い若いバスガイドたちの姉的な存在でもある。『孤島の太陽』（吉田憲二監督、一九六八）は、沖ノ島の孤島に赴任した樫山文枝の上司の役であまり目立たないが、戦争のために婚期を逸して独身である。自立する若い女性と連帯する芦川に、「シスターフッド映画」の萌芽を感じる。

最後の二作において芦川は実生活とは正反対に独身を

通して働き続ける女性像を演じた。現代と違い当時ある年齢で結婚することが女性の生き方としては当然とされたのだろう。映画と現実？　一九六一年初頭、「新パール・ライン」として日活は、浅丘ルリ子、清水まゆみ、吉永小百合、笹森礼子、芦川いづみ、中原早苗をトップ女優として売り出している。一九六八年映画界は凋落期を迎えた。映画は単なる夢の世界ではなく現実の反映とするなら、このスターたちはどのような映画に出会い、どのような現実を生きたのだろうと思う。

19　1968・最後の年

芦川いづみは一九六八年に女優を引退する。藤竜也との結婚を機に絶頂期に引退ということだが、この年の出演作は三本。デビューから十六年目、総出演作は一〇八本となる。一九六八年という年は社会の変革期といえる年であったが映画界は観客が急速に減少していく流れに歯止めがかからなかった（観客動員数は三億一三三九万人、最盛期一一億二七四五万人）。日活映画では二月公開の『黒部の太陽』（熊井啓監督）と十一月公開の『神々の深き欲望』（今村昌平監督）が興行的、作品的な話題作であった。ただ、両作品とも純粋な日活作品ではなくスター俳優と鬼才監督のプロダクション製作という意味では「日活映画」の黄金時代はすでに過去のものとなっていたし、全体的にはヒット作に恵まれなかった。そんな中で「無頼」シリーズは異彩を放ち東映任俠映画とはまた違うヤクザ映画であった。

『大幹部　無頼』（一九六八）

『大幹部　無頼』は一月公開の『「無頼」より大幹部』（舛田利雄監督）の助監督であった小澤啓一監督による二作目だが傑作といえるだろう。本作での芦川いづみは酸いも甘いもかみ分けたというか泥沼的人生を体験して、ひっそりと身を沈める大人の女を演じているのだが、ご本人は三十歳を過ぎその「大人の女」をこれから演じていくであろう矢先に引退してしまうのである！　新鋭小澤監督の『大幹部　無頼』は渡哲也演じる「人斬り五郎」が主人公だがヤクザ映画史に記憶されるべきものである。

『大幹部　無頼』田中邦衛、芦川いづみ

映画は雪深い東北の弘前で始まる。そこで地方巡業に来ていた踊り子たちをアコギなことをする地元ヤクザから通りかかった渡が助ける。その姉さん格が芦川で、お礼を言ってもそっけない渡に好意を感じて自分の赤いスカーフを彼の首に巻きつける。このスカーフは一つのモチーフとなり後半にも出てくる。渡が東北へ来たのは亡くなった兄貴分の妻（松尾嘉代）がいるからで、もう病床にあるのだが、ここには恋人である松原智恵子もいて久しぶりの逢瀬で陽が沈む雪原で様々な思いにふける様子。

しかし何とか金策をしなければならない渡は、偶々この地で出会った旧知のヤクザ内田良平を頼って横浜に出てくる。駅には内田の組の若い衆である岡崎二朗や郷鍈治が迎えに来ている。渡こそ知る人ぞ知る「人斬り五郎」であって用心棒にするにはこれほど心強い味方はないが内田の組にわらじを脱ぐ。新興ヤクザの内田は古手のヤクザと対立して横暴なことをしている。あるキャバレーで渡は芦川と再会する。零落した風情の芦川はキャバレー内のオリエンタル趣味の一角に、男と住んでいるらしい。人生に疲れ切った感じだが、汚れたという風情でもないのは芦川だからか？　同棲しているのは落ちぶれたヤクザの田中邦衛だが、本作の田中を誰も代表作とはしないだろうが、一刀彫に気を静めている暗い影を背負った男を絶妙の雰囲気で演じている。落ちぶれたどうしの二人は何ともいえない空気の中で生きている。

『大幹部　無頼』は一貫して硬質で非情な世界が展開する。内田の舎弟岡崎が好きあう仲なのは、対立する組の二谷英明の妹太田雅子（のち梶芽衣子）である。キャバレーのダンサーである太田は岡崎がカタギになり、遠くへ駆け落ちしようとするが悲しい結末となる。病床にある松尾の危篤を知らせる松原から渡への電報を内田は握りつぶしてしまう。やがて松原が来て真相を知った渡はまた一匹狼として生きていく。二谷も妻（真屋順子）や子供恋しさにアパートに舞い戻ったところ殺される。

『大幹部　無頼』は情念を秘めた渡哲也の存在と共に陰影深い引き締まった画面が、やがて来る「日活ニュー・アクション」とつながる「最後の日活映画」である。それらの映画とは縁のなかった芦川いづみにとっても、映画人生の最後に光を放っている。松原智恵子と松尾嘉代という女優たちも、哀しい運命という同じ条件の中で、純情一途の松原も孤独に亡くなる松尾も適役かつ好演熱演であるが、芦川はこの二人とは少し違う位置にいる。東北の雪の中での出会いから横浜の苦界に身を沈める再会まで、渡にとって芦川は関係のなかった者同士の偶然かつ短い間の出会いだが、例の赤いマフラーは最後の切込みでも彼の首にあり、それが守護神のようでもあり、まるで芦川が女神的位置にある気さえするのだ。この一九六八年に始まった藤田五郎原作の「無頼」シリーズは、この後四作が作られるが、その中心となったのは本作の小澤啓一である。日活の末期に「最後のプログラム・ピクチャー」であった『大幹部　無頼』で芦川いづみは最後の輝きを刻んでいる。

『娘の季節』（一九六八）

この後、五月公開の『娘の季節』九月公開の『孤島の太陽』で芦川いづみは映画女優に幕を下ろす。路線バスの車掌（乗務員）の労働問題を描く樋口弘美監督の『娘の季節』は地味で華やかさの全くない十年前の黄金時代とはあまりにもかけ離れた映画である。『娘の季節』はバスの車掌の和泉雅子を中心に乗務員の女性たちを描いたもので青春映画というより社会派といえるだろう。和泉は杉良太郎が運転手のバスの車掌であり、お互い憎からず思っている間柄である。車掌たちは寮生活をしていて日々生活を共にする仲間でもある。貧しい家庭の出身者が多く、地方から出稼ぎの子もいるが日色ともゑや水垣洋子その他の多くは名前と顔が一致しない。

芦川いづみは、以前は車掌で、今はここの寮長のような立場で会社では事務をしているが、どこか冷たく暗い影がある。それはどうやら車掌の時に事故で片腕を失くしており、その時の運転者は杉で、二人は結婚まで話が進んでいた仲であった。和泉の方は兄がいるが仕事がなく金をせびりに来る。和泉はその兄川地民夫に振り回されるのだが、やがて兄はバーの女と心中してしまう。また学生を好きになった日色は和泉の兄が元恋人であったが、妊娠してしまい男とは別れて寮で出産することになる。芦川はそれをふしだらと厳しく対処していたが、生まれた赤ん坊を見ると思わずカワイイと抱きしめてしまう。

それにしても『娘の季節』という地味な作品が観客に受けると思ったのだろうか？　藤竜也がバス会社の組合の執行部として活躍するが、彼は最終的には幹部として本社へ行く。日活の製作現場も組合が強くなって労働者主体（？）の映画が出来たのかって邪推してしまう。路線バスが舞台というのも珍しく馬場当のシナリオはよくできているのだが映画特有のというか日活映画らしい魅力は感じられない。

『孤島の太陽』（一九六八）

『孤島の太陽』は芦川いづみ最後の出演作であるが、物々しく引退作品ということは示されない。伊藤桂一原作「沖ノ島よ、私の愛と献身を」を千葉茂樹脚本、吉田憲二監督で映画化、どうやら実話らしく誠実なヒューマン作品である。沖ノ島に保健婦として赴任した樫山文枝のまさに献身的な半生を描いたものだが、映画は凡庸で樫山文枝が全くスクリーン向きの人材ではないのだが、当時テレビで人気が出た新劇俳優と思うが、真面目に熱演するばかり。芦川いづみの最後の二作品は面白くないという印象を持つ。

高知県の沖ノ島は、フィラリアで死ぬ人が多く、また乳幼児の死亡率も高かった。そこに若い保健婦の樫山が新しく着任するところから映画は始まる。島は浜村淳の村長や宇野重吉のモグリの医者などがいるが衛生面や健康状態は最悪なのである。そこで樫山は島民に血液検査をさせてフィラリアを予防して効果を上げる。頑なであった島の人々はいつしか彼女に全面的な信頼を寄せ、小さな島のアイドルのようになっていく。

芦川いづみは樫山の恩師にあたる人物で県の職員である。芦川としては、これが最後の映画という気合もなく、若い時は戦時下だったので婚期を逸したという役である。フィラリア検査に来ていた若い医師の勝呂誉が樫山に好意を持ち、独立して病院を開くにあたり彼女にプロポーズする。そして同時に彼女の転勤も決まる。樫山本人も自分の幸せは結婚して島を去ることだと思い、芦川に相談してもそれがいいと賛成する。いよいよ島を去る日が来るが、その前に樫山は古老に沖にある姫島という小さな島に連れて行ってもらい、そこに伝わる古伝承を聞く。それはこの島で恋人を待ち続け死んだ女人の伝説だった。別れの日、樫山を見送りに島民がこぞって集まり船に向かって大泣きする。停泊中に彼女は古老にあの島に連れて行ってくれと頼み、そこで沖ノ島にとどまる決意をする。

それから十五年の歳月が流れ、すっかり中年になった樫山は沖ノ島に居続け島民のために献身的に働いた。島はフィラリアで亡くなる人もいなくなり、乳幼児の死亡も減って健康づくりの島となった。彼女に第一回吉川英治賞が与えられる。この『孤島の太陽』は公開当時感動作として評判になったのだろうか？　一九六八年という「激動の年」、芦川いづみは静かに銀幕から姿を消した。

20　1960年代の芦川いづみ（六〇年代の芦川いづみ出演作・補遺）

最後に一九六〇年代の芦川いづみのまだ論じていない

『やくざの詩』小林旭、芦川いづみ

作品について書いて「全映画作品」を閉じたい。六〇年代に芦川いづみは五十五作品に出演しているが、引退した一九六八年までを概観すると、オリンピックのあった一九六四年をピークに映画全体に勢いがないという気はする。観客動員数は一九六〇年に一〇億一四〇〇万人だったが一九六五年には三億七二〇〇万人と、たった五年で三分の一になっていた！　もちろん六〇年代に芦川の代表作ともいえる名作はあるわけだが、実質上の主演作は少なくなっているし、日活という会社が映画が斜陽期になって裕次郎に頼っていた脆弱さを露呈したようにも思う。一九六〇年は九本の映画に出演している。

『やくざの詩』（一九六〇）

六〇年代、芦川の最初の映画は舛田利雄監督『やくざの詩』である。舛田は芦川を八作品で起用している。職人肌の強そうな監督だが、『完全なる遊戯』とこの『やくざの詩』は作家的というか文芸作品でもある。それは企画坂上静翁、脚本山田信夫によることもあるだろうが、主演の小林旭が「渡り鳥」シリーズといったヒット路線のアキラではなく、この地味なフィルムノワールに沈潜するような寡黙な主人公像を演じていることにもよる。横浜のナイトクラブにピアノ弾きとして雇われた小林は、どこか暗いものを秘めている男である。そのクラブはやくざの内藤武敏のシマであり、そこの若いチンピラ（和田浩治）がまず小林に絡んでくる。ナイトクラブの歌手（南田洋子）は恋人を殺された影のある女だが、和田は彼女を慕っている。

芦川いづみは医師（金子信雄）の娘で医学部のインターンである。金子は病院長でもあるが、アル中でまともな仕事もできないありさま。小林は金子と知り合い芦川と出会うことになるが、彼もまた医師であった。『やくざの詩』が全体的に暗い雰囲気であるのは小林が恋人をある男の凶弾で殺されたからである。小林がその弾丸をペンダントにしていつも首から下げている限りにおいて、彼から凄まじい憎悪と復讐の気持ちは消えないし、何としてでも犯人を探し出し必ず殺すということに命を賭けている。『やくざの詩』はこの一人の復讐鬼となった人間がそこから解放されるかどうかを描く力作である。その犯人が、かつて小林が助けた二谷英明の弟（垂水悟郎）である。二谷と垂水は戦災孤児であり、苦しい境遇を生き抜いてきたが、弟の垂水が片腕を亡くしたのは兄の二谷が自分の責任と負い目を感じている。二谷は拳銃のブローカーとしてやくざ組織で商売をしている。この一帯は内藤の組と松井染升の組が対立して抗争中なので、どちらの組もいくらでも拳銃が欲しいのである。

『やくざの詩』は、しかしやくざの抗争より人間ドラマに主眼が置かれ、注目すべきは芦川が復讐の鬼となった小林にその姿は人間ではないとキッパリ言い、片手という障害のある垂水は南田に惚れてしまい人間としての喜びを知るところだ。これは山田信夫の脚本にもよるのだろうが、どこからも疎外された人間同士の対決が大きなテーマである。小林は舛田監督の『完全なる遊戯』でもそうだったように、むしろ静かな知的な役が似合う俳優である。裕次郎のような陽性ではないが、あえて敵の垂水を最後は自分の手で助ける。それに協力した芦川とともに夕日に向かっている二人の姿がラストシーンとなる。

『あじさいの歌』（一九六〇）

『あじさいの歌』は滝沢英輔監督としては『佳人』（一九五八）『祈るひと』（一九五九）に続く芦川いづみ出演作である。深窓の令嬢が明るく社会に出ていく姿を描いた石坂洋次郎原作の名作だが、滝沢は芦川の資質をもっとも生かした監督かもしれない。芦川は父東野英治郎の北欧風の洋館に住むが、そこは富裕階級の住宅であり、そこに幽閉とは言わぬが、いい年ごろなのだが世の中には出ないで家庭教師を雇って勉強しているのである。その家に神社で足をくじいている老人を家まで連れて行ったことで、この一家と知り合いになる青年が石原裕次郎であり、本作は裕次郎主演映画である。

この老人が当主の東野で商業デザイナーの裕次郎はこの家を見てその建築に興味を持ち改造をしたいとまで言い出す。頑固な東野のいない間にこの家を見学し、かつ芦川の写真も撮るが、彼女にとって外部から男性が来ることは初めてであり、自分の知らない世界があるのではないかと思う。本作の中心となるのは幼い時から会うこともなかった母轟夕紀子と芦川の関係であるが、今は大阪の飛田で怪しげな宿を経営していても、下賤な職業とみなさず苦界に身を沈めてもたくましく生きた母を「立派な方だわ」と尊敬してしまうことにテーマがある。それは戦後の民主主義を信じた原作者の、困難があってもそれぞれが自己主張をすることで希望を見つけるのだという思いが見事に日活の娯楽作品で生きていることである。

その実母との再会は裕次郎が撮った写真が展示されることがきっかけとなり、そこからこの一家の秘密が引き出される。母は芦川が幼い時に男と出奔し行方が分からなくなっていた。その男大坂志郎が偶然、写真展で芦川の写真を見てしまったことから因果話にもなっていくが、『あじさいの歌』は全体的にはジメジメしたものではなく、それは裕次郎の向日性が強調され、また人々が真の愛情について考えていくことにつながる。写真展での裕次郎が芦川をモデルにした写真「あじさいの歌」を譲ってほしい、さらにモデルについても知りたいという人物が、母轟と駆け落ちした大坂であった。

芦川は若い友人中原早苗によって社会に出て楽しい体

『あじさいの歌』芦川いづみ、石原裕次郎

験を重ね、中原の兄の新聞記者小高雄二は芦川の母について も大阪の同僚に調査を依頼してくれる。父の東野が芦川を世の中に出さなかったのは、妻に裏切られたことで女性不信となり、どうしても猜疑心がうまれ事業は成功したが決して幸せな人生ではなかった。その妻であった轟も強い自我を持ち二度と家に戻る気はなく大阪の地で一応成功したが、孤独であったことも事実だろう。

『あじさいの歌』はこの親の生き方に対して単に批判的であるのではなく、このような生き方があったのだと納得する内容になっていることが作品の幅を広げている。またそんな大人と対照的に裕次郎、芦川、中原、小高の若者たちの生き方もさわやかに描いている。特に芦川の社会デビューで中原と街へ出る時、髪型がそれまでのロングからショートになっている溌溂たる姿は特筆すべきである。ただ裕次郎と中原の関係も芦川は気にかかるのだった。さらに轟が上京して偶然にも東野と会ってしまいひと悶着あるが、雨降って地固まることになり芦川が母についていいたく尊敬するのが不自然でもあるが、そうして世間知らずな娘が苦界を渡ってきた女性に何か感化されることがあるということだろう。轟は「人生で自分にとって大切なことだと思ったら傍の思惑など関係なく自分を強く打ち出すこと」と言う。

北欧風の家は暗い感じだった窓などが裕次郎の設計によって明るく変わる。長年仕えてきた殿山泰司と北林谷栄の夫婦もいい味を出して新しい時代を感じている。東野も家庭教師の杉山徳子と結ばれるだろうし轟は本当に最後の別れに来る。芦川と裕次郎は「考える」ことで明日に希望をつなげる。その根となるのが両親の長い不幸な時であった。『あじさいの歌』は古典的ではなく新しい時代の生き方を鮮烈に描いている。波風がいくつもあったが母を送って、「僕、考えてみます」「あたし、考えてみますわ」そして再び念を押すように裕次郎が「本当に考えてみます」芦川が「本当に考えてみます」と断言するラストがやたら現代的！

『青年の樹』（一九六〇）

一九六〇年の芦川いづみは作品に恵まれ、円熟期であった。とりわけ中平康の『学生野郎と娘たち』『あした晴れるか』が「時代の顔」とも言えるだろう。『学生野郎と娘たち』はある意味ではポリティカルな作品でありこの年は戦後の学生運動の一つのピークであった。

『青年の樹』は石原慎太郎が弟・裕次郎のために書き下ろした現代青年の生き方を問う原作で山田信夫脚本、舛田利雄監督で『学生野郎と娘たち』と同じように大学生が主人公である。山田脚本、舛田監督は同年の『やくざの詩』に続くもので『青年の樹』は大学の入学式で総長（滝沢修）は、青年の在り方、生き方について語る。ほとんどが学生服の大学生であるが、クラスの中の紅一点が芦川で、この当時は大学へ進学するのは男性が圧倒的だったのだとわかる。ある横暴なフランス人の教員をやり込めてクラスが親密になり集まることになる。自己紹介が始まり、その中に港湾労働者の苦学生（梅野泰靖）がいて、「裕次郎は労働者を使っている組長の息子だ」と階級差別の憎悪をむき出しにして非難する。それに対して裕次郎が確かに自分はやくざの組長の息子だが、今大学へ入って自分の生き方について学ぼうとしていると告白する。

『青年の樹』は明朗なキャンパスの青春映画ではなく、いきなりディベートから始まる社会派ドラマという感じで、全体も資本家と労働者の解決しようのない対決や政界と経済界が癒着する社会構造など難しい問題が次々と出てくる。さて芦川は裕次郎に興味を持ったのか、下宿を探しているという彼を自分の家に連れていく。そこは赤坂の料亭で政財界人の出入りする密談の場所でもあった。芦川の母（宮城千賀子）は裕次郎の姓を聞き一瞬驚く。

紹介された下宿先は日本舞踊の師匠（細川ちか子）の家で、そこでは芦川の姉（北原三枝）が習っていた。裕次郎も芦川も恵まれた家庭の子弟で大学へ通っている。そうして大学生になって自分の家庭から社会の底辺のことや政治家の汚職など知らなかったことに気づいて成長していく。二人の間には恋愛感情はあるのだが本作ではどちらかと言えば学友という感じである。裕次郎の父（芦田伸介）は息子が家を出る前に港の現場へ連れていく。そこは想像していた以上の過酷なところで、はじめて労働者の世界を知るのだった。学生運動も熱気を帯びた時代で政府がジェット機を購入するのを反対する左翼学生グループの中心は梅野だった。芦川の母宮城はジェット機購入疑惑の社長（清水将夫）と深い仲にあり、ついに家宅捜索されて思い余って自殺する。宮城はかつて裕次郎の父芦田と恋仲にあり北原は二人の子供だった。それを母は日記にしたためていて裕次郎と芦川は知ることになるが、北原は早くからその事実を知っていた。

『青年の樹』の裕次郎も芦川もどちらもストイックであり、それは原作者の体質かもしれないが、ほとんどガクラン姿の裕次郎は堂々たる体軀で貫録すらあるし芦川はその当時の雰囲気と全く違う堅苦しい感じの大学生で強い自己主張があるわけではない。芦川の母の死後、芦田も何者かに殺される。こうして残された二人はそれぞれの生き方を問われることになる。裕次郎は父の組を解散することを宣言する。長年芦田に仕えてきた大坂志郎にとっては死ぬ以上につらいことであった。

やがて季節が移りそれぞれが新しい人生を始めることになる。北原は清水に母の日記を差し出し、そこには何も事件のことは書いてないと言われるが、それでも現金を渡され彼女はパリに行く。体制側は変わることなく、裕次郎も組を再開し若親分となる。それに対して大学は退学処分を宣告するが、裕次郎はきっぱりと真実を求めるゆえに大学を去ると教授たちの前で訴える。この処分に対して学生たちは一斉に抗議集会をして総長室へ向かう。そこに冒頭の総長の言葉がかぶる。『青年の樹』は明るいキャンパスの青春群像ではないが『学生野郎と娘たち』の陰鬱さはなく、やがて大樹になろうとする青年の苦渋の物語だ。

『霧笛が俺を呼んでいる』（一九六〇）

『霧笛が俺を呼んでいる』は山崎徳次郎監督、熊井啓脚本で、早世した赤木圭一郎の代表作と言ってもいいのだろう。芦川いづみは本作において感情を表に出さないどこか冷めたイメージで終始する。そして赤木の遺作となった『激流に生きる男』（野村孝監督、一九六一、未完成）でも相手役としてよく似た役を演じている。赤木圭一郎の魅力は石原裕次郎のような陽性ではなく、どこか陰りのあるところだ。それゆえに『霧笛が俺を呼んでいる』は友情、恋愛、犯罪がクロスするアクション映画であるがロマンチシズムが漂い無国籍アクションと言われた本作でも陰影に富んだ名シーンが多い。

航海士の赤木は出航が遅れたので横浜のホテルに逗留する。それまでに霧の立ち込める港から通りすがりのトラックに乗せてもらうが、車の男はこの霧じゃ歩いたほうが早いぜと言うが、さるバーへ行き、そこのホステス（天路圭子）が赤木に近づく。ここで客たちの喧嘩に巻き込まれ警察に連れられ保証人の名を言うと、その男は少年院時代からの友人なのだが、自殺したと知らされるのだ。わけが分からないままホテルにいると、そこにはその男の恋人だった芦川いづみがいる。

スカーフをまいた芦川の印象的な姿は全体的なスタイルにしてもレトロな少女マンガに出てきそうな雰囲気（？）。こうして出会った赤木と芦川はその男の秘密を知ることになる。刑事の西村晃はどうも男の自殺については怪しく思い、裏に大きな犯罪事件があるのではないかと調べている。その男の妹が北海道からこちらの病院に来ている吉永小百合（当時十五歳、芦川の十歳下）で、初々しい姿を見せる。横浜のクラブで芦川が歌っている（「私の耳は貝の殻」という歌）。これは本人が歌っているらしいが、黒いスーツでなんとも「イカス」のである！

『霧笛が俺を呼んでいる』は赤木と芦川のロマンスというか恋愛映画でもあるが、そこはあまり描かれず、もともと赤木は女性にあまり興味がないようで、そのニヒリスティックのところが逆に魅力的でもある。この当時の日活ノワール映画は麻薬を扱ったものが多いが本作もそうで、それが横浜という犯罪都市ゆえに密売ルートとしてバーやクラブが存在していて、ここでは二本柳寛や内田良平が暗躍している。吉永は北海道から横浜の病院に来て入院しているのだが、そこへ赤木が行くと兄のことを何とか知りたいと思っている。そうしてついに真相がわかり自殺したのは別人であり、赤木の友人だった葉山良二は今では麻薬組織の元締めで豪華な洋館に住んでいる。葉山としては珍しい役であって、彼の人生は麻薬によって莫大な富を得たことで狂ってしまったのだ。

赤木は葉山に会って恋人のことと妹のことを考えて自首するように勧めるが、葉山は拒む。『霧笛が俺を呼んでいる』はクライマックスにおいて緊迫したアクションシーンを見せる。それはホテルの部屋で赤木と芦川が葉山に迫るが、西村ら警察が来たので、葉山は窓から外壁の工事の板へ乗り移り、しがみついているところを赤木に助けられた後逮捕される。が、逃げて赤木と向かい合っ

『霧笛が俺を呼んでいる』芦川いづみ

たところ仲間に撃たれ最後は転落死する。山崎徳次郎は「流れ者」シリーズの監督である。それにしても、芦川は無表情でいるし、それが何かを隠しているようにも見える。それで『霧笛が俺を呼んでいる』は芦川と吉永というヒロインと可憐な少女が本筋と関係ない存在にも思える。日活ムードアクション映画の極めつけのように波頭で赤木と芦川のシーンをロングで撮っているし、あまり現実的でないセリフも赤木なら不自然でもない。また吉永がホテルの部屋に来るところも鏡を使った凝った映像である。芦川と吉永はこの作品に乙女チックなムードさえ与えているのである。

『一匹狼』（一九六〇）

『一匹狼』は牛原陽一監督作品で、ワンカットも無駄のないしまった画面（撮影・峰重義）でサスペンスでありヒューマニズムに終わる話（脚本・滝口速太）も見事で、文芸作品肌の坂上静翁企画である。『やくざの詩』も坂上が企画で、日活に単なる娯楽アクションでないノワール映画の流れがあったというべきだろうか？　本作は小高雄二主演だが、何にせよ石原裕次郎とともに日活の男性スターの相手役として芦川いづみがいかに重要であったかわかるのである。

『一匹狼』はまず何よりも生活者の視点でアウトローを描いているところが秀逸である。長距離トラックの運転手である小高は彼らが立ち寄る大衆食堂で働く芦川と恋仲である。二人は戦争孤児であり芦川は満州で兄と別れて天涯孤独というが、この当時はこういう人たちが青年層にも多かったのだろう。小高と芦川は休日には遊園地でデートするが、そこで数人のチンピラに因縁をつけられ喧嘩になる。しかし堅気の小高はやたら強いのである。それでチンピラの親分である組長（芦田伸介）は小高をスカウトしようとするが、その役目となった組の若い者である沢本忠雄は実は戦災孤児同士で小高とは兄弟分であった。小高は組の誘いには応じずトラック運転手の職を続け芦川と所帯を持ちたいと望んでいる。組に入れば何倍もの金が入るが、それでも彼は今のままでいる。バーで沢本から南田洋子を紹介されるが、彼女の男（二谷英明）は刑務所に入っている。組としては何とか小高を組員にしたいので、芦川を車ではねて入院させ、その治療代のために金が要るように計画し、まんまと小高を組に入れることに成功する。

芦川には瀋陽（奉天）で別れた兄がいるが、それが南田の男ではないかと小高は思っている。そしてイヤリングの片方ずつを兄と妹で持っているのだが、南田がその片方を持っていた。だが兄（波多野憲）は殺し屋で、すでに二谷に殺されていた。脚本が巧みなのは、この二谷と波多野の関係が、再び二谷と小高に繰り返されることである。組でいい顔になってきた小高は、芦川のために小さな店を出してやることになり、芦田から金を出してもらう。だが、芦田が芦川に惚れてしまい小高が邪魔になり二谷に殺すように仕向ける。だが二谷が愛して信じていた南田は会長（二本柳寛）の愛人であった。つまり二谷も小高もトップの二本柳と芦田に操られていたのだ。二谷は二本柳を殺し、芦川を監禁していた芦田のところで小高を助ける。ラストがヒューマニズムで幕となるが、それで沢本は田舎の母のところに帰り、小高は再びトラック運転手となり、やがて芦川と結ばれるであろうという結末である。この年、続いては『あした晴れるか』と芦川の時代が輝いていた！

『コルトが背中を狙ってる』（一九六〇）

『コルトが背中を狙ってる』は古川卓巳監督のフィルムノワール映画で78分というタイトな尺だが、さすがベテラン監督の手腕を見せる。古川は日活にとっては記念すべき『太陽の季節』（一九五六）で太陽族映画の先鞭をつけた人でもある。安部徹は宝石商、実は密輸業者のボスであり香港ルートからの宝石密輸の中心人物である。『コルトが背中を狙ってる』はその密輸に絡むアクション映画で、安部のところで働いている葉山良二が主演、その相手役が芦川いづみで、葉山の弟分だった芦川の兄が殺され、その真相を確かめようとしている。それで芦川は葉山に近づくが、お互いに好きになっていく。

映画は外国から民族舞踊団が到着するところから始まり、その便で神父（西村晃）が下りてくるが、これが香港ルートの密輸団の男で、安部が迎えに来て車に乗ったところ、二人組に宝石の入ったカバンを強奪される。それは安部が仕組んだもので、二人は安部の手下である。葉山は悪人である安部のところを辞めたいと思っているが、どうやら葉山とその妹は大陸から日本へ渡るとき、彼の世話を受けていた。そういう時代であったのだ。葉山の部下だった男が殺され、その男の妹が芦川である。西村は安部が怪しいとにらんで宿泊しているホテルへ呼ぶが、実は舞踊団も西村の一味である。舞踊団の東京公演があり客席には芦川がいて葉山と殺された兄について真相を探ろうということで協力していく。二人が埠頭で並んでいるシーンがいかにも日活調である。

『コルトが背中を狙ってる』
葉山良二、芦川いづみ

舞踊団の女（楠侑子）も密輸の内情に通じており、この日盗まれた中にはない「ブルーコロナ」という至宝がどこかにあるはずだと安部も躍起になっている。葉山の妹の彼氏が小高雄二で今回はなかなかいい役であった。宝石をめぐって安部と西村の戦いは続き両者引き下がらないが、ついにホテルのシャワー室で西村は安部に殺される。それで西村の一味も殺し屋を動員し、安部も葉山にコルトを待たせるがまだ心配で新しい殺し屋を雇う。それが小高である。芦川は安部のところで危ういところだったが西村の殺し屋グループが来て難を逃れる。一方葉山は劇場に来てブルーコロナがあるだろうと潜入していくが、やはりここに至宝（ブルーコロナ）があると察した安部も来て銃撃戦となる。そこに警察隊が入り、その中心にいたのが密輸取締官の小高であった。芦川は危ないところ助かったが、葉山は密輸の本拠地を暴くべく香港へ行く。そして帰るのを芦川は待っているのだろう。『コルトが背中を狙ってる』はきびきびしたリズムがあるノワール映画の快作である。

『街から街へつむじ風』（一九六一）

一九六一年に芦川いづみは八本出ているが、鈴木清順監督が二本ある（清順監督はこの二作のみ）のが注目か？松尾昭典監督との四作目になるのが『街から街へつむじ風』で児井英生、水の江滝子プロデュース、山崎巌、山田信夫脚本である。石原裕次郎がドイツ帰りの無鉄砲ドクターで大活躍するが、ここでの芦川いづみは看護婦役でかなりいい感じの役である。裕次郎は帰国そうそう父の僧侶（宇野重吉）の友人（東野英治郎）の病院に勤めることになるが、そこは地上げ屋が入り、もう病院はやくざが来て廃業近い状態。おまけに息子の小高雄二がキャバレーの歌手（南寿美子）に入れ込んでいる。そんなこともあって東野の病院はにっちもさっちもいかない状態である。

『街から街へつむじ風』
石原裕次郎、松尾昭典監督、芦川いづみ

芦川はその病院の看護婦として、ほとんどの者が辞めたのに残っていて裕次郎と出会うことになる。本作は77分という尺だが山崎がピカレスク的な部分を山田がエトランジェ的な人物像を作ったと思われる脚本がよくできている。そして『街から街へつむじ風』は二組の親子を描くことでヒューマンな人間ドラマとしても見ることができる。俗っぽい和尚の宇野と、一応エリートだがアウトロー的な医者の裕次郎、もう一組は東京で開業医の東野と不肖の息子小高である。帰国して貧乏寺に着いた裕次郎が父と飲み明かす陽性親子に比して東野、小高は陰惨なくらい暗い。それは女の関係もあるが小高はかつて手術ミスをしたことがトラウマになっていて医者としての自信を失っている。東野の病院の土地にはホテルが建つ予定で地上げ屋はキャバレーをアジトにしているやくざで、小高は彼らから脅かされているのである。

裕次郎が怪しげなやくざの患者を蹴散らした後、彼らのいるキャバレーへ行くと小高も南もそこにいた。ホテルを建てようとしている社長（清水将夫）の娘（中原早苗）は裕次郎に好意を持ちスポーツカーを乗り回して彼の後を追っかけている。清水はやくざを使ってまで土地を手に入れようとはせず、実は中原も狙っている秘書（田中明夫）が悪い奴でやくざを使っていた。大坂志郎もやくざの一人なのだが、裕次郎が捕まって拳銃をロシアンルーレットで向けたとき弾は抜いてあった。じつは彼は清水がひそかに手配したスパイだった。そして東野は重篤になって、小高と南はやくざに捕まり監禁されてしまう。それを助けに行った裕次郎はステージで南とデュエットするが「銀座の恋の物語」を歌うのがやや楽屋落ちのしゃれか？　助けてやった大阪のチンピラたちが場内の明かりを消した隙に小高と南を脱出させ、裕次郎も危ういところだったが何とか難を逃れ病院へ急ぐ。

裕次郎は東野の手術の執刀を息子である小高にするようにと願うが、彼は自信を失くして怖気づく。手術室の芦川の姿が印象的で大きな目を開いて執刀の助手をするところは真に迫っている。それでも小高が父の手術を何とかやり遂げるところが感動的で、その後病院は再建できるであろう。裕次郎は田舎で診療所を開くために出かけようとしているのだが、ハラハラしている芦川に「何してるんだ、早く用意しろ！」と言うのがなんともいい。オート三輪に乗って病院から新天地へ向かう彼らはおそらく結ばれるであろうという幸福な暗示で終わっている。『街から街へつむじ風』はウエルメードの娯楽作ではあるが、ここでの芦川はしっかりした職業意識をもったナースとして作品に花を添えている。

『ろくでなし野郎』（一九六一）

『ろくでなし野郎』はいわゆる無国籍アクション映画で松尾昭典監督作品。石原裕次郎主演作が日活の中心と

『ろくでなし野郎』芦川いづみ、長門裕之

なっていた時代だが、本作は二谷英明初主演作である。B級アクションのノリが面白い『ろくでなし野郎』では二谷はイタリア帰りの牧師ということで、ふらりと西部の町ふうな田舎にたどり着く。同じ列車で降りたのが芦川いづみで、兄を探しに来たのである。この町は安部徹が利権に絡んで土地を買い占め自分の持っているキャバレーでは愛人の南風洋子をかこっている。

二谷は投宿することになるホテルで友人を訪ねると、その男は少し前にトラックにひかれて死んでいた。初主演ということだが、二谷はイタリア帰りの牧師で少しとぼけた味を出しているのが面白く、ホテルでドクターと名乗る長門裕之と出会う。教会と小学校の土地を持つ材木商（山田禅二）はどんなに金を積まれても安部に土地を売らないが、結局殺されてしまう。芦川の兄（森塚敏）はドサ回りのミュージシャンだがかつて南風と恋仲で今も彼女が忘れられない。『ろくでなし野郎』は西部劇のパロディで町もそのイミテーション風であって、そのいかにも人工的な安っぽいところと、最後まで偽牧師かどうかわからない二谷のすっとぼけた調子がマッチしている。安部の息子の郷鍈治は前年デビューしたが、材木商の娘（中原早苗）に執着するところがなかなかの存在感である。芦川のほうは恋愛的な話はなくラストの銃撃戦ではショットガンを構えるがここら辺がもっと見たかったところだ。その銃撃戦は西部劇的なセットで激しい撃ち合いになるが、実は長門は殺し屋で友人も芦川の兄も彼の手で殺されていた。それでも悪党一味をやっつけ町の平和が戻ってくると、二谷と芦川は列車で去っていくが、彼らは結ばれるのだろうか？　日活映画の黄金時代は続いており裕次郎だけでなく小林旭はじめスターが活躍したが、二谷もダンプガイという名で登場しており、それなりに面白い。

『散弾銃（ショットガン）の男』（一九六一）

『散弾銃（ショットガン）の男』も二谷英明主演の無国籍アクション映画で、こちらは鈴木清順監督作品。二谷はダンプガイと呼ばれこの年から主演作が多くなる。本作も芦川いづみがヒロインとなるが清順さんは彼女について「松竹時代から魅力を感じていたか」との問いに「その頃の松竹の若手女優では津島恵子さんを筆頭に岸恵子さん、草笛光子さん、芦川さんなんかがいた。芦川さんは一番かわいらしくて初々しくてね、ちょっとはにかんだような憂いを含んだ顔じゃないの」と答えている（『清順映画』鈴木清順述、磯田勉・轟夕起夫編、ワイズ出版、二〇〇六年刊）。

『散弾銃（ショットガン）の男』は清順作品の中ではそれほど評価されていない西部劇パロディの一作だが、大森林アクション映画とでもいえるような不思議なテイストの珍作である。タイトル前に列車の中で芦川が男に絡まれているところ、ショットガンを持った男が助けてくれる。このショットガンの男は山を目指して歩いていくが、トラックの佐野浅夫にこの山はいかない方がいいと言われ止められる。ショットガンの男が二谷で佐野の言葉を無視して山に入り山中で男たちに襲われるが奴らをやっつけると、この山で製材所を経営する田中明夫に世話になることになる。列車の中で芦川に絡んだ男はこの製材所の社長の田中であった。ここには前科のありそうな三人組が用心棒として雇われていて、その三人（江幡高志、郷鍈治、野呂圭介）は二谷に向かってくるが勝てそうにない。そこで田中はしばらくここにいてくれと言う。田中の女である南田洋子が西部劇に出てきそうな酒場の女主人で、山の男たちの唯一の遊び場がこの酒場である。南田はいかにも荒くれ者と見える男たちでも手玉にとるタイプである。

この店に小高雄二の流れ者が来て彼が借金のカタに南田にとられている銃と真珠のネックレスを見た二谷は驚く。どうやらそのネックレスは二谷の恋人のもので、恋人はアルプス山中で殺されたようなのだ。さらに村の保安官（というところがいかにも安易な西部劇のイタダキだ）の高原駿雄は妻が暴行され殺されたのだが、高原が敵を討とうと思い酒場へ乗り込んできて危ないところを二谷が助ける。芦川は高原の妹である。

『散弾銃（ショットガン）の男』はかなりデタラメなという評もあるけれど、「天竜川の大森林地帯に大ロケ敢行」とあるくらいなので、その山中ロケがもたらす不思議な異空間がさらに作品の異色さを増している。清順映画というのは魅力的な世界であり本作もそう考えると何か一風変わったものので、その映像や色彩もやがて神話化されるセイジュンの世界に通じているものかもしれない。

村の新しい保安官に二谷と小高が張りあうことになる。結局二谷が保安官になり、この不穏な連中がいる山里を何とかしようとするが、小高はさらに二谷へ挑戦状を送り山中で決闘することになる。それを知った芦川は浅野の店から警察署へ連絡を頼むが、実はこの男田中とつるんでいる悪党の一味で、しかも芦川は連れ去られる。田中と浅野は麻薬密売ルートの仲間であった。

山中で二谷と高原は偶然に落とし穴から続く洞穴からケシ畑を見つける。ここが麻薬の栽培地だったのだ。そこに三人組や田中の子分たちが現れて銃撃戦となる。その後田中は三人組に殺され、彼らは芦川を連れて麻薬の取引先に行こうとする。だがそこは違うところで彼らはそこで二谷と出会うが、この三人組が恋人を殺した連中と知る。取引場所の別荘では中国人のボス（嵯峨善兵）がいて三人は金を受け取る。二谷は三人と砂浜で決闘するが、そこに麻薬捜査官だった小高が警官隊を連れて乗り込んでくる。二谷は芦川の願いで三人組を殺すことをあきらめる。鈴木清順の二作に出演した芦川にとっても本作は異色作であった。

『いのちの朝』芦川いづみ、宇野重吉

『いのちの朝』（一九六一）

『いのちの朝』は阿部豊監督で、芦川いづみ版『晩春』（小津安二郎監督、一九四九）と言えるかも？　父・笠智衆が宇野重吉、娘・原節子が芦川いづみということだ。宇野は芸術至上主義の売れない画家で貧乏生活である。芦川は次女で二十四歳、保険会社の社員として働き両親と暮らしている。ヒューマニズムの作家武者小路実篤原作「暁」の映画化だが、誠実な話で芦川にはこういう役がふさわしい。保険会社の上役（佐野浅夫）に嫁いだ姉（小園蓉子）は度々実家に来てはお節介をやいている。宇野の昔の同窓生だった清水将夫は売れっ子の画家としてリッチで華やかな生活をしている。宇野は大作を描かず身辺の小さなものや近くの野に出て自然の中で絵筆を動かしている。汚い帽子をかぶり戸外で絵を描いている姿はセザンヌかゴッホという感じでもある。家の近くのロケーションが素晴らしく木々や池や木漏れ日のシーン（撮影・峰重義）は派手ではないが特筆に値する。

『いのちの朝』はこの偏屈親父と次女の葛藤と交流を描

く感動の小品である（69分）。本作は画家の映画ともいえるし父と娘の映画だが、注目するのは質素だが木立に囲まれた家や庭でそこが父の創作の場所でもあるところだ。母（高野由美）は家計のやりくりに困ると姉の小園にお金を借りている。画家としては宇野と正反対の人生を送っている清水は彼の仕事を高く評価しいつか世に認められるようにと考えている。それで静物画など小さな号数の絵ばかり描いている宇野に一〇〇号の大作を挑戦させる。そこでモデルは芦川に、ということになって画家が娘によって新境地を開くという『いのちの朝』の大きなテーマが描かれる。朝のひかりが雨戸を開けて外を見ている娘に差し込むという画題なのである。『いのちの朝』というのはそういう意味のタイトルであろうが、朝の光は短いという気持ちを父と娘が共有しチャレンジしていくところがこの映画の中心である。

しかし頑迷にしてこだわりの強い父は何度も筆を中断してしまいついに画布を破ってしまう。芦川も絵のなかに生きるにはどうしたらよいか悩み、自分に埋没して何もわからなくなってしまう父を責める。

宇野のかつての弟子（内藤武敏）の絵がイタリアのトリエンナーレに出品が決まり清水がその絵を見せに来る。芦川は内藤のことが好きであった。イタリアに出発するのを宇野はそっと見送りに来ていた。娘の美しさは造化の神の力とさえ思う父はやがて素晴らしい大作を描き上げ清水の尽力で実現した個展は大盛況となりその絵は二〇〇万円で売れる。個展の売上金はみな妻に預けて宇野は「一足先に嫁に行ったな」と言う。『晩春』的かな？地味な作品であるが芦川は適役と言うほかない。

一九六二年も芦川いづみは前年と同じく八作品に出ている。映画史的に見ると蔵原惟繕監督の二作（『憎いあンちくしょう』『硝子のジョニー　野獣のように見えて』）が特出している。

『男と男の生きる街』（一九六二）

『男と男の生きる街』は石原裕次郎主演で熊井啓、舛田利雄脚本、舛田監督作品である。裕次郎は熱血漢の新聞記者で、彼と辣腕の刑事加藤武が熱演する大阪、神戸、京都など関西圏を舞台にした社会派アクション映画である。「男と男」の男二人は裕次郎と加藤で、ジェンダー時代ならやや批判されることもあろうが当時オトコとはこういうものであったという二人の愛憎劇でもある。

大阪の西成で画家の男が殺される。犯人は現場近くで目撃された若い男（平田大三郎）が容疑者として釜ヶ崎で逮捕される。この事件を裕次郎と加藤はそれぞれの立場で追っていた。裕次郎は現場近くにいたワケ有りの女（渡辺美佐子）に何か不信感を持つ。男二人の関係は裕次郎の父（稲葉義男）は加藤の先輩刑事であり、神戸で密輸事件を追っていた時、加藤が誤って稲葉を撃って殺してしまったという暗い過去がある。

芦川いづみは西成で殺された男の妹で京都の西陣の織元の娘である。兄はパリで絵描きの修行をしていたが、どうやら若き日に将来を嘱望された名声は消え、落ちぶれた生活であったようだ。西陣の店先で着物姿の芦川は兄の遺品であるスケッチブックを裕次郎に見せる。裕次郎は美容院をやっている姉（南田洋子）と住んでいるが、南田が加藤と結婚するというので驚くのである。裕次郎は神戸に行き広洋丸という船について調べる。そこからは密輸が浮かび上がるが真相や首謀者はわからない。

『男と男の生きる街』には三組の兄弟が登場し、脚本の巧みなところだが、南田と裕次郎、渡辺と平田の姉と弟に、殺された画家の兄と妹の芦川である。渡辺は芦川の兄とパリで同棲していたが、彼女は多くの秘密を持った映画のカギになる女性である。平田は釈放され渡辺と京都の画家の墓前に来ていたが、そこに偶々裕次郎と芦川が来て、彼らの後をつけることになる。裕次郎と芦川は東福寺普門院の縁側で渡辺と平田の会話を聞いてしまうが、それは祇園の生活からある男の愛人となってパリに渡り、そこで画家と出会って恋に落ちていったというのであった。どうやらそのパトロンたる男が密輸事件の首謀者であるようだった。

芦川が裕次郎に渡した兄の日記には事件の核心に迫ることもあった。だが新聞社の上役からは裕次郎にこれ以上の取材はしないようにとのお達しがあった。裕次郎は渡辺のパトロンである物産会社の社長（大坂志郎）に面会に行く。いかにも大物らしく振る舞う大坂は余裕たっぷりであるが、裕次郎はこの男こそクサいとにらむ。おそらく大坂の会社は密輸によって莫大な資金を得て今日の大企業になったと思われる。それを追求しようとする裕次郎は突然地方支局への転勤を命じられる。そこに平田が何者かに殺されたという情報が入る。現場に駆けつけた裕次郎と加藤のところに渡辺が来て、裕次郎に今夜クラブに来てほしいという。クラブで渡辺は大坂がパリで密輸をしていたことや芦川の兄もそのことで殺されたと告白した。大坂の仲間は銃砲店の長門勇、やくざの組長の高品格、病院長の浜田寅彦、ブローカーだったが今やポン中の井上昭文である。

クラブに高品が来て裕次郎と渡辺を長門の店に連れていく。そこには大坂以下一党が集まっていた。一党は後をつけて来た加藤もふくめて秘密を知った裕次郎と渡辺までも殺して火薬庫を爆破させようとしていた。その場で裕次郎の父を射殺したのは長門であったと判明する。火薬庫での悪党たちの悪あがきから裕次郎はこの危機を何とか脱して加藤と渡辺を助ける。結局、悪党たちは自滅し火の海で死んでいく。芦川は『男と男の生きる街』では裕次郎の恋愛対象でもなく、京都で行動を共にして事件の核心を深めるシーンに登場するのみである。渡辺美佐子、南田洋子、芦川いづみと三女優が出ているが『男と男の生きる街』はオトコの世界なのでラストも和解した裕次郎と加藤がシルエットになって終わっている。

『青い街の狼』（一九六二）

『青い街の狼』は二谷英明の麻薬Gメンが活躍するミステリー仕立てのアクション映画で古川卓巳監督作品。芦川いづみはナイトクラブの歌手で数曲歌うところが何ともチャーミング。その歌い方は歌手として活躍してもらいたかったと思うほどだ（芦川がここで歌う「素敵なお嬢さん」と「森と野原の物語」は、明るい健康的な歌で、このフィルムノワールに全く合わないミスマッチがなんともおかしい）。芦川がこのようにステージでのパフォーマンスが様になるのはやはりSKD出身という身のこなし方であり、吉永小百合にはこのムードは出せないだろう。歌う芦川の隣にいつもチコ・ローランドがいて息があっている。彼は片腕を亡くしたトランペット奏者であるが何

『青い街の狼』芦川いづみ、チコ・ローランド

か暗い過去を持っていて、それはラストの方で明かされる。

『青い街の狼』は羽田から飛び立ったジェット機が富士山の見えるところで爆発炎上するところにメインタイトルが出る。アクションミステリー映画として見事な構成で古川監督の力量だろう。二谷は過去に芦川の父と関係があり、そのあと外国に行っていて一体何者かよくわからないが、実は麻薬Gメンであった。日本円にして十億円という麻薬をめぐって二本柳寛と藤村有弘が争奪戦を繰り広げる。この時代の日活アクション映画において麻薬犯罪というのが定番のように登場するが、それが金儲けとしては最高だったからだろう。国際都市でもある横浜も本作に異国的な色彩感を与えているし、二本柳は中国マフィアであり、その情婦の楠侑子も何か怪しげな魅力があるが非情の死を遂げる。二谷はいつまでも正体を現さないが、映画そのものはハイテンポで進んでいく。芦川と二谷は、かつて恋愛感情を持っていたが、二人の関係は冷めたままで終わる。芦川いづみはこのフィルムノワールでは特別な光を放っている。

『憎いあンちくしょう』（一九六二）

『憎いあンちくしょう』は日活あるいは石原裕次郎にとってエポックメーキングな作品である。企画・水の江滝子、脚本・山田信夫、監督・蔵原惟繕、撮影・間宮義雄。この同じスタッフによる次作が芦川いづみの代表作『硝子のジョニー　野獣のように見えて』である。芦川が蔵原映画に出演しているのは『執炎』（一九六四）『愛と死の記録』（一九六六）を合わせて四作のみであるが、ここでは蔵原の作品を論じつつ芦川の存在を考えたい。

『憎いあンちくしょう』は人気タレントの裕次郎が、自分の虚像を疑い、彼の番組に寄せられた「ヒューマニズムを理解するドライバーを求む。中古ジープを九州まで運んで貰いたし。但し無報酬」という芦川いづみの呼びかけで、自らぼろジープを運転して東京から九州の阿蘇山の麓まで運ぶというストーリー。日本列島を南下する一六〇〇キロのロードムービーは撮影所の人工的空間（セット）と違う感性もあるが、現在からみるといかにもニューウェーブを狙った気もする。『憎いあンちくしょう』はマスコミの寵児となった裕次郎とそのマネジャー浅丘ルリ子の「愛」を実証する映画である。ルリ子の役名が典子（テンコ）であり、蔵原＝浅丘によって連作される『何か面白いことないか』（一九六三）『夜明けのうた』（一九六五）と並んで「テンコ三部作」といわれる一作目である。

芦川は、九州の無医村で献身的に働く医師の恋人（小池朝雄）との愛を二年間離れていても文通して貫き、自分が働いて手に入れた往診用の中古ジープを陸送したい。それで裕次郎のテレビ番組に出演して自分たちの使命を主張する。裕次郎は番組中に自分がジープを届けると宣言し周囲は驚くが、それは虚像的なマスコミ社会に無力感を持った彼の突発的な行動であった。この映画の本質的なテーマは愛の実体論であり、ここで「つくる愛」（ルリ子）と「信じる愛」（芦川）の対立がかなり図式的に展開される。それでも『憎いあンちくしょう』が魅力的なのは一九六〇年代の日本列島をジープで走る裕次郎と、それを追いかけるルリ子のジャガーの疾走という躍動感と、それをまた追いかける長門裕之のディレクターを中

『憎いあンちくしょう』石原裕次郎、芦川いづみ

心とするテレビクルーの混戦模様が活写されるからだ。

ルリ子の愛は「いつも一緒にいて喜びや苦しみを分け合い、何年間も苦労して本当の愛を育ててきた」という「つくる愛」で今や裕次郎とルリ子の愛の葛藤が、カーチェースさながらの追跡劇に象徴されている。では肝心の芦川はその「信じる愛」を全うできたのであろうか？様々なアクシデントや感情の交差があり、やっと九州の山村にジープが着くと、そこにヘリコプターで芦川がやってくる。その芦川と小池の感動的なシーンをテレビクルーは、ここぞとばかり狙ってカメラを構えるが……「信じる愛」は何とも白々しい空間となり二人はいじけている風にさえ見える。対して「つくる愛」の裕次郎はルリ子と肉体をぶつけ合い、芦川と小池に「行くんだ、二人で行くんだ！　愛は言葉じゃない！」と叫ぶ。コトバ（手紙）によって愛は証明できないかのように……。

さてかなり前に見た時は、確かに芦川の精神論的な愛は古臭く思えたのだが、製作されて六十年を経た今、何周目かの印象は、実はどちらの愛が真実であるかわからないのである。むろん作者たちも当時のファンたちも虚構を重ねたものであれ「つくる愛」の勝利に納得したと思う。同時代的な批評を二つ挙げておこう。矢島翠は『憎いあンちくしょう』の男女は、彼らが〝純粋愛〟とよんで追い求めていた精神主義的な愛が虚妄であることに目覚め、生身の行為を信じるところで終わる。芦川とその恋人が東京と九州に別れて暮し、セッセと手紙をやりとりして心をかよわせることができたと思っていたのは、愛という観念の自瀆にほかならなかった。山田氏がこの作品で主張した、不在の人間を愛することはできない、愛は想い出の中に生きることはできない——という、いわば愛における現実主義は、そのまま『執炎』に引き継がれていく」（「祭のなかの孤独—蔵原惟繕の作品をめぐって—」「映画評論」一九六五年八月号所収）。

また渡辺武信は『憎いあンちくしょう』の「二つの愛の形の対比」に注視しつつ「〜東京からヘリコプターで芦川いづみを連れてきたところである。長門裕之が再び登場して、この瞬間の効果を一層盛りあげるために、芦川いづみとその恋人の医師を〝御対面〟させようとして躍起になっている。しかし不意にカメラの放列の前にひきだされた二人は、お互いに近づこうともしない。ここで、この映画の作者たち、蔵原惟繕＋山田信夫は、美談を演出して愛の純粋さを商品化するマスコミを告発しているのでは決してなく、あきらかに、そういうマスコミの攻撃に耐えられなかった二人の愛の脆弱さを非難しているのだと、ぼくは考えたい」（「記念碑的傑作—『憎いあンちくしょう』」「日活アクションの華麗な世界」未来社、二〇〇四年刊）。やや長い引用になったが、同時代の批評家は、カメラの放列くらいで再会の喜びを表現できない二人の純粋愛の逆説的な観念性の弱さを指摘している。つまり「つくる愛」＝裕次郎とルリ子の圧倒的勝利という結論である。『憎いあンちくしょう』における「信じる愛」の芦川は確かにルリ子の虚構を重ねた「つくる愛」には敗北している。ただ長い時間がたって、『憎いあンちくしょう』を再考すると芦川の演じた女性像が完全にルリ子より古風で反ジェンダーなのかという問題が当然出てくるが、今はここまでとしたい。

『執炎』（一九六四）

『硝子のジョニー　野獣のように見えて』から二年後の蔵原惟繕監督の『執炎』に芦川いづみは出ているが、本作は浅丘ルリ子映画出演一〇〇本記念映画である。『執炎』は一にも二にも芸術至上主義が匂う映画である。モノクロの映像（間宮義雄・撮影）は雪が降るシーンだけでも、いささかアート志向の強すぎる映像派作品である。映画は日本海で投身自殺したヒロイン浅丘の七回忌で両親（信欣三、細川ちか子）妹（松尾嘉代）らが並ぶところに親戚の娘として芦川が参りに来るところから始まる。海で船から花を投げて供養するというなかなか古式にのっとった儀式から回想となり、愛のために殉死した主人公きよのを熱演した浅丘ルリ子の記念映画『執炎』は長尺の大作で戦前から戦後の日本海に近い海辺の村と平家部落の山村の閉鎖的空間で海の男と山の女が結ばれるという伝説的な背景もある。

ただ蔵原＝ルリ子映画としては「テンコ三部作」の方がはるかに面白く『執炎』は二度の赤紙が来て召集され戦死した男（伊丹一三）への愛＝反戦思想もどうも観念的すぎる。もし男のカラダを傷つけても「反戦」を貫くなら増村保造＝若尾文子の『清作の妻』（一九六五）のほうがハードだし、『執炎』を蔵原＝ルリ子版『清作の妻』とできないこともないが、映画のエネルギーは増村には及ばない。前述の矢島翠によれば「蔵原氏が話すところによると、原作では芦川いづみが演じた理知的な親類の娘が主人公で、愛に殉じる〝がまん〟のないきよのの方は、『芦川から投影された人物』だったそうである。光と影の関係が、小説と映画では逆になったわけだ。日本的な風土の中でひとつの観念像と見える人物とその行為が、蔵原＝山田にとってはむしろ現実なのである」（「祭のなかの孤独」）。

そうして作られた情念型のヒロイン浅丘なので、『執炎』の浅丘は伊丹を国にも家族にも誰にも渡すことなく独占したい女であり、かつそれを実行している。それに比べると夫を亡くした芦川は普通の女性であり戦後を生きて、激情の果てに死んだルリ子の七回忌に来るのである。ということから『憎いあンちくしょう』と『執炎』におけるヒロインのルリ子と芦川は対照的であるということで、監督の意図の中にそれぞれの女優像があったのだろうか。ルリ子は夫を国家に奪われてから精神病となり幻想的な妄想さえ浮かべている。それで『執炎』は映画詩的なロマンチシズムに終わり愛の戦闘性という意味では後退している。

『金門島にかける橋』（一九六二）

『金門島にかける橋』は日活と中央電影公司の合作で、いろんな意味で注目すべき作品である。芦川いづみは製薬会社の社長令嬢で、わけあって船医となり今は台湾にいる石原裕次郎を追って台湾へ行くが、彼は台湾の女性を好きになったという。つまりふられる役なのだ。なぜに裕次郎は芦川が本命と思えるのに台湾の女性と……と思いつつ、この『金門島にかける橋』の意図は政治的なものではないかとすら考える。冒頭に「１９５８年台湾海峡」というタイトルが出る。この時代大陸中国と台湾の対立が激化し「金門島事件」といわれる事態を背景にしたのが山崎巌、江崎実生脚本、松尾昭典監督の『金門島にかける橋』である。

大学病院のエリート医師として、またパトロンである製薬会社の社長の娘芦川と婚約し将来を約束された裕次郎が、そのすべてを捨て船医として何年かを海上で過ごし、今台湾のそれも金門島近くいる。金門島は台湾と大陸中国の戦争中の激戦地であった。一九五〇年に朝鮮戦争があり、それで日本は経済大国の道を進むことになるのだが、その後のアジア情勢で中国は大陸の人民共和国と台湾の中華民国に二分され、国際的には中華民国が「中国」とされ日本も台湾と国交があった。ただこの映画はそのような国際問題をテーマにするものではなく、あくまでも裕次郎の恋愛映画だ。彼をめぐって芦川と対立するのが台湾の女優華欣で、生き方について思い悩む人生探求の映画でもある。

ところで日本映画界は六〇年代には東宝が香港と合作したことがあり、日活が台湾の映画会社と合作した『金門島にかける橋』は明らかに大陸中国が台湾の人民を苦しめているがごとき構図なのである。その上、主人公の医師裕次郎があまりにも真面目すぎるヒューマニストであって、こんなに日本人は立派ですよと誇張しているくらいだ。金門島近くの戦闘はラストの方で実に大掛かりなもので、台湾軍協力のもとに撮影されたようだ。つまり台湾側としてもニッポンの大スターが反中国の映画に出てくれることは台湾の正当性をアピールすることになったのである。台湾の女優華欣はアジア系というより肉感的でイタリアンという感じだが、大坂志郎演じる中国人が育ての親である。

裕次郎はかつて東京の病院で朝鮮戦争の負傷兵を治療していたが、その時死んだ兵士のフィアンセが華欣で、船が金門島に停泊したとき彼女を見かけ追いかける。裕次郎に助けられてから、今は金門島で弟（山内賢）と暮らしている華欣は裕次郎が忘れられずにいるし、裕次郎もまた彼女にひかれていく。島には指定ラインを越えて船を撃沈されたとき裕次郎が助けた漁民がいて、彼に好意的だが、この地の長（大坂志郎）はなぜかかたくなな態度である。大陸から追われてこの島に住んでいる大坂は、いつか帰ることを願い、そのために戦わねば二度と「故郷」へは帰れないという思いがある。『金門島にかける橋』はそのことをテーマにしているわけではなく、この島は裕次郎と華欣の愛の舞台である。それにしてもかつての裕次郎と違い暗い印象しかない。それは芦川との別れというか、理解しあえないままの別離への焦燥と長い航海での厭世的な気持ちが裕次郎をこのようにしたのだろう。ここでは裕次郎の親友である記者の二谷英明もまた戦乱の各地を取材し、偶々会うのだが、似たような気持ちであり、彼は人知れず芦川のことを好きであった。

中国との緊張が高まり、華欣は軍人である同胞の青年と結婚するため台北へ来ている。裕次郎も山内の手術をするため台北の病院に来ていたが、そこにどうしても裕次郎が忘れられない芦川が日本から着いたところであった。芦川は裕次郎が本当に華欣を愛していることを知って身を引く決意をする。華欣は式場から逃げ出し裕次郎のもとへ行こうとする。ラストは大掛かりな戦闘シーンで中国の砲撃が続く中、華欣は死んでしまう。彼女を抱いた裕次郎の姿が大海原で小さくなっていくがどうも割りきれない終わり方だ。

『成熟する季節』（一九六四）

一九六三年の芦川の出演作五作品は、他の章で論じたので一九六四年の作品について。この年は六作品に出演、作品数は減ってきているし主演作はないが四作品を書く。『成熟する季節』は「女子高校生」という山本洋の原作から池田一朗と宮内婦貴子が脚本、斎藤武市監督作品であるが、のどかな田舎町の女子高生・和泉雅子が元気ハツラツに生きていく姿を描いたもの。石坂洋次郎を思わせる世界で相手役は浜田光夫の日活青春映画の小品である。「チャオ」というのがいつもの挨拶の明るい和泉は裕福な家の娘で父・下元勉には二号さん（東恵美子）もいるが、母・山岡久乃は事を荒立てない。一方、浜田の家は貧しく母・初井言榮と二人暮らしでバイトに明け暮れている。

二人の通う高校の若い教師が長門裕之と芦川いづみで『美しい暦』（一九六三）と同様の役柄で二人は結ばれることになる。高校三年という進路をそれぞれが決める時期で、和泉は地元のデパートに就職したいと思うが、募集要項によると身長基準に少し足りないというところが、なかなかリアルである。浜田は現実的でコックになって苦労してきた母を少しでも早く楽にさせてやりたいと思っている。モノクロの小品とはいえ地方都市のロケーション（撮影・高村倉太郎）も生かされて、最終的には女性の時代が到来するという予感がある。和泉のことが好きだった浪人生が自殺未遂をおこして新聞沙汰になり職員会議でも問題となるが、長門は和泉の処分は反対で芦川も「私は生徒より、ほんの少し年上で、ほんの少し多くの本を読んでいるだけであり、生徒と同じように悩みを共有するだけです」と長門に共鳴する意を表す。

『成熟する季節』は別段教育問題を考えるような作品ではなく当時の地方都市の平均的な高校生像が描かれている。バイト生活中心の浜田は、芦川先生に憧れていて、その写真をまるで映画スターのプロマイドのように部屋にはっていて、母も並みの器量じゃないねえと言っている。和泉は先のデパートの就職についても体当たりで直に人事部長に会いに行き自分がいかに有能か売りこむなど、古風な母親をしり目にたくましく生きていく。進学するつもりだった親友（有田双美子）は父の会社が倒産して大学を諦めることになりに自暴自棄となったところ出来の悪い連中が誘惑しようとする。学校の記念祭が近づきみんなその準備で忙しくしているが、その劣等生グループが校内の展示を荒らして大騒動となるが、和泉を先頭にした女子グループが彼らを鎮圧する。ラストは長門、芦川を囲んでのクリスマスパーティで、その席で長門は芦川の家に婿養子に入ることを発表する。みんなが庭に出て陽気に踊るシーンが楽しいが、芦川はやや理想化されすぎた器量のよい女教師役だった。

『こんにちは赤ちゃん』（一九六四）

東京オリンピックの年「こんにちは赤ちゃん」という曲が大ヒットし、この映画『こんにちは赤ちゃん』が企画されたと思われる。原作は曲の作詞と作曲の永六輔と中村八大であり、山崎巌、才賀明が脚本、井田探監督作品。芦川いづみは若い母親役かと思いきや、肝心のベビーは恋人の川地民夫の子供で、その母親とはもう別れていて、川地のことが忘れられない芦川が川地の母親が預かっていた赤ん坊を横浜に連れてきたのであった。

『こんにちは赤ちゃん』はこの芦川＝川地ではなく若い和泉雅子と山内賢の映画であり、舞台は横浜に船が寄港したときの定宿カモメホテルで、和泉はそこの娘である。本作はそのホテルを中心に赤ちゃんが絡む人情喜劇である。ここで二十四時間という限定された間に、船員たちの恋のさや当てあり出産騒動あり浮気ありとドタバタコメディのノリであるが、やや凡庸の感はある。本作は森永ミルクがスポンサーであり、提供しているテレビ番組で紹介されるという構成で、吉永小百合がニュースキャスターで特別出演となっているが、彼女は船長（清水将夫）の娘である。

和泉をめぐって山内と杉山俊夫の恋のさや当てがあるが、そこに山内の母（北林谷栄）が嫁候補の娘（有田双美子）を連れてくる。さらに藤村有弘が浮気の相手（久里千春）といるところに、藤村の妻（新井愛子）が突然来て、大慌てとなる。次々とドタバタの喜劇的シチュエーションが展開するが、今一つ活力がない。久里千春なんか、むしろ当時としては早すぎたキャラクターかもしれないが不思議なお色気がある。桂小金治の身重の妻がホ

『鉄火場破り』石原裕次郎、小沢昭一、芦川いづみ

テルへ来るが出航時間になっても生まれないし母体も心配になっている。北林は産婆さんで、なんと出航ぎりぎりで双子が生まれる。ほかには変なガイジンのE・H・エリックが終始和服で登場するなど全体的にまとまりのない映画だが、芦川についていえば、二十五歳で未亡人になった私なんか誰も相手にしてくれないと言っているが相思相愛の川地と結ばれるであろう。永六輔が脚本協力とあって、この群像喜劇には永のセンスが生かされている。

『鉄火場破り』（一九六四）

『鉄火場破り』はこの年の芦川いづみの映画では重要な作品である。映画は明治末から大正時代の博打うち親子の物語で、あまりの凄腕で賭場から締め出されたツボ振りの源（宇野重吉）はある相手との勝負で負けきっぱりと博打をやめ、人力車夫となる。宇野は自分の息子が決して博打うちにならないことを願っていたが、大人になった息子・政二郎（石原裕次郎）は博打の世界で名をあげ「関東政」と呼ばれるほどになっていた。原作（脚本）

甲斐久尊、斎藤武市監督『鉄火場破り』は裕次郎主演の博徒映画で、男と男の世界であり、最後は愛し結婚までした芦川の存在は消えている。ただ作品としてはかなり良くできていて、裕次郎は父との勝負に勝って旅に出る。その息子に父は「相手にしてはいけない男が一人いる、カミソリの竜だ」と告げる。しかしそのカミソリの竜(山茶花究)とは結局親子二代因縁の対決となる。裕次郎は旅に出て、いよいよその名を知られていく。そして旅の途中で、夜汽車の中で出会ったのが、そのカミソリの竜・山茶花であった。裕次郎は山茶花と勝負するが、負けてしまう。後で畳の下に穴があっていかさまであったと知る。

四国に向かう船の中で裕次郎に声をかける者がいて、いつか助けた小沢昭一であった。そのあとも小沢は最後まで裕次郎の子分として仕えていく。四国ではさる組から賭場を預かることになる。そしてある宴席で、芸者の芦川と出会うことになり、彼女のために大金を用意し、借金を返し国に帰れと言う。小沢は裕次郎が芦川を好きだと見抜き、二人が早く所帯を持てるように計らう。だが芦川は賭場に現れ、あの大金を賭けて負けてしまう。二人は結婚することになり、新婚旅行は金毘羅山へ行く。やがて裕次郎の腕がすごすぎて客が去っていく。芦川のところに前の男の名古屋章が来て彼女を連れ出してしまう。芦川がいなくなって、また裕次郎は旅に出る。そんな中で小沢はいかさまがばれて殺される。裕次郎は芦川が東北の漁師町の賭場にいたことを知らされる。そこには芦川が名古屋といた。

『鉄火場破り』は終始勝負が支配する世界である。ここでの芦川は、健気な水揚げされそうな芸者から鉄火肌の博打うちまで演じて、芦川の意外な面を見る思いがする。そして時代的なことでは着物姿や日本髪なのだが、それが大変にあっているのも見どころ。だが、映画の本流には関わらない。『鉄火場破り』は宇野重吉＝石原裕次郎という親子の関係と宿敵山茶花究の対決が大きな柱であり、ラストで裕次郎が祭囃子の中でつぶやくのは、殺された小沢と山茶花の二人の男の名前だ。そして加藤嘉の組と二本柳寛の組の賭場の権利をめぐる対決で、加藤の方は裕次郎を二本柳は山茶花をそれぞれツボ振りとして、決着をつけることになる。勝負という時、宇野が現れこんな大きな勝負を未熟者の息子には任せられないと自らがツボを振る。そして勝ったのは宇野だった。実は山茶花は負けてくれたのだと、宇野は持ってきた匕首で自分の腕を切る。だが、山茶花は負けるためにいかさまはしない、お前はいいせがれを持った……と言ってくれた。その後、二本柳の組の代貸（深江章喜）に山茶花は殺される。翌日の祭りの日に裕次郎は二本柳や深江を呼び出して、皆叩き切る。やはり鉄火場のシーンが息詰まる迫力で、斎藤武市としても出色の一作。

『若草物語』（一九六四）

『若草物語』は四姉妹の物語で、かの「若草物語」（オルコット女史）から題名は頂いているのであろうが、その日本版ではない。本作は四人姉妹の物語で三木克巳脚本、森永健次郎監督。長女・芦川いづみ、次女・浅丘ルリ子、三女・吉永小百合、四女・和泉雅子という当時の日活トップ女優共演の正月映画だが、実質はそれほど華やかな印象はない。芦川は結婚して東京のアパートに住んでいる。そこに妹三人が家出して転がり込んでくる。映画は飛行機が羽田に着くところから始まるのだが、ラストも飛行機のシーンで、これは飛行機に次なる夢や希望を託してのことであろう。なぜ妹たちが大阪の家を飛び出してきたかというと、伊藤雄之助の父親が妻を亡くしてそれほどの日もたってないのに後妻をもらってベタベタしているのに嫌気がさしたということらしい。

芦川のアパートは六〇年代の平均的な住居で、平均的な経済状態の生活を送っている感じだが、夫が内藤武敏、いくら何でも老けすぎじゃないかと言いたいところだ。さていつまでも姉のところで世話をかけるわけにもいかず、浅丘は松屋デパートのカメラ売り場に、吉永は同じ店の男性下着売り場に就職、和泉はバイト生活をして、みんなで下宿生活をする。それぞれに男性が出現するが、森永健次郎監督はアクが強くなくどちらかと言うと凡作という感じである。ある日父が東京に来て、みんなうんざりするが、吉永は大変なお父さんっ子で、彼女だけが父を労わるのである。

当然美しい姉妹であるので男性は近づいてくる。飛行

『若草物語』浅丘ルリ子、吉永小百合、和泉雅子、芦川いづみ

機で一緒だったブルジョアの大学生（和田浩治）から思いを寄せられるのはルリ子であるが、彼女は同郷の浜田光夫が好きなのである。浜田は新聞社のカメラマンで、実は吉永は彼のことが好きでたまらない。本作はこの浜田をめぐってのルリ子と吉永の恋物語で、六〇年代的な風景としてはスキー場で姉妹と和田が再会し、彼の別荘に招待されたりするが、町の様子も高度成長期の活気がある。浜田もルリ子のことが好きなので、振られた格好の吉永には浜田の同僚の杉山俊夫が近づいてくる。元気がいいのは末っ子の和泉で、山内賢のボーイフレンドもできるが若さにあふれている。和田はルリ子に何度もアタックし、ついに両親（清水将夫、高野由美）や妹（田代みどり）にも紹介し自分のフィアンセとして婚約をしたい意向を打ち明ける。だが浜田のことが諦めきれないルリ子は、彼の仕事帰りを待つがやはり仕事を優先する姿に落胆し、結局はセレブ生活に未練があったところもないとは言えず和田と結婚する。和田とルリ子はハネムーンで羽田から出かけるところ、そしてそのころ傷心の浜田は地方に赴任しようと東京駅から出発するところだが、

吉永はそこに駆けつける。間に合わなかった吉永のために芦川と和泉はなけなしのへそくりをカンパし飛行機で浜田を追いかける応援をする。ラストは銀座で長女と四女が歩いていて、芦川は自分が平凡な見合い結婚をしたことに何か不満げなのだが、それでも幸せなマイホームへ戻っていく。当時のまっとうな主婦として生きていくであろう予感を芦川はさりげなく漂わせていた。

『日本列島』（一九六五）

一九六五年は主演作『結婚相談』（中平康監督）はあるが、芦川いづみは出演映画が三作と少ない。熊井啓監督は『帝銀事件　死刑囚』（一九六四）に続く第二作目『日本列島』で注目される。熊井と芦川との相性がいいとは思えないが、なぜ『日本列島』に彼女が出演したかと考えると浅丘ルリ子とか吉永小百合はマッチしないし、地味な女優であれば、そうでなくとも商業映画としては苦しいのでスター級でありながらも、このような社会派の映画に登板できるということで芦川の起用になったと思う。もっとも『青春を返せ』（井田探監督、一九六三）という力作で芦川は孤立無援で冤罪事件を闘う女性を演じ社会派作品での存在感を示した実績はある。『日本列島』は一九六五年のキネマ旬報ベストテン三位という高い評価を得た作品で、熊井の代表作にして骨太な社会派の名作と言われている。

『日本列島』は日本国内には二〇〇をこえる米軍基地があるが、そこで通訳主任をしている宇野重吉が主人公である。ＣＩＤ＝米軍人の犯罪を調べる機関から宇野のところに米軍の曹長が死んだ事件の調査の依頼がくる。その曹長は死体が捜査中にアメリカに運ばれて事件の真相は迷宮入りしていたのだ。当時の米軍基地は（今も？）治外法権の世界で、米国軍人の事件ももみ消しになることが多かった。宇野と行動を共にするのが新聞記者の二谷英明である。横浜での曹長の捜査をしていくうちに様々な過去が疑問を伴って浮かび上がってくる。オンリーであった女性は宇野のかつての教え子であり、実は宇野も北海道で米国軍人に妻を暴行され失っているという暗い過去がある。

芦川いづみは戦争中に特務機関にいて占領時代に偽ド

『日本列島』芦川いづみ

ル製造に関わった男の娘である。そしてその秘密を知るものが次々と殺されていくのであるが、日本においてその捜査は困難を極めているのである。父親は死んだものと思っている芦川に宇野は、お父さんはどこかで生きているだろうと言い、それに彼女は驚きつつも希望を持つ。今は基地近くの小学校の教師をしている芦川だが、その上空を絶えず米軍のジェット機が轟音をたてて飛んでいく。　姫田真佐久のキャメラは仰角でジェット機の姿を撮りモノクロの陰影を強調してアメリカの支配下にある日本の現実をにおわせている。つまり『日本列島』は敗戦後の日本を完全にアメリカの支配下と捉え、「永久敗戦論」ではないが、すべてがアメリカの利益優先で戦後の事件（帝銀、下山、三鷹、松川など）で怪事件というものを米国情報操作の謀略にあるものではないかという熊井史観（？）の映画である。

偽ドルに関わっていた男（佐野浅夫）も殺され、スチュワーデスも殺されるが、容疑者のアメリカ人は本国へ逃亡してしまう。それらについては警察も手の出せないところがあり警視総監（下元勉）も仕方がないだろうという態度で、つまり日本はアメリカのいうことを聞くしかないことが示される。世界情勢的にはアメリカとソ連は冷戦下であり、キューバやベトナムでは危険をはらむ事態や長い戦争が続いていた。戦中はスパイ活動をした軍人で戦後は米国のそして日本の暗部たる勢力のため活動せざるを得なかった芦川の父は、どうやら沖縄にいることがわかる。宇野は沖縄に飛び、やがてその地で芦川の父であろう人物とともに死体として発見される。

無念の中での死は悲劇的かつ絶望的で終わるのかと思いきや、二谷と芦川に作者は希望を託す。国会議事堂の見える喫茶店で芦川は二谷に諦めはしない、どうしたら幸せになれるか教師を続けて考えていきたいと言う。予想に反して『日本列島』は芦川いづみの映画で終わることになる。国会議事堂を背景に長い移動撮影で芦川が歩いていくのがラストシーンである。しかしどうしても熊井啓の映画は芦川にはふさわしくない。それは社会派なら『青春を返せ』の方がずっといいし、宇野重吉はダサイし、熊井はうっとうしいなーという私の思い込みでもあるが……。

『源氏物語』（一九六六）

一九六六年には芦川いづみは十作品に出ているが、精彩を欠く。唯一、井上梅次のヒット作を舛田利雄監督がリメイクした『嵐を呼ぶ男』で前作の北原三枝の役をやったのがよかったくらいか。この年の日活の正月映画は『源氏物語』で芦川いづみは藤壺女御の役である。監督は武智鉄二、うーん日活正月映画にタケチか！　前年の問題作『黒い雪』は日活系で上映された。もともと歌舞伎の人であった武智鉄二センセイが有名になったのは大ヒットした『白日夢』で、これは一九六四年松竹系で上映された。そんなわけでエロでもグロでもヒットすればよいという目論見から武智の登場になったと思うが、ここで日活の大スターの浅丘ルリ子と芦川が出ているが、ご当人たちはどんな気持ちだったのだろうと思う。あの明るい日活撮影所の生み出す世界ではもちろんなかったのだろうが。武智鉄二監督・脚本・製作の『源氏物語』は、原作のダイジェスト版という感じで光源氏（花ノ本寿）の女性遍歴を様式的に描いていく。ただ、武智については映画さえ撮らなければリッパな人と言われるほどで、本作が映画としてどうだ、こうだというものではない。むしろ映画芸術がどうだという以上のふてぶてしさがこの方の持ち味である。

さて芦川は藤壺役にはふさわしいかもしれない。おもいっきりなコスチュームプレイの女御の衣装に化粧であるが、源氏が恋い慕う継母で、しかも子までなしてしまう最愛の女性像は、パターン化した演技であってもどことなく高貴にしてはかない存在は良く出ていた。もう一人のスター浅丘は紫の上である。この時のルリ子さんはまだふっくらしていて美しい。しかし武智『源氏物語』の不可思議きわまりない魅力（と、もし言うならば）は、やはり製作費がある程度かかっているようで、それなりのセットやロケーションを使い、それをうまく編集せずバラバラな感じがかえって面白い。それとほとんどがピンク系独立系の女優が出ているところである。空蟬は松井康子でピンク映画ではスターの人だが、ホウマンな肉体を見せてくれるし軒端荻の紅千登世もピンクの人だろう。美しい夕顔は北条きく子という人。

配役で特筆するのは六条御息所に武智の妻の川口秀子、明石の上に娘の川口小枝ということなのだが、明石の入道の娘で田舎者の強烈なバイタリティを見せる小枝がなかなかいい味を出している。それで全体の中でも明石のところが突出している。頭中将は和田浩治であるが、それ以外に日活の名のある役者は出ていない。源氏の花ノ本寿という人は舞踊界の人で、全体的にマニエリスムとまではいわないが愚作というのでもない。藤壺＝芦川は尼そぎして俗界から離れていく。

『日本任侠伝　血祭り喧嘩状』（一九六六）

『日本任侠伝　血祭り喧嘩状』は、ベテラン舛田利雄監督作品。当時東映任侠映画が大人気であったから、日活でもやくざ物が作られるようになっていた。本作における芦川いづみは女親分であるが、映画のはじめに主人公高橋英樹に般若の面をつけて討ち入りしたところ、面を切られて失明し、顔面に傷をうけてしまう。こういう役も珍しく、映画ではその姿で通している。『日本任侠伝　血祭り喧嘩状』は、さるやくざの組にわらじを脱いだ渡世人の「緋牡丹の銀次郎」の物語で高橋英樹主演である。一宿一飯の義理で殴り込みにきた一家の組長の芦川を切ったのである。高橋はどうやら華族出身というやくざとは無縁の人種であったが、どういう心境かこうして流れ者となっているが、どことなくスマートで品のある感じがする。それで高橋が起用されたのだろうが、この手の映画にありがちな古風な泥臭い体質でない新鮮味がある。

高橋はわらじを脱いだ組で面倒を見てくれた藤竜也と意気投合する。藤は敵方の芦川の妹（和泉雅子）と恋仲であったが、結局組の代貸（玉川伊佐男）に殺される。ただ殺したのは高橋だと芦川、和泉もそして藤の兄で兵隊帰りの宍戸錠も思い込んでいた。女を切ったことからもう刃物を持たないと旅に出た高橋は、途中旅の一座に出会い、彼らと同行する。ある巡業先で、二百三高地の芝居で憲兵たちと宍戸がいざこざを起こし、それをなだめたのが高橋であったが、裏方として彼はもう一年以上この一座と行動を共にしている。それでおかま（野呂圭介）に惚れられたり、若い娘（太田雅子＝梶芽衣子）から思いを寄せられたりしている。芝居の元締めの組長が太田に手を出そうとして危ないところを宍戸と高橋が助けるが、そこで高橋の正体がばれてしまう。宍戸は弟藤を殺したのは高橋と思っているから病んだ体で最後の執念で高橋を殺そうとしている。そこにまた芦川の組の代貸（小高雄二）が現れ、賭場で大負けして高橋と簀巻きにされ殺されるところ、宍戸が来てこいつらは俺が殺すと二人の体を預かっていく。

舛田利雄はいかにも大向こう受けする大衆映画をそつなく作る職人監督のようにみられているが、芦川出演作八作の中でも『完全な遊戯』（一九五八）、『やくざの詩』（一九六〇）など文芸的な秀作もある。『日本任侠伝　血祭り喧嘩状』は舛田の中でも、あるいは任侠映画の中でも異色作と言っていいだろう。高橋は房州の芦川の家を訪ね、その今は盲人となった姿を見る。和泉が敵方の組長（神田隆）から妾になれと迫られているのを助けようとする。それで姉妹は高橋を船の中にかくまってくれる。やがて宍戸と小高そして太田もこの地へやってくる。最後は皆がめでたく本懐を遂げるが高橋はまた旅に出て

『太陽が大好き』芦川いづみ、太田雅子

いく。三橋美智也が主題歌を歌っているが、本作の併映が鈴木清順の『東京流れ者』で、もちろん『日本任侠伝　血祭り喧嘩状』がメインだったが、思えば異色作二本立てだった。芦川にとってもまさに異色の注目作である。

『太陽が大好き』（一九六六）

『太陽が大好き』太田雅子（梶芽衣子）主演作だが、『日本任侠伝　血祭り喧嘩状』にも出演してまだまだ日活入社したばかりの頃か新人とあり、初々しい感じで時代は変わってきていた。『太陽が大好き』の若杉光夫監督は左翼系の人で劇団民藝の演出部にもいたが、後には東宝で山口百恵主演の『風立ちぬ』（一九七六）という作品もある。『太陽が大好き』は炭鉱の労働者たちの家族の話で、やがて廃坑になっていくヤマから、また新しい仕事場を求める労働者が描かれる。

そんなヤマの住宅地に元気のいい女高生がいて、太田雅子が溌溂と演じている。相手役は浜田光夫で学校にもあまり行けず苦しい家計を助けている。芦川いづみは近くの染色工場へ勤める女性で、太田の兄（垂水悟郎）と恋仲である。『太陽が大好き』はネオリアリズム系の映画で、貧しい炭鉱労働者住宅を舞台にやがて失業して次の炭鉱を探すしかない生活を、モノクロのリアルな映像で描いている。それで暗い印象になりがちなのだが、太田が持っているカラッとした自然体の明るさが救いになっている。新人として登場した太田はアイドル性というより新時代の土着性があるのだ。朝、貧しい炭鉱住宅が並ぶ中の共同炊事場で太田がご飯の用意をしている。近くの浜田光夫がまだ寝ているので、彼を起こしどこかで鳴いている鶏を捕まえて栄養源にしようとする。ヤマの労働者は肉体労働が持つたくましさはあるが、不安定な暮らしでもある。ここでは三家族が描かれるが、浜田は父（鈴木瑞穂）が酒浸りの博打狂で何とか自分で生活費を稼いで自立しようとしている。鈴木は金が入ってもすぐ博打で失くしてしまい妻にも去られ、今また別な炭鉱に移るところである。太田の家は父（大森義夫）と兄がいて、兄の垂水はある会社の労働組合の指導者だったが、今は職を失っている。芦川は父（下條正巳）と二人暮らしで会社でも信頼され太田や垂水の良き相談相手になっている。

浜田の生き方に太田は共感し、若い二人は独立心旺盛だが、なかなか周囲の状況が厳しく恋愛感情よりまず金を稼ぐことが優先される。この当時日本はこういった炭鉱の時代が終わりを迎えているが、映画はその鉱山のある土地のロケーションがよく撮られていて、その生活がうかがえる。太田の姉は東京で自殺しているようだし、芦川にも東京での過去があるようである。夜間高校へ通っている太田と早く一人前になりたい浜田は甘いデートより常に労働（バイト）探しをしているが、その貧しい生活のリアリズムがこの映画をある面、形式主義的な左翼映画でない魅力的なものにしている。太田は土地のあらゆるバイトをし、最後にはバイト代のいい水着喫茶で働こうとする。信欣三の経営する会社に勤めている芦川は垂水のことを思いながらも、どこか過去にこだわっているようで、その秘密を知っている男（加地健太郎）がこの町に突然現れる。加地は太田の姉と結婚する予定であったが事件を起こし刑務所にいて、それで女は自殺したということだ。芦川には仕事を世話してくれる羽振りのいい青年が言い寄ってくるが、それを断る。鈴木は浜田の金を盗んで賭場にいたが、そこへ駆けつけた浜田は、その時チンピラを刺してしまう。鈴木は警察で狂ったように叫び息子を助けようとするが、駆けつけた芦川や垂水や太田になだめられるも路上で馬鹿者と自らを責め立てる。その声が留置場の浜田に聞こえてくる。

『太陽が大好き』は当時の日活の労働組合のバックがあるかもしれないが、若杉監督はどちらかと言えば、ストレートに若者の苦悩や労働者の現状を描いている。日活も黄金時代が過ぎてこのような生真面目ともいうべき作品が製作されたのであろう。芦川いづみにとっても日活の変節に何か思うところがあったであろう。本作の併映が『帰ってきた狼』（西村昭五郎監督）というこれも異色作。

『風車のある街』（一九六六）

『風車のある街』は森永健次郎監督作品。芦川いづみの森永作品出演作は『若ノ花物語　土俵の鬼』『美しい暦』『真白き富士の嶺』『若草物語』と本作の五作であるが、森永の映画はモリナガキャラメルのように甘いというか、深いテーマ性よりふんわりとしたオブラートに包んでいる感じで、あえて評価すると型破りではなく安定した正攻法のエンターテイメントを作ることである。『風車のある街』は吉永小百合の主演で、芦川はわき役というか年上で姉的存在として主人公を大いに助ける役。カテゴリーとしては「姉」の章に入れてもいいのだが。

『風車のある街』は長崎に行く車中から始まる。東京で洋裁店を営みデザイナーであるおばあちゃん（北林谷栄）と里帰りする吉永は、浜田光夫と隣り合わせになる。酒のみの祖母は浜田を気に入るが吉永はどうも彼が気に食わない。長崎には両親（鈴木瑞穂、新井麗子）や弟がいてしばらく滞在するが、祭りの日にまた浜田と再会する。吉永は東京で保母をしており、学生時代からの付き合いでブルジョア階級の青年（平田大三郎）とほぼ結婚する予定である。保育所に近くの工事現場から変な青年がうろついているとの連絡が入る。その青年が長崎で会った浜田で吉永が長崎の祭りで落とした父のプレゼントの万年筆を渡そうとして保育所へ来たのであった。彼は干拓事業に夢を持つ青年である。不審者と思われていた浜田への誤解が解けて吉永が詫びようとするころ、浜田は高熱を出して自室で苦しんでいた。その彼を看病するうちに吉永には恋心が生まれるのである。ただ貿易商の子息の平田は好青年であり人格的にも申し分ない人物で、婚約するところまでになっている。

吉永が平田と食事しているところで登場するのが高校の先輩である芦川で、ＫＬＭオランダ航空のスチュワーデスをしているが、その制服姿は様になるというか、もともと理知的な人であるからホンモノにさえ見える。本作の最大の売りどころがオランダロケをしているところで、六〇年代にこれくらい多くヨーロッパの地を見せるのは、それだけでかなりアピールしただろう。そんな意味では『風車のある街』は観光映画でもある。

さて浜田は自分の夢である干拓工事を学ぶためにアムステルダムの工科大学へ留学する。それで吉永も論文が認められてミュンヘンでの保育学会へ参加することになり、その足で浜田のいるアムステルダムへ行くのである。ここでアテンドしてくれるのが芦川で浜田の下宿先であるペンションへ連れてきてくれる。映画の後半はイーストマンカラーで撮られたオランダが舞台となる。アムステルダムの運河に囲まれた美しい街並みやチーズで有名なコーダの市場など、いろいろな名所は当時の観客の目を楽しませたであろう。吉永が来てくれて嬉しい浜田は自分の部屋を提供し、二人はデートを重ねる。吉永はいよいよ浜田に親しみを加えるのだが、そんな時に出張でヨーロッパに来た平田がやってくる。浜田はそのことで結局は自分と吉永はしょせん違う世界の人間と思い別れていく。吉永と平田は浜田のいる干拓工事現場を見にいくが、その帰途自動車事故に遭い、平田は負傷する。現地の病院で何とか治療を受け退院し、帰国することになるが、芦川が乗務している機に搭乗する直前、吉永は浜田のもとへ行く行動に出る。

『風車のある街』は一人の平凡な女性が真の愛に目覚めていく映画であった。ただ、この決意にしても祖母北林の速達がきっかけであるし、芦川に比べるとまだまだ自立しているとは思えない。平田は機内で返された指輪をながめているが、果たしてどちらの男性と結ばれた方がよかったのかサユリさん！　芦川はヨーロッパの風景に溶け込んで適役だった。

『夜のバラを消せ』（一九六六）

『夜のバラを消せ』は日活色というか裕次郎映画のムードも感じられない首をかしげたくなるような作品だ。もちろん石原裕次郎全盛期は過ぎているし、日活の映画も斜陽の時を迎えているが、舛田利雄という実力派の監督であっても駄作に近いものである。スポーツカーを乗り回す裕次郎はかっこいいしジゴロ的に女にもてる役に設定されている。だから年増も若い女も彼に近づくのだが、どうやら政界、財界の黒幕を相手にしている。そしてその指示を出しているのが政財界のフィクサー東野英治郎であり、孤児であった裕次郎を東野は育てて今は用心棒にしている。

そして芦川いづみであるが、彼女も裕次郎と同じような境遇で東野に拾われて今はおとなしく仕えているだけの、愛人なのか使用人なのか、とにかくみじめな役である。そして『夜のバラを消せ』の芦川は裕次郎と恋愛関係にあるわけでもないし存在感がないのである。これは外部よりの「新スター」由美かおるがヒロインとなっているからである。『夜のバラを消せ』が正調（？）日活映画からずれているのは多分由美の存在ゆえである。まだ十五、六歳であった西野バレエ団の彼女は、とにかく当時はすごい人気で、それは若さとセクシーな肢体で、木作でも黒いバレエ着に網タイツという定番的なセクシー路線で思いっきりアピールしている（余談であるが、同世代の私としては、同じバレエ団では奈美悦子派であった）。

裕次郎は恩義のある東野のために政敵たちと闘ってきたが、実は東野こそ香港の麻薬ルートを独占しようとする悪人と知り反逆する。裕次郎に危険が迫った時、芦川は東野を刺殺し自分も殺されてしまう。なんとも最後まで芦川が存在を示せないのが残念。由美かおるファンにとってはまた違う感想かもしれないが、『夜のバラを消せ』はあまりに安手の商業主義で、それゆえにテレビドラマ的なスケール感しか持ちえないどうしようもない映画だ。

『愛と死の記録』（一九六六）

『愛と死の記録』は、大ヒットした吉永小百合＝浜田光夫コンビの難病映画『愛と死をみつめて』（斎藤武市監督、一九六四）にあやかってつけられたタイトルかと思うが、蔵原惟繕監督の原爆病青年の映画で、渡哲也と吉永小百合主演の広島が舞台の作品。蔵原としてはいつもの山田信夫の脚本、間宮義雄の撮影ではなく、脚本は大橋喜一、小林吉男、撮影は姫田真佐久で蔵原調ではない（？）と思いつつも愛と死の記録のその「記録」の意味するところを作者は映像としたかったのだろう。

渡は印刷会社の職工で、吉永はレコード店の売り子である。ここには一九六六年の時代がきっちりと刻印され、ヒロシマのピカを描くのではなく反原水爆を訴えるのでもなく、この時代の広島の風景を伝えるだけで、これに大きい意味がある。そしてそれが逆説的には『この世界の片隅に』（片渕須直監督、二〇一六）のように本当の原爆映画でもある。渡と吉永はある偶然から知り合いつきあうようになり愛しあうが、ここは吉永作品定番の純愛路線である。芦川いづみは重要な役であるが、出演のシーンは終盤にわずかだけである。吉永がチャイコフスキーの「悲愴」のレコードを隣のお姉さんである芦川に届けるというシーンが前半にあるが登場しない。吉永の兄（垂水悟郎）は芦川のことが好きだったのだが、被爆者であることから彼女のことはあきらめたようだ。

吉永の家族はその兄と母（三崎千恵子）兄嫁（鏑木はるな）と弟だが質素な暮らしぶりである。渡は印刷会社を経営する佐野浅夫がどうやら父親代わりで、同僚の中尾彬と住み込みで暮らしている。中尾の彼女が吉永の勤める店の浜川智子で、そろって男のバイクでダブルデートを楽しむ。ここらは地味ではあるがこの時代の若々しい青春像が描かれている。ただ渡の言動にややパセティックな硬い表情があるのは、自分の体が幼い日の被爆から白血病となり実は三年前にも入院し、いつまた再発するかを恐れていたからである。それを知っている佐野は渡が吉永と結婚したいと言うことには複雑な思いがあった。広島ロケも多く姫田のキャメラも悲運を予感させる雰囲気を伝えるし、印刷工場、レコード店という仕事の現場のリアリティには蔵原の持つシャープな映像感覚も見られるが、かといってこれが傑作とも思えないのは他の蔵原作品と比べてしまうということと、どうしても難病モノのカテゴリーを抜け出していないからだ。

吉永にとっては、その後の「ヒロシマ」についてのメッセージを発信する原体験になったかと思うが、自らも被爆者である医師滝沢修が「今は人類が核の脅威にさらされているのです」と言うのもやや形式的と思える。さてわずかな出演の芦川は吉永とレコードを聴きながら生き続ける意味を語り、ラスト吉永が自死したとき、初めて顔のケロイドを見せることになる。本作は舟木一夫主演の『絶唱』（西河克己監督）と併映されたので番組としては大ヒットだったのだろう。

『不敵なあいつ』（一九六六）

小林旭は歌うスターでもあって『ギターを持った渡り鳥』（斎藤武市監督、一九五九）をはじめ一世を風靡した。『不敵なあいつ』は小林旭が拳銃の名手でありギター片手に流しをやっている。アキラは劇中何曲かを披露し町から町へと流れ歩いている。その相棒が東京ぼん太で、当時は「まあいろいろあらあナァ〜」とか変なギャグで人気だった。

『不敵なあいつ』は甲斐久尊、石森史郎脚本、西村昭五郎監督。西村は『競輪上人行状記』（一九六三）でデビューし、やがて日活がロマンポルノになってからは、そのトップバッターとして活躍した。「あいつ」というのはアキラのシリーズ物で四作品あるが、次の年には斎藤武市が『不死身なあいつ』を撮っていて相手役は浅丘ルリ子である。

『不敵なあいつ』の芦川いづみはバーのママの役で、地元の実力者（神田隆）の愛人という大人の女を演じる。映画はアキラと仲の良い弟分の藤竜也が組織を脱けようとして殺されてしまい、アキラは戦争孤児だった彼を育ててくれた恩人の組長（内田朝雄）のもとを去る。

そしてアキラは流れ着いた街で宿なしのところ、佐野浅夫のレストラン兼ホテルを居場所とする。佐野の娘（北川めぐみ）もアキラに好意を示している。しかしこの一帯は神田の組のシマであり、高いショバ代に皆が苦しんでいる。神田の組の者が佐野の店にも来るが、アキラが助けに入るとどうやらこいつは名のあるやくざ者だとナリを潜めて退散する。アキラはやくざの世界から足を洗いたいが、どうも周りの状況からそうはいかないのである。芦川は過去のある訳アリの女であるが、今はバーのママとしてクールで色っぽい。とはいえこの映画全体がよい意味でも悪い意味でもマンガっぽいというか劇画的なので、芦川のキャラクターも何かそういうところから抜け出してきたイメージなのである。アキラとぼん太のコンビにしても、コミカルで何曲も歌うサービスはあるものの、正統的（?）やくざ映画のノリではない。ぼん太にはお針子の彼女がいたが、神田の組の者に実写エロ映画に出されていて悲観して自殺してしまう。

芦川はアキラとどこかに一緒に逃げてほしいと哀願するが、それもならずやがて神田の手で殺されてしまう。『不敵なあいつ』は二つの組と対決するアキラがその組長をかたづけてまた旅に出ていく。この年の芦川は、本人にふさわしくない役も多かったのではないかと思う。

『私は泣かない』（一九六六）

感動の名作と言っていいのが『私は泣かない』である。吉田憲二監督は芦川いづみの最後の映画『孤島の太陽』（一九六八）の監督であり、『私は泣かない』は吉田監督のデビュー作（脚本、石森史郎、吉田憲二）である。作品数も多くなく恵まれた人とは思えないが、重い病気を抱えつつ生きる人を描いた良心作ばかりを作った人のようだ。その『私は泣かない』を当時高校生の私は（三重県）松阪日活で見ているが、新人監督の作品でもあり評判になっていたのだろう。

芦川いづみは肢体不自由児養護学校の先生で大変理想化された役ではある。『私は泣かない』は和泉雅子主演で、彼女が非行少女であり身体障害者の少年と出会う物語だが、よくありがちな非行少女の更生物や難病克服物のパターンを脱して普遍的なヒューマニズム映画として素直にみられるものである。冒頭は新宿の雑踏で万引きして補導される和泉をドキュメンタルに捉えている。当時はこういうタッチがある面流行だったようだが、姫田真佐久の撮影でモノクロのキャメラが決まっている。和泉は

『私は泣かない』芦川いづみ、和泉雅子

女子少年院で過ごした後、保護観察期ということで弁護士の北村和夫の家に預けられる。家庭の味を知らない和泉は妻に死別し身障者の男の子がいる北村の家庭に住み始める。そこには北村の姪とお手伝いさんがいて、男の子は別のところだという。和泉はこの家にも人にも打ち解けず、洋裁学校へしぶしぶ行くがヤマネコのように反抗的だ。かつての男（市村博）を訪ねてもう別な女と住んでいた。

そんなある日、昔なじみの山内賢に出会う。彼は建設現場で働いていて和泉の思い人ではあるが、本筋には関係ない感じである。その日帰ると車いすで全身に装具をつけた少年に出会う。反抗的な少年は北村の息子（市川久伸）で、ポリオであり自分で歩くことができない。養護学校にいたがそこにも溶け込めず家にいるのである。

『私は泣かない』は和泉とその少年の成長物語であるが、こう書いてしまうときれいごとの感動作をそれらしく描くのではと思いがちだが、和泉の感情の起伏のある演技や少年の表情は、半世紀以上たった今でもリアリティを持つ。芦川はこの少年の通う養護学校の先生でモラリストであり、その誠実さがあまりにも理想化されすぎだが、これは適役である。「カタワで一人立ちできない子に無理に歩行訓練させるな」という和泉の言葉を芦川先生は、しっかり受け止めて和泉本人も教育していく。

和泉と少年は次第に心を通わすようになり、ある日、公園で補助輪のついた自転車の練習をしていると松葉杖の男と出会い、競争することになる。少年は新しい体験に大喜びするが、その夜高熱を出して、連れ出した和泉はみんなに白い目で見られる。和泉は夜を徹して少年を看病しやがて元気に恢復する。

『私は泣かない』は最後に社会問題として障害者の対策について言及する。それはある事件とその裁判を通じて多くの人に考えてほしいという作者の願いであろう。障害を持つ息子を殺した父（下條正巳）の一件は、その罪の軽重について大きな関心を呼ぶ。芦川は父親の減刑運動を校内でも強く主張し、和泉も「そういうの罪を憎んで人を憎まずっていうんだろう」と運動の中心となる。その父の裁判が行われることになるが、北村はその弁護人になることをためらう。これに対して和泉は彼を非難し、北村は改めて自分にも息子にも向き合おうと弁護を引き受ける。この裁判がラストのハイライトなのだが、いかにも社会通念を振りかざす検事（鈴木瑞穂）の弁に対して、感情的にもなるほどの北村の答弁が聞き入れられ、下條は軽い罪となった。これについては賛否両論と思うが、映画は父を許すことになっている。もっとも彼は息子の墓前で自殺してしまったが……。

最後に少年が自力で歩くシーンが感動的である。北村は和泉にずっと家にいてほしいというが彼女はきっぱりと工場に勤めると少年と決別する。芦川は脳性麻痺の自分の子供が生まれてすぐ亡くなったこと、今また子供が生まれようとしていることを和泉に話し、これもまた彼女に人が生きるということの何たるかを知らしめることになる。真面目な映画であるが、教条的な面白くない作品ではない。助監督に三浦朗の名も見えるが、日活も斜陽の中で、テーマも社会性も娯楽性もある作品を作っていた。

一九六七年は芦川いづみにとっては中平康の『喜劇

『赤木圭一郎は生きている　激流に生きる男』芦川いづみ、赤木圭一郎

大風呂敷』にしても盛時の面影がなく後の二本がゲスト出演という感じなので実質はあまり活動しない年であった。この年は鈴木清順監督の『殺しの烙印』が堀久作日活社長の逆鱗に触れ翌年の清順日活解雇につながるのだが、それはあまり関係ないだろう。

『赤木圭一郎は生きている　激流に生きる男』（一九六七）

赤木圭一郎、愛称トニー。一九五九年『拳銃0号』（山崎徳次郎監督）でデビュー。一九六一年日活撮影所内でゴー・カートの事故により意識不明のまま入院（二月十四日）同二十一日死去、享年二十一歳。『激流に生きる男』（野村孝監督）撮影中であった。「還ってきた海の皇子」（渡辺和衛著、赤木圭一郎をしのぶ会編集、白夜書房、一九七七年）に芦川いづみは次の一文を寄せている。〝赤木さんと初めて共演した『清水の暴れん坊』からあの『激流を生きる男』まで、私がご一緒にお仕事をしたのは四本でした。お仕事を通じて知っている赤木さんの印象は、大変真面目な、演技に対して熱心な方だったと思います。勿論、俳優であれば当然の事と思いますが、赤木さんの場合は身体ごとぶつかって行くような、そんな迫力がありました。共演していて、私はその激しい情熱に負けそうな気がしたものです。赤木さんの魅力は、野性と知性をかねそなえた、あのどこか日本人離れのした男性的な風貌にあると思います。殊に私は、哀愁にみちた、澄んだ瞳にひかれました。いつも遠くを見つめているような赤木さんの彫の深い横顔が、今でも私の脳裏にやきついています。〃

『赤木圭一郎は生きている　激流に生きる男』は、赤木の死後六年になる一九六七年に未完だった『激流に生きる男』を中心に、赤木を偲ぶメモリアルとして作られたものである（吉田憲二監修）。芦川いづみはその遺作の相手役であったから46分という中篇であるが、本人自身が登場する重要な作品である。映画は街頭や劇場、喫茶店、レコード店などで「赤木圭一郎」についてインタビューするところから始まり、当時はまだ赤木圭一郎について鮮明に憶えている人が多い。未完の『激流に生きる男』を試写室で関係者が見ている。野村監督の横に着物姿の芦川がいるが、これは映画で着ていたものではないだろうか。「本当に映画俳優として生まれてきたような人」とトニーを絶賛している。山本陽子や伊藤るり子の顔も見える。引用される作品は『大学の暴れん坊』（古川卓巳監督、一九五九）『拳銃無頼帖　抜き射ちの竜』（野口博志監督、一九六〇）『電光石火の男』（野口博志監督、一九六〇）『霧笛が俺を呼んでいる』（山崎徳次郎監督、一九六〇）などで、後半は『激流に生きる男』という構成である。『激流に生きる男』は赤木が亡くなった翌一九六二年に同じ野村孝監督によって、主人公竜太郎を高橋英樹が演じて映画化されている。脚本が山崎巌、野村孝、吉田憲二で、吉田は助監督でもある。そんなことからこの『赤木圭一郎は生きている　激流に生きる男』の監修に吉田が当たっているのだろう。なおナレーターは波多野憲である。

『激流に生きる男』は外国航路に乗る予定のトニーが出航が遅れて、たまたま知り合ったスナックのママ芦川を助けバーテンダーをして周りにいる悪党（内田良平）らを追い払う。芦川は小さい子供を育てていて着物姿も多い楚々とした役。本作は撮影途中で中止となったわけだが、芦川が赤木と共演した他の三作である『ゆがんだ月』（松尾昭典監督、一九五九）『清水の暴れん坊』（松尾昭典監督、一九五九）『大学の暴れん坊』（古川卓巳監督、一九五九）と比べて共演シーンが多かったので、その点も悔やまれる。赤木は短かった日活在籍中に二十五本の映画に出演したが、裕次郎、アキラ、ジョーなどのアクション映画路線の一角を築き、さらに日活映画の魅力を高めたであろうと思うと残念である。日活そして日本映画がまだ黄金時代であった時にまるで映画のように消えていったスター赤木圭一郎は生きている。そして芦川いづみも……。

『君は恋人』（一九六七）

『君は恋人』は浜田光夫の再起を祝うメタフィクション映画で、日活俳優陣が総出演しているわけだが、これはどのような経緯で作られたのだろう。浜田は何かのトラブルで事件となり右眼の大ケガをする惨事になった後、一年四か月ぶりの映画出演ということである。水の江滝子プロデューサーは当時の若手人気歌手を集められるだけ集めて歌わせており、それが作品とどう結びつくかわからないままに映画作りの裏側、つまり監督として石原裕次郎が、シナリオライターとして渡哲也が出てきて演出したりストーリーを捻りなおしたりするので、ますます混乱している。吉永小百合は浜田のあこがれのヒトという斎藤武市監督の映画が『君は恋人』。

芦川いづみは後半に浜田が担ぎ込まれる病院の看護婦役で、少しだけの友情出演である。映画の舞台は新宿歌舞伎町で、やくざ組織のチンピラとして生きている歌のうまい青年浜田が更生して歌手になるまでをムリヤリつぎはぎした「怪作」。テレビのバラエティショーのノリでもある珍作だけに貴重な面もある。浜田はやくざの中でいい顔になって派手な暮らしがしたいと、母（清川虹子）が止めても聞かない。浜田の相手役がとんかつ屋の娘（和泉雅子）で彼のことを思い、その歌の才能を信じて音楽プロデューサー（葉山良二）に売り込んでいる。浜田は林家こん平とやくざの周辺をうろついているが、そこに旧友の舟木一夫が現れて突然歌いだす。また話が暗くなりそうだとシナリオライターの渡に書き替えてくれとザ・スパイダースが騒ぎ始める。さらには克美しげる、荒木一郎、ジャニーズ、黛ジュンが出てきて歌うが、人気者を集めればファンが集まるという読みであろうが、無理に集めているのがミエミエ。それで映画も内＝外が併走して、あえて好意的に見ればロバート・アルトマン的というか集団性の脱構築型と思えんこともないが……。

さらに日活のスターも続々と友情出演するので、それが再起する浜田光夫へのエールではあるのだが、こういう形でなくてもよかったのではと思う。歌手のトリが坂本九で、「九ちゃん」というテレビ番組に浜田が出て、そのままを使っているようだ。今見ても当時のヒット曲が脈絡なく流れて、それが映画界の衰退をかえって証明している。浜田はその後も「青春映画」に出演したが、日活の映画も時代の流れをうけて変化していって、残念ながら昔日のようなわけにはいかなくなっていた。それでも『君は恋人』を見ると日活という会社は若々しく、あんまり上下関係にこだわらず仲良く仕事ができる社風だったと想像できる。芦川いづみに関しては、この一九六七年という年は、ほとんど休息期であった。

『青春怪談』より

第三部
芦川いづみフィルモグラフィ

各作品の記載は次の通りである。

公開年（西暦―和暦）
『映画タイトル』
会社　モノクロ or カラー　上映時間　封切り日
【スタッフ】原作・脚本・監督・撮影・美術・音楽
【出演】役名＝出演者
芦川いづみ＝役名（役柄）
【解説】（当時の批評から）

1953―昭和28年

1『東京マダムと大阪夫人』

松竹大船　モノクロ　96分　10月7日封切

【スタッフ】原作＝藤沢桓夫　脚本＝富田義朗　監督＝川島雄三　撮影＝高村倉太郎　美術＝逆井清一郎　音楽＝木下忠司

【出演】東京マダム・美枝子＝月丘夢路　大阪夫人・房江＝水原眞知子　伊東光雄＝三橋達也　西川隆吉＝大坂志郎　星島百々子＝北原三枝　田村八郎＝高橋貞二　丹下忠一＝坂本武　秋元課長＝多々良純　課長夫人＝丹下キヨ子　春本夫人＝高橋豊子

芦川いづみ（SKD）＝丹下康子（東京マダム月丘の妹）

【解説】芦川いづみは一九五三年、ファッション・ショーに出演中、川島監督の目に留まり本作で映画デビューする。「細君たちの競争をうむ誤算にすぎないはずの弟妹―令嬢の三角関係が特に後半部で大きな比重を占め、ほとんどメロドラマ調まで転嫁しかねないあたりが、この作品の難点だったようである」（池川八郎）

1954―昭和29年

2『蛮から社員』

松竹大船　モノクロ　93分　1月3日封切

【スタッフ】原作＝林二九太　脚本＝椎名利夫　監督＝堀内真直　撮影＝厚田雄春　美術＝平高主計　音楽＝奥村一

【出演】西村浩一＝鶴田浩二　浩一の母・米子＝吉川満子　安井光子＝淡島千景　安井社長＝多々良純　安井夫人＝高橋

豊子
芦川いづみ＝理美（踊り子、多々良純がひいきにする娘）

3『若き日は悲し』

松竹大船　モノクロ　97分　9月29日封切
【スタッフ】 脚本＝岩間鶴夫、中村定郎　監督＝岩間鶴夫　撮影＝井上晴二　美術＝梅田千代夫　音楽＝万城目正
【出演】 園田一郎＝石浜朗　園田恵子＝美空ひばり　天野正二＝山田真二　恵子の父＝徳大寺伸　正二の父＝斎藤達雄　正二の母＝沢村貞子　正二の祖母＝東山千栄子
芦川いづみ＝トミ子（青年団若草会のとんちゃん）

1955―昭和30年

4『青春怪談』

日活　モノクロ　115分　4月19日封切
【スタッフ】 原作＝獅子文六　脚本＝和田夏十　監督＝市川崑　撮影＝峰重義　美術＝中村公彦　音楽＝黛敏郎
【出演】 奥村鉄也＝山村聰　奥村千春＝北原三枝　宇都宮慎一＝三橋達也　宇都宮蝶子＝轟夕起子　船越トミ＝山根寿子　芸者・筆駒＝嵯峨三智子　奥村敬也＝千田是也
芦川いづみ＝藤谷新子（シンデ、北原を慕う少女）
【解説】「日活と新東宝の『青春怪談』の競作は、脚本も監督も出演者も日活版が新東宝版にまさること数等である。千春（北原三枝）とシンデ（芦川いづみ）の関係など、エス程度にとどめ同性愛めいたいやらしさに堕すことを極力避けており、また千春が女性であるかという問題も、新東宝版のようにエゲツない会話を氾濫させず軽くさばいている」（双葉十三郎）

5『春の夜の出来事』

日活　モノクロ　93分　6月14日封切
【スタッフ】 原作＝尾崎浩　脚本＝河夢吉（西河克己）、中平康　監督＝西河克己　撮影＝姫田真佐久　美術＝西亥一郎　音楽＝黛敏郎
【出演】 大内郷太郎＝若原雅夫　二宮真一＝三島耕　執事・吉岡＝伊藤雄之助　女中頭・まつ＝東山千栄子　石神夫人＝宮城千賀子　二宮の母＝夏川静江　源さん＝左卜全
芦川いづみ＝大内百合子（社長若原の令嬢）

6『七つボタン』
日活　モノクロ　107分　7月12日封切
【スタッフ】 脚本＝古川卓巳、五島福江　監督＝古川卓巳　撮影＝横山実　美術＝高田一郎　音楽＝斎藤一郎
【出演】 足立上曹＝三國連太郎　南麗子＝新珠三千代　吉武一＝長門裕之　少年院・院長＝東野英治郎　香川一曹＝安部徹　大川大尉＝三橋達也
芦川いづみ＝田中みどり（予科練生長門の恋人）

7『大岡政談　第一話　人肌蝙蝠』
日活　モノクロ　83分　8月16日封切
【スタッフ】 原作＝陣出達朗　脚本＝八尋不二　監督＝野口博志　撮影＝永塚一栄　美術＝坂口武玄　音楽＝仁木他喜雄
【出演】 大岡越前守＝坂東好太郎　八助＝多々良純　善吉＝安井昌二　高田周兵衛＝安部徹　小松直之進＝長門裕之
芦川いづみ＝おみつ（長門の妹で共に親の仇を探す）

8『沙羅の花の峠』
日活　モノクロ　113分　10月11日封切
【スタッフ】 原作＝三好十郎　脚本＝山村聰　監督＝山村聰　撮影＝中尾駿一郎　美術＝高田一郎　音楽＝土肥泰
【出演】 榊原軍之進＝山村聰　竹中俊子＝南田洋子　野口三郎＝宍戸錠　清二＝牧眞介　おろく婆＝東山千栄子　部落会長＝浜村淳
芦川いづみ＝岡本房子（女学生）

9『未成年』
日活　モノクロ　107分　10月18日封切
【スタッフ】 脚本＝井上梅次　監督＝井上梅次　撮影＝間宮義雄　美術＝中村公彦　音楽＝大森盛太郎
【出演】 野村啓一＝長門裕之　啓一の母＝清川虹子　美智子＝日高澄子　五郎＝安部徹　戸塚刑事＝伊藤雄之助
芦川いづみ＝京子（貧しい花売り娘）

10『続警察日記』
日活　モノクロ　119分　11月16日封切
【スタッフ】 原作＝伊藤永之介　脚本＝井手俊郎　監督＝久松静児　撮影＝姫田真佐久　美術＝木村威夫　音楽＝伊福部昭

【出演】神成係長＝伊藤雄之助　田代刑事＝大坂志郎　若山巡査＝三島耕　柴田キサ＝新珠三千代　岩熊署長＝三島雅夫　消防団長＝殿山泰司　町会議員＝市村俊幸

芦川いづみ＝桃子(派出所の小遣いさん)

1956―昭和31年

11『ジャズ・オン・パレード1956年　裏町のお転婆娘』

日活　モノクロ　92分　1月3日封切

【スタッフ】脚本＝吉田広介　監督＝井上梅次　撮影＝間宮義雄　美術＝木村威夫　音楽＝多忠修

【出演】エミイ＝江利チエミ　浩介＝長門裕之　寛＝フランキー堺　秀一＝岡田真澄　ルリ子＝浅丘ルリ子　大山庄之進＝菅井一郎　岩下久兵衛＝森川信

芦川いづみ＝ユリ子・恵美子(菅井の孫娘)

12『風船』

日活　モノクロ　110分　2月19日

【スタッフ】原作＝大佛次郎　脚本＝川島雄三、今村昌平　監督＝川島雄三　撮影＝高村倉太郎　美術＝中村公彦　音楽＝黛敏郎

【出演】村上春樹＝森雅之　村上圭吉＝三橋達也　三木原ミキ子＝北原三枝　山名久美子＝新珠三千代　阿蘇るい子＝左幸子　村上房子＝高野由美　都築正隆＝二本柳寛

芦川いづみ＝村上珠子(森の娘)

【解説】「モラルを喪失した戦後日本人の真実を追求した大佛次郎の新聞小説から、川島雄三、今村昌平の脚色した作品。シナリオも演出も圭吉をめぐる二人の女と、ミキ子を操る都築に比重がおかれすぎている」(近田千造)

13『死の十字路』

日活　モノクロ　101分　3月14日封切

【スタッフ】原作＝江戸川乱歩　脚本＝渡辺剣次　監督＝井上梅次　撮影＝伊藤武夫　美術＝中村公彦　音楽＝佐藤勝

【出演】伊勢省吾＝三國連太郎　沖晴美＝新珠三千代　相馬良介、南圭吾＝大坂志郎(二役)　真下幸彦＝三島耕　田中倉三＝沢村國太郎　花田警部＝安部徹

芦川いづみ＝相馬芳江(被害者の大坂の妹)

14『東京の人』前篇
日活　モノクロ　72分　4月4日封切
【スタッフ】 原作＝川端康成　脚本＝田中澄江、寺田信義、西河克己　監督＝西河克己　撮影＝横山実　美術＝松山崇　音楽＝池田雅之
【出演】 白井敬子＝月丘夢路　小林みね子＝新珠三千代　白井朝子＝左幸子　田部昭男＝葉山良二　白井清＝青山恭二　島木俊三＝滝沢修
芦川いづみ＝島木弓子（滝沢の娘）

『東京の人』後篇
日活　モノクロ　54分　4月4日封切　前篇と同時公開
スタッフ、キャスト前篇と同じ
【解説】「キャストも日活の女優陣を総動員したカタチで、それぞれの女のかなしさを表現しようとつとめ、新珠三千代や芦川いづみはマスクのせいもあり、それらしい感じは出している」（近田千造）

15『黒帯有情　花と嵐』
日活　モノクロ　93分　4月25日封切
【スタッフ】 原作・脚本＝松浦健郎　監督＝滝沢英輔　撮影＝峰重義　美術＝小池一美　音楽＝鈴木静一
【出演】 壇駿介＝葉山良二　牟礼三九郎＝安井昌二　海棠龍三郎＝水島道太郎　お駒＝日高澄子　陳香桃＝利根はる恵　河井源将＝小杉勇　安濃利五郎＝滝沢修
芦川いづみ＝恵子（葉山の恋人）

16『ドラムと恋と夢』
日活　カラー　55分　5月17日封切
【スタッフ】 脚本＝待田京介　監督＝吉村廉　撮影＝間宮義雄　美術＝木村威夫　音楽＝松井八郎
【出演】 フラ公＝フランキー堺　待子＝中原早苗　スマイルの親父＝菅井一郎　（特別出演）三橋達也、北原三枝、岡田真澄、水の江滝子
芦川いづみ＝看護婦

17『名寄岩　涙の敢斗賞』

日活　モノクロ　90分　6月7日封切

【スタッフ】原作＝池波正太郎　脚本＝棚田吾郎　監督＝小杉勇　撮影＝永塚一栄　美術＝小池一美　音楽＝小杉太一郎

【出演】岩壁静男＝名寄岩　岩壁千枝子＝高田敏江　岩壁初枝＝山根寿子　木暮文彦＝滝沢修　（特別出演）元横綱双葉山、元横綱羽黒山

芦川いづみ＝木暮真砂子（特別出演）

18『火の鳥』

日活　モノクロ　99分　6月14日封切

【スタッフ】原作＝伊藤整　脚本＝猪俣勝人、井上梅次　監督＝井上梅次　撮影＝岩佐一泉　美術＝中村公彦　音楽＝佐藤勝

【出演】生島エミ＝月丘夢路　徳さん＝大坂志郎　長沼敬一＝仲代達矢　牧田和子＝中原早苗　（特別出演）杉山泰＝三橋達也　（友情出演）北原三枝、長門裕之

芦川いづみ＝女優・芦川いづみ（友情出演）

19『しあわせはどこに』

日活　モノクロ　80分　7月19日封切

【スタッフ】原作＝小糸のぶ　脚本＝池田一朗、西河克己　監督＝西河克己　撮影＝横山実　美術＝坂口武玄　音楽＝池田雅之

【出演】松尾吾郎＝葉山良二　志村徹夫＝宍戸錠　亀井紀代子＝堀恭子　伯父・省吉＝殿山泰司　伯母・かね＝北林谷栄　矢沢慎太郎＝二本柳寛　母・文代＝山根寿子

芦川いづみ＝橋爪淳子（山根の娘）

【解説】「小糸のぶ原作で、芦川いづみの演ずるヒロインがたどる哀歓の人生航路を描くオセンチな少女向きのメロドラマ。可憐な芦川いづみには適役であるが、タイプだけに頼ったら演技者としての成長を妨げるだろう」（佐藤勝治）

20『洲崎パラダイス　赤信号』

日活　モノクロ　81分　7月31日封切

【スタッフ】原作＝芝木好子　脚本＝井手俊郎、寺田信義　監督＝川島雄三　撮影＝髙村倉太郎　美術＝中村公彦　音楽＝真鍋理一郎

【出演】蔦江＝新珠三千代　義治＝三橋達也　お徳＝轟夕起子　三吉＝小沢昭一　落合＝河津清三郎　傳七＝植村謙二郎　信夫＝牧眞介

芦川いづみ＝玉子（蕎麦屋の店員）

21『最後の戦斗機』

日活　モノクロ　90分　10月17日封切

【スタッフ】原作＝谷本敏雄　脚本＝川瀬治、佐治乾、大塚道夫　監督＝野口博志　撮影＝永塚一栄　美術＝松山崇　音楽＝牧野由多可

【出演】白井中尉＝葉山良二　遠藤中尉＝大坂志郎　清水二飛曹＝牧眞介　関根少佐＝西村晃　双葉参謀＝植村謙二郎　あき子＝渡辺美佐子

芦川いづみ＝真山則子（葉山の恋人）

22『乳母車』

日活　モノクロ　110分　11月14日封切

【スタッフ】原作＝石坂洋次郎　脚本＝澤村勉　監督＝田坂具隆　撮影＝伊佐山三郎　美術＝木村威夫　音楽＝斎藤一郎

【出演】相沢宗雄＝石原裕次郎　相沢とも子＝新珠三千代　桑原たま子＝山根寿子　桑原次郎＝宇野重吉　川又計介＝青山恭二　金田さち子＝中原早苗

芦川いづみ＝桑原ゆみ子（宇野・山根の娘）

23『人間魚雷出撃す』

日活　モノクロ　85分　12月27日封切

【スタッフ】脚本＝古川卓巳　監督＝古川卓巳　撮影＝横山実　美術＝小池一美　音楽＝小杉太一郎

【出演】橋爪艦長＝森雅之　柿田中尉＝葉山良二　黒崎中尉＝石原裕次郎　今西一曹＝長門裕之　今西の弟＝津川雅彦　参謀＝内藤武敏

芦川いづみ＝黒崎洋子（裕次郎の妹）

24『若ノ花物語　土俵の鬼』

日活　モノクロ　83分　12月27日封切

【スタッフ】原作＝菊島隆三　脚本＝松下東雄　監督＝森永健次郎　撮影＝山崎安一郎　美術＝西亥一郎　音楽＝古賀政男

【出演】若ノ花＝若ノ花勝治　若ノ花の妻・香代子＝北原三

枝　若ノ花（青年時）＝青山恭二　若ノ花の父＝沢村國太郎　花籠親方＝坂東好太郎

１９５７―昭和32年

25『お転婆三人姉妹　踊る太陽』

日活　カラー　79分　1月3日封切

【スタッフ】脚本＝井上梅次　監督＝井上梅次　撮影＝岩佐一泉　美術＝松山崇　音楽＝多忠修

【出演】春子＝ペギー葉山　秋子＝浅丘ルリ子　滝冬子＝轟夕起子　公仁夫＝フランキー堺　大助＝石原裕次郎　鉄夫＝岡田真澄　轟先生＝安部徹

芦川いづみ＝滝夏子（轟夕起子の娘、三人姉妹の次女）

26『哀愁の園』

日活　モノクロ　80分　1月9日封切

【スタッフ】原作＝大林清　脚本＝若杉光夫、青山民雄　監督＝吉村廉　撮影＝中尾利太郎　美術＝西亥一郎　音楽＝利根一郎

【出演】津村みゆき＝南田洋子　速水達也＝葉山良二　江口沙江子＝渡辺美佐子　みゆきの父＝清水将夫　中山権助＝内藤武敏　松本＝天本英世

芦川いづみ＝長谷川梨花（牧場の娘）

27『孤獨の人』

日活　モノクロ　82分　1月15日封切

【スタッフ】原作＝藤島泰輔　脚本＝中沢信　監督＝西河克己　撮影＝高村倉太郎　美術＝松山崇　音楽＝斎藤高順

【出演】東大路朋子＝月丘夢路　千谷吉彦＝津川雅彦　京極直輔＝青山恭二　徳大寺侍従＝大坂志郎　大夫＝坂東好太郎　岩瀬徹＝小林旭　鳥羽頼子＝稲垣美穂子

芦川いづみ＝淳子

【解説】「構図の中心は空白。だが、その空白の近くに位置を持つことによって御学友たちは毎日が日本全体の注目にさらされている。有産階級の子供たちの風俗描写としては成功しているのだが、大衆映画の当然の任務として主人公たちに観念の共感をよびさますことには成功していない」（鶴見俊輔）

28『無法一代』
日活　モノクロ　102分　3月20日封切
【スタッフ】原作＝西口克己　脚本＝八住利雄　監督＝滝沢英輔　撮影＝横山実　美術＝松山崇　音楽＝佐藤勝
【出演】鰐口貫太＝三橋達也　お銀＝新珠三千代　お銀の叔父＝宇野重吉　虎吉＝清水将夫　徳屋久作＝殿山泰司　南達＝沢村國太郎
芦川いづみ＝石崎キクノ（菊奴）

29『「男対男」より　命も恋も』
日活　モノクロ　79分　5月15日封切
【スタッフ】原作＝宮本旅人　脚本＝井田探　監督＝小杉勇　撮影＝永塚一栄　美術＝小池一美　音楽＝小杉太一郎
【出演】伴大二郎＝葉山良二　貴志多美子＝香月美奈子　荒巻竜軒＝河野秋武　お千＝利根はる恵　バクダン松＝小林重四郎　荒巻竜太＝植村謙二郎
芦川いづみ＝神崎あい（葉山の恋人）

30『幕末太陽傳』
日活　モノクロ　110分　7月14日封切
【スタッフ】脚本＝田中啓一（山内久）、川島雄三、今村昌平　監督＝川島雄三　撮影＝髙村倉太郎　美術＝中村公彦、千葉一彦　音楽＝黛敏郎
【出演】居残り佐平次＝フランキー堺　おそめ＝左幸子　こはる＝南田洋子　高杉晋作＝石原裕次郎　杢兵衛大尽＝市村俊幸　貸本屋金造＝小沢昭一　仏壇屋倉造＝殿山泰司　志藤聞多＝二谷英明　久坂玄端＝小林旭　徳三郎＝梅野泰靖
芦川いづみ＝おひさ（相模屋の女中）
【解説】「おひさと徳三郎を舟にのせ送るくだりで『若旦那、魂を入れかえてやっとくんなさいよ、決して人を信用しねえように』という佐平次の一言のごときは、まったくこの一篇の性格を端的に表現している。こうして日本で一番おくれていた喜劇も、こうした作者の出現で充実していくように思われる」（飯田心美）

31『白い夏』

日活　モノクロ　91分　7月23日封切

【スタッフ】原作＝新田次郎　脚本＝寺田信義、斎藤武市　監督＝斎藤武市　撮影＝藤岡粂信　美術＝坂口武玄　音楽＝斎藤高順

【出演】伊野澄男＝青山恭二　よし＝中原早苗　玉奴＝高友子　久札＝近藤宏　花山浩一＝相原巨典　早船＝西村晃　きく＝坪内美詠子

芦川いづみ＝麗子（郵便局の娘）

32『誘惑』

日活　モノクロ　91分　9月22日封切

【スタッフ】原作＝伊藤整　脚本＝大橋参吉　監督＝中平康　撮影＝山崎善弘　美術＝松山崇　音楽＝黛敏郎

【出演】杉本秀子＝左幸子　桜木光子＝中原早苗　竹山順子＝渡辺美佐子　園谷コト子＝轟夕起子　松山小平＝葉山良二　田所草平＝安井昌二　杉本省吉＝千田是也　土方竜＝長岡輝子

芦川いづみ＝松山章子、三谷栄子（母栄子＝千田の初恋の人とその娘章子の二役）

33『江戸の小鼠たち』

日活　モノクロ　98分　10月15日封切

【スタッフ】原作＝村上元三　脚本＝棚田吾郎　監督＝冬島泰三　撮影＝姫田真佐久　美術＝西亥一郎　音楽＝渡辺浦人

【出演】次郎吉＝津川雅彦　池田格三郎＝長門裕之　加田三七＝坂東好太郎　島屋吉兵衛＝沢村國太郎　重右衛門＝植村謙二郎

芦川いづみ＝おきん（茶屋の娘）

34『嵐を呼ぶ男』

日活　カラー　100分　12月28日封切

【スタッフ】原作＝井上梅次　脚本＝井上梅次、西島大　監督＝井上梅次　撮影＝岩佐一泉　美術＝中村公彦　音楽＝大森盛太郎

【出演】国分正一＝石原裕次郎　福島美弥子＝北原三枝　国分英次＝青山恭二　メリー・丘＝白木マリ　福島慎介＝岡田真澄　左京徹＝金子信雄　チャーリー・桜田＝笈田敏夫

芦川いづみ＝島みどり

1958—昭和33年

35『佳人』

日活　モノクロ　106分　2月5日封切

【スタッフ】原作＝藤井重夫　脚本＝棚田吾郎　監督＝滝沢英輔　撮影＝髙村倉太郎　美術＝松山崇　音楽＝斎藤一郎

【出演】しげる＝葉山良二　太刀雄＝金子信雄　麟＝牧眞介　竹中＝下條正巳　つぶらの母＝村瀬幸子　時江＝渡辺美佐子　つぶらの父＝宇野重吉

芦川いづみ＝つぶら

36『陽のあたる坂道』

日活　モノクロ　209分　4月15日封切

【スタッフ】原作＝石坂洋次郎　脚本＝田坂具隆、池田一朗　監督＝田坂具隆　撮影＝伊佐山三郎　美術＝木村威夫　音楽＝佐藤勝

【出演】田代信次＝石原裕次郎　倉本たか子＝北原三枝　高木民夫＝川地民夫　田代雄吉＝小高雄二　高木トミ子＝山根寿子　田代玉吉＝千田是也　田代みどり＝轟夕起子　塩沢博士＝小杉勇

芦川いづみ＝田代くみ子（千田、轟の娘）

【解説】「彼女（轟）と義理の息子（石原）との間に生まれるあまり肉親的でない深い信頼、これがこの映画のもう一つの主題である。二十年にわたって複雑な関係にあった二つの家族系列を、一つの愉快な感情のかよいあう関係にかえてゆく」（鶴見俊輔）

37『美しい庵主さん』

日活　モノクロ　93分　5月6日封切

【スタッフ】原作＝有吉佐和子　脚本＝窪田篤人、西河克己　監督＝西河克己　撮影＝姫田真佐久　美術＝小池一美　音楽＝池田正義

【出演】安杉昭夫＝小林旭　増井悦子＝浅丘ルリ子　昌光尼＝東山千栄子　智道尼＝七尾伶子　大竹屋の息子＝小沢昭一　大きい男＝千葉信夫　栄勝尼＝高橋とよ

芦川いづみ＝昌妙尼

【解説】「尼さん側から描いた方がむしろしめくくりがつけや

すかったのではないか。浅丘はますます横すべりの危険さを感じさせるが、芦川は対照的に努力型の着実さを見せはじめた」(押川義行)

38『知と愛の出発』

日活　カラー　90分　6月17日封切

【スタッフ】原作＝中村八朗　脚本＝植草圭之助　監督＝斎藤武市　撮影＝姫田真佐久　美術＝大鶴泰弘　音楽＝鏑木創

【出演】南条靖＝川地民夫　津川洋子＝中原早苗　三樹＝小高雄二　河野恵美＝白木マリ　綾部健司＝宇野重吉

芦川いづみ＝綾部桃子(川地の恋人)

39『銀座の沙漠』

日活　モノクロ　91分　9月15日封切

【スタッフ】原作＝柴田錬三郎　脚本＝高岩肇　監督＝阿部豊　撮影＝岩佐一泉　美術＝坂口武玄　音楽＝河辺公一

【出演】繁田三郎＝長門裕之　楠梨花＝南田洋子　丸角＝大坂志郎　聖人＝柳永二郎　庄司＝金子信雄　山内＝小高雄二　由美＝白木マリ

芦川いづみ＝加納礼子

40『夜の狼』

日活　モノクロ　89分　10月8日封切

【スタッフ】原作＝下村明　脚本＝阿部桂一　監督＝牛原陽一　撮影＝伊佐山三郎　美術＝佐谷晃能　音楽＝小杉太一郎

【出演】月田圭介＝葉山良二　三輪貴子＝白木マリ　白鳥奈緒美＝楠侑子　井関鉄兵＝小沢昭一　鳳竜太郎＝芦田伸介　宗田医師＝宇野重吉

芦川いづみ＝早瀬勝美(葉山の恋人)

41『完全な遊戯』

日活　モノクロ　93分　11月11日封切

【スタッフ】原作＝石原慎太郎　脚本＝白坂依志夫　監督＝舛田利雄　撮影＝横山実　美術＝坂口武玄　音楽＝真鍋理一郎

【出演】大木壮二＝小林旭　松居鉄太郎＝葉山良二　富田和＝岡田真澄　戸田＝梅野泰靖　モンシェリのママ＝白木マリ　源造＝大森義夫　沖津＝武藤章生

芦川いづみ＝松居京子(葉山の妹)

【解説】「京子を誘拐してからは、映倫への遠慮もあってか、ひどく精彩を欠く。きびしい批判精神が裏付けされていないので、およそ後味の悪い作品におわった」(小倉心美)

42『紅の翼』

日活　カラー　93分　12月28日封切

【スタッフ】原作＝菊村到　脚本＝中平康、松尾昭典　監督＝中平康　撮影＝山崎善弘　美術＝松山崇　音楽＝佐藤勝

【出演】石田康二＝石原裕次郎　長沼弓江＝中原早苗　大橋一夫＝二谷英明　安藤幸宏＝小沢昭一　水谷鉄司＝西村晃　佐々木忠弘＝芦田伸介　加田良蔵＝安部徹　沖山百合子＝清水まゆみ　長沼平＝滝沢修

芦川いづみ＝石田しのぶ(裕次郎の妹)

【解説】「空中撮影は凝ったものだし、負傷した操縦士が機体を大破しながら着陸するあたりの中平康演出のうまさは相変わらずだ。この僅か数秒という場面には40カットも費やしているという。大型映画はカット数が減少するのが通例だが、この監督はワイドなるゆえ逆に倍ふやすべきだという。そんな試みに才人らしいよさがある」(小管春生)

1959―昭和34年

43『若い川の流れ』

日活　モノクロ　126分　1月15日封切

【スタッフ】原作＝石坂洋次郎　脚本＝池田一朗、田坂具隆　監督＝田坂具隆　撮影＝伊佐山三郎　美術＝木村威夫　音楽＝佐藤勝

【出演】曾根健助＝石原裕次郎　北岡みさ子＝北原三枝　室井敬三＝小高雄二　北岡安男＝川地民夫　川崎きくえ＝山根寿子　曾根とみ子＝轟夕起子　曾根正吉＝東野英治郎　川崎大三＝千田是也

芦川いづみ＝川崎ふさこ(千田、山根の娘)

【解説】「石坂洋次郎一流の素直さを逆手にしたユーモアが随所で笑いを誘う。田坂具隆演出は例によりゆうゆうたるタッチで風格がある。しかし、二時間五分はいかにも長くエンエンと続く娘の誕生日パーティー場面は一方ならずモタれる。そこにもある真実がないとはいわないが、熱烈な恋愛結婚をして申し分のない家庭を持ちながら、一人の女は守り切れぬ

という専務をはじめ満ち足りた人々のなんの屈託もない話に妙にわびしさが残る。一かけらでも何か〝生きる〟ことの切なさがほしいもの……」(小管春生)

44『祈るひと』

日活　モノクロ　97分　2月11日封切

【スタッフ】原作＝田宮虎彦　脚本＝三木克巳　監督＝滝沢英輔　撮影＝横山実　美術＝松山崇　音楽＝佐藤勝

【出演】三沢吉枝＝月丘夢路　三沢恭介＝下元勉　庫木申一郎＝金子信雄　蓮池弘志＝小高雄二　赤木秀夫＝沢本忠雄　三沢浩介＝信欣三　三沢たか子＝東恵美子

芦川いづみ＝三沢暁子(月丘の娘)

45『東京の孤独』

日活　モノクロ　105分　5月12日封切

【スタッフ】原作＝井上友一郎　脚本＝松浦健郎、井上梅次　監督＝井上梅次　撮影＝髙村倉太郎　美術＝中村公彦　音楽＝大森盛太郎

【出演】猿丸真二郎＝小林旭　黒柳平介＝宍戸錠　小松梢＝清水まゆみ　大貫哲也＝大坂志郎　哲也の妻・薫＝月丘夢路　(特別出演)小西得郎

芦川いづみ＝大貫登世子(大坂の妹)

46『その壁を砕け』

日活　モノクロ　100分　6月23日封切

【スタッフ】脚本＝新藤兼人　監督＝中平康　撮影＝姫田真佐久　美術＝千葉一彦　音楽＝伊福部昭

【出演】渡辺三郎＝小高雄二　森山竜夫＝長門裕之　咲子＝渡辺美佐子　警察署長＝清水将夫　鮫島卓次＝芦田伸介　刑事部長＝西村晃

芦川いづみ＝道田とし江(小高のフィアンセ)

47『ゆがんだ月』

日活　モノクロ　88分　7月28日封切

【スタッフ】原作＝菊村到　脚本＝山崎巌　監督＝松尾昭典　撮影＝姫田真佐久　美術＝千葉一彦　音楽＝伊福部昭

【出演】桂木正夫＝長門裕之　江田奈津子＝南田洋子　木元明、木元宏明＝大坂志郎(二役)　立石純平＝梅野泰靖　由良

＝神山繁　早川＝赤木圭一郎

芦川いづみ＝米田文枝

【解説】「松尾昭典の演出は、簡潔な画面処理でバックの風景を生かして男の内面心理をある程度描いた点など、かなり進歩のあとが見える」(小倉真美)

48『男なら夢をみろ』

日活　カラー　89分　8月9日封切

【スタッフ】 脚本＝池田一朗、小川英　監督＝牛原陽一　撮影＝横山実　美術＝木村威夫　音楽＝佐藤勝

【出演】 木島夏雄＝石原裕次郎　高石健太郎＝葉山良二　小谷三郎＝川地民夫　安城リエ＝清水まゆみ　小野寺幸一＝滝沢修　笹塚刑事＝三島雅夫　横地＝垂水悟郎

芦川いづみ＝小野寺由紀

49『風のある道』

日活　モノクロ　89分　9月13日封切

【スタッフ】 原作＝川端康成　脚本＝矢代誠一、山内亮一、西河克己　監督＝西河克己　撮影＝伊佐山三郎　美術＝佐谷晃能　音楽＝池田正義

【出演】 竹島恵子＝北原三枝　竹島千加子＝清水まゆみ　小林甚吉＝葉山良二　矢田光介＝小高雄二　真山英夫＝岡田真澄　近藤先生＝信欣三　真山夫人＝細川ちか子　竹島宮子＝山根寿子　竹島高秋＝大坂志郎

芦川いづみ＝竹島直子(大坂・山根の次女)

【解説】「私が演じる直子という女性は、おとなしい半面、結婚に当たってはあらゆる障害を乗り切って自分の道を選ぶという強いところをもった人です。それだけにむずかしい役です。直子は二十三才、私にとってははじめて成長した女性の役なので、いままでになかった新しい演技の面を開拓できるのではないかと思っています」(芦川いづみ)

50『清水の暴れん坊』

日活　カラー　86分　9月27日封切

【スタッフ】 原案＝呉正恭　脚本＝山田信夫、松尾昭典　監督＝松尾昭典　撮影＝横山実　美術＝松山崇　音楽＝二宮久男

【出演】 石松俊雄＝石原裕次郎　児島美紀＝北原三枝　戸川健司＝赤木圭一郎　船越＝金子信雄　児島仙之助＝清水将夫

栗原取締官＝内藤武敏
芦川いづみ＝戸川令子（赤木の姉）

51『硫黄島』

日活　モノクロ　88分　10月21日封切
【スタッフ】 原作＝菊村到　脚本＝八住利雄　監督＝宇野重吉　撮影＝井上莞　美術＝木村威夫　音楽＝斎藤一郎
【出演】 片桐正俊＝大坂志郎　武村均＝小高雄二　木谷＝佐野浅夫　管理人の妻＝渡辺美佐子　三井兵曹長＝芦田伸介　牧山＝小沢栄太郎
芦川いづみ＝森看護婦

52『大学の暴れん坊』

日活　モノクロ　80分　11月18日封切
【スタッフ】 原案＝城戸禮　脚本＝高岩肇、古川卓巳　監督＝古川卓巳　撮影＝伊佐山三郎　美術＝木村威夫　音楽＝小杉太一郎
【出演】 田口喬＝葉山良二　竜崎三四郎＝赤木圭一郎　三原圭子＝白木マリ　須藤美也子＝稲垣美穂子　小沢＝藤村有弘　佐久間竹次郎＝二本柳寛　人見謙作＝梅野泰靖
芦川いづみ＝人見千恵子（梅野の妹）

53『男が命を賭ける時』

日活　カラー　86分　12月27日封切
【スタッフ】 原作＝菊村到　脚本＝山田信夫、松尾昭典　監督＝松尾昭典　撮影＝岩佐一泉　美術＝千葉一彦　音楽＝鏑木創
【出演】 小室丈太郎＝石原裕次郎　谷口雅夫＝川地民夫　手納順一＝二谷英明　神沢悠子＝南田洋子　図師刑事＝大坂志郎　渡引重吉＝近藤宏　トヨペットの男＝内田良平
芦川いづみ＝谷口圭子

1960―昭和35年

54『やくざの詩』

日活　カラー　88分　1月31日封切
【スタッフ】 脚本＝山田信夫　監督＝舛田利雄　撮影＝藤岡粂信　美術＝佐谷晃能　音楽＝中村八大

【出演】滝口哲也＝小林旭　北野由美＝南田洋子　藤本透＝和田浩治　水町義雄＝金子信雄　相川一郎＝二谷英明　相川次郎＝垂水悟郎

芦川いづみ＝水町道子

55『学生野郎と娘たち』

日活　モノクロ　91分　2月21日封切

【スタッフ】原作＝曾野綾子　脚本＝山内久　監督＝中平康　撮影＝山崎善弘　美術＝松山崇　音楽＝黛俊郎

【出演】山本＝長門裕之　ノエミ＝中原早苗　由枝＝清水まゆみ　吉野＝岡田真澄　奥山＝伊藤孝雄　真木＝仲谷昇　長岡＝清水将夫　靖夫＝波多野憲

芦川いづみ＝晃子（伊藤の恋人）

【解説】「バーでアルバイトをしている潔癖症の芦川いづみは、ドラ息子に犯されてコールガールになるが、この飛躍が世代の飛躍とつながらずドラ息子と無理心中をとげるに至っては戯画化の調子を急にシリアスにした中平康の演出の誤算と共に拭い難い失策である」（小倉真美）

56『あじさいの歌』

日活　カラー　106分　4月2日封切

【スタッフ】原作＝石坂洋次郎　脚本＝池田一朗　監督＝滝沢英輔　撮影＝横山実　美術＝松山崇　音楽＝斉藤高順

【出演】河田藤助＝石原裕次郎　島村のり子＝中原早苗　長沢いく子＝轟夕起子　藤村義一郎＝大坂志郎　水村元子＝北林谷栄　水村勇造＝殿山泰司　島村幸吉＝小高雄二　倉田源十郎＝東野英治郎

芦川いづみ＝倉田けい子（東野の娘）

【解説】「原作は石坂洋次郎で、古い世代と新しい世代との善意の交流を通して、人生や家庭や男女問題の機微にふれ、例によって人生読本的な味を出している。夫婦別れの原因などにドラマとしての陰影もあり、ホームドラマとしては異色のものになっている。裕次郎、芦川も適役で、滝沢英輔演出も好調だ」（小管春生）

57『青年の樹』

日活　カラー　88分　4月29日封切

【スタッフ】原作＝石原慎太郎　脚本＝山田信夫　監督＝舛

田利雄　撮影＝山崎善弘　美術＝松山崇　音楽＝黛敏郎
【出演】和久武馬＝石原裕次郎　山形香世＝北原三枝　和久達之助＝芦田伸介　須藤雅之＝小高雄二　中野雪子＝笹森礼子　桜井＝清水将夫　総長＝滝沢修
芦川いづみ＝山形明子

58『霧笛が俺を呼んでいる』
日活　カラー　80分　7月9日封切
【スタッフ】脚本＝熊井啓　監督＝山崎徳次郎　撮影＝姫田真佐久　美術＝木村威夫　音楽＝山本直純
【出演】杉敬一＝赤木圭一郎　浜崎守雄＝葉山良二　森本＝西村晃　ゆき子＝吉永小百合　渡辺＝内田良平　柳田＝二本柳寛
芦川いづみ＝美也子

59『喧嘩太郎』
日活　カラー　88分　8月10日封切
【スタッフ】原作＝源氏鶏太　脚本＝松浦健郎　監督＝舛田利雄　撮影＝山崎善弘　美術＝坂口武玄　音楽＝真鍋理一郎
【出演】宇野太郎＝石原裕次郎　万弥＝白木マリ　岩下秀子＝中原早苗　三村刑事＝二谷英明　大竹部長＝芦田伸介　岩下隆介＝三津田健　北浦課長＝東野英治郎
芦川いづみ＝深沢雪江（婦人警官）

60『一匹狼』
日活　モノクロ　86分　8月29日封切
【スタッフ】脚本＝滝口速太　監督＝牛原陽一　撮影＝峰重義　美術＝大鶴泰弘　音楽＝松村禎三
【出演】律村昭二＝小高雄二　ナオミ＝南田洋子　村川鉄夫＝沢本忠雄　萩野英夫＝二谷英明　大沢＝二本柳寛
芦川いづみ＝田辺和子

61『あした晴れるか』
日活　カラー　91分　10月26日封切
【スタッフ】原作＝菊村到　脚本＝池田一朗、中平康　監督＝中平康　撮影＝岩佐一泉　美術＝松山崇　音楽＝黛敏郎
【出演】三杉耕平＝石原裕次郎　矢巻しのぶ＝渡辺美佐子　梶原セツ子＝中原早苗　梶原清作＝東野英治郎　宮下満＝三

島雅夫　板倉茂夫＝藤村有弘
芦川いづみ＝矢巻みはる（フィルム会社社員）
【解説】「とくにメガネ女史の方が大熱演すればするほど妙に可笑しいのである。どうもデコレーションがすぎているのである」（淀川長治）

62『コルトが背中を狙ってる』
日活　モノクロ　78分　12月21日封切
【スタッフ】 原作＝川内康範　脚本＝川内康範、大野康豊　監督＝古川卓巳　撮影＝峰重義　美術＝中村公彦　音楽＝小杉太一郎
【出演】 河上譲司＝葉山良二　中山五郎＝小高雄二　河上栄子＝中川姿子　彩玉＝楠侑子　谷源次郎＝安部徹　劉堯徳＝西村晃
芦川いづみ＝野原千里

1961―昭和36年

63『街から街へつむじ風』
日活　カラー　77分　1月14日封切
【スタッフ】 脚本＝山崎巌、山田信夫　監督＝松尾昭典　撮影＝岩佐一泉　美術＝松山崇　音楽＝鏑木創
【出演】 正木晋一＝石原裕次郎　徳山冴子＝中原早苗　田村庄二＝小高雄二　坂崎＝大坂志郎　田村院長＝東野英治郎　徳山社長＝清水将夫　和尚＝宇野重吉
芦川いづみ＝北山美樹子（看護婦）

64『無鉄砲大将』
日活　カラー　82分　4月16日封切
【スタッフ】 脚本＝松浦健郎、中西隆三　監督＝鈴木清順　撮影＝永塚一栄　美術＝松井敏行　音楽＝鏑木創
【出演】 海津英次＝和田浩治　森野＝佐川ミツオ　堀本京子＝清水まゆみ　秋江＝山岡久乃　津山＝菅井一郎　五郎＝葉山良二
芦川いづみ＝津山雪代

65『ろくでなし野郎』

日活　カラー　77分　5月13日封切

【スタッフ】原案＝野口泰彦　脚本＝星川清司　監督＝松尾昭典　撮影＝山崎善弘　美術＝中村公彦　音楽＝鏑木創

【出演】佐伯権太郎＝二谷英明　井上夏枝＝中原早苗　鶴木圭吾＝長門裕之　鉄＝郷鍈二　倉本＝芦田伸介

芦川いづみ＝黒田マキ

66『散弾銃（ショットガン）の男』

日活　カラー　84分　6月4日封切

【スタッフ】原案＝陶山智　構成＝松浦健郎　脚本＝松浦健郎、石井喜一　監督＝鈴木清順　撮影＝峰重義　美術＝佐谷晃能　音楽＝池田正義

【出演】渡良次＝二谷英明　ジープの政＝小高雄二　春江＝南田洋子　奥村＝高原駿雄　勝＝郷鍈二　黒沼＝佐野浅夫　寅＝野呂圭介

芦川いづみ＝奥村節子（高原の妹）

67『いのちの朝』

日活　モノクロ　69分　7月1日封切

【スタッフ】原作＝武者小路実篤　脚本＝須藤勝人　監督＝阿部豊　撮影＝峰重義　美術＝横尾嘉良　音楽＝斎藤高順

【出演】吉元小次郎＝宇野重吉　村野勇彦＝清水将夫　小田春子＝小園蓉子　吉元純子＝高野由美　小田新二＝佐野浅夫　梅野竜之介＝大森義夫

芦川いづみ＝吉元冬子（画家宇野の娘）

【解説】「大した筋のある話ではないが、人生を価値多く生きようとする人々の生活がこころよい旋律を生み出している。清らかでつつましく心あたたかな芦川のヒロインぶりが実にいい。彼女の資質に負うところの多い一篇ともいえる」（小菅春生）

68『あいつと私』

日活　カラー　１０５分　9月10日封切

【スタッフ】原作＝石坂洋次郎　脚本＝池田一朗、中平康　監督＝中平康　撮影＝山崎善弘　美術＝松山崇　音楽＝黛敏郎

【出演】黒川三郎＝石原裕次郎　野溝あさ子＝中原早苗　加

山さと子＝笹森礼子　モトコ・桜井＝轟夕起子　黒川甲吉＝宮口精二　阿川正男＝滝沢修　松本みち子＝渡辺美佐子　浅田ゆみ子＝吉永小百合　浅田たえ子＝酒井和歌子

芦川いづみ＝浅田けい子（浅田家四姉妹の長女、裕次郎の学友）

【解説】「近頃、笑劇を喜劇と潜称する低俗作が横行しているが、この映画は喜劇的要素をふんだんに孕んだ知的明朗篇として、面白く愉快に見ることができた」（北川冬彦）

69『堂堂たる人生』

日活　カラー　96分　10月22日封切

【スタッフ】原作＝源氏鶏太　脚本＝池田一朗　監督＝牛原陽一　撮影＝髙村倉太郎　美術＝坂口武玄　音楽＝小杉太一郎

【出演】中部周平＝石原裕次郎　紺屋小助＝長門裕之　弘子＝中原早苗　竜吉＝桂小金治　達子＝清川虹子　老田玩具社長＝宇野重吉　竹平雄吉＝藤村有弘　原大作＝東野英治郎

芦川いづみ＝石岡いさみ（玩具会社の社員、桂、清川の娘）

70『アラブの嵐』

日活　カラー　91分　12月24日封切

【スタッフ】脚本＝山田信夫、中平康　監督＝中平康　撮影＝山崎善弘　美術＝松山崇　音楽＝黛敏郎

【出演】宗方真太郎＝石原裕次郎　中川考次＝小高雄二　木村＝葉山良二　黒水専務＝三津田健　山本重役＝浜田寅彦　ライラ＝シャディア

芦川いづみ＝白鳥ゆり子

【解説】「いま僕はカイロ市内から汽車で十二時間離れたルクソールにいます。相変わらず撮影は大変ですが、みんな元気です。芦川いづみさんなんかは、あんまり食べ過ぎて太っちゃうんじゃないかと心配しているくらいです」（石原裕次郎）

1962—昭和37年

71『男と男の生きる街』

日活　カラー　94分　1月14日封切

【スタッフ】脚本＝熊井啓、舛田利雄　監督＝舛田利雄　撮

影＝山崎善弘　美術＝松山崇　音楽＝伊部晴美
【出演】岩崎捷夫＝石原裕次郎　岩崎恵美＝南田洋子　千野冴子＝渡辺美佐子　坂口＝大坂志郎　北川始＝加藤武　松丸＝平田大三郎　社会部部長＝二本柳寛
芦川いづみ＝朝倉和枝

72『気まぐれ渡世』
日活　カラー　90分　2月18日封切
【スタッフ】脚本＝若井基成、西河克己　監督＝西河克己　撮影＝岩佐一泉　美術＝佐谷晃能　音楽＝池田正義
【出演】白坂譲次＝宍戸錠　日高刑事＝藤村有弘　井沢麻子＝香月美奈子　鷲尾俊太郎＝内田良平　宮永課長＝加藤武　青山三佐＝加原武門
芦川いづみ＝スール・マリー蕗子（修道女）
【解説】「まずは及第のでき。錠作品としては上の部だろう。孤児の赤ん坊を中にして、これまた孤児の美しい修道女（芦川いづみ）と知りあうといったぐあいの話の作り方も悪くない」（小菅春生）

73『青年の椅子』
日活　カラー　93分　4月8日封切
【スタッフ】原作＝源氏鶏太　脚本＝松浦健郎　監督＝西河克己　撮影＝岩佐一泉　美術＝佐谷晃能　音楽＝池田正義
【出演】高坂虎彦＝石原裕次郎　矢部美沙子＝水谷良重　湯浅＝宇野重吉　常務＝芦田伸介　大崎＝藤村有弘　菱山＝滝沢修　畑田＝東野英治郎
芦川いづみ＝伊関十三子（裕次郎の同僚）
【解説】「こうした状況にあっても裕次郎はいぜんとして日活の大スターでなければならぬことである。こうした重要な岐路に立たされた裕次郎にとって、彼を厳しく演技者として仕込んだ田坂具隆監督のような人材を失ったことは惜しまれるわけだ」（市川沖）
「明るい雰囲気は一応画面ににじみ出ており、西河克己演出もテキパキと話を処理して肩のこらないおもしろ味を盛りあげている。裕次郎のサラリーマンものでは、いちばん出来のいい作品であろう。ありふれた筋立て、定石通りの人物設定でも、作り方しだいでは、こんな風に見られる映画になるという好例だ。芦川いづみが裕次郎の相手役だ」（深沢哲也）

74『青い街の狼（ブルータウン）』

日活　カラー　80分　5月13日封切

【スタッフ】原作＝山村正夫　脚本＝小川英　監督＝古川卓巳　撮影＝伊佐山三郎　美術＝小池一美　音楽＝佐藤勝

【出演】神永五郎＝二谷英明　サリー＝楠侑子　矢代大作＝藤村有弘　秀南白＝二本柳寛　指令者＝垂水悟郎　三沢＝高品格　ダニー＝チコ・ローランド

芦川いづみ＝緑川弓子

75『憎いあンちくしょう』

日活　カラー　105分　7月8日封切

【スタッフ】脚本＝山田信夫　監督＝蔵原惟繕　撮影＝間宮義雄、岩佐一泉　美術＝千葉和彦　音楽＝黛敏郎

【出演】北大作＝石原裕次郎　榊田典子＝浅丘ルリ子　一郎＝長門裕之　尾崎宏＝川地民夫　小坂敏夫＝小池朝雄　ディレクター＝草薙幸二郎　奥山＝佐野浅夫

芦川いづみ＝井川美子（小池のフィアンセ）

【解説】「この作品は本質的には日活映画というワクを破りえなかったが、裕次郎主演というハンディを負いながら、久方ぶりに見ごたえのある娯楽映画を作ったスタッフの努力は認められるべきだろう」（市川沖）

76『硝子のジョニー　野獣のように見えて』

日活　モノクロ　107分　9月30日封切

【スタッフ】脚本＝山田信夫　監督＝蔵原惟繕　撮影＝間宮義雄　美術＝木村威夫　音楽＝黛敏郎

【出演】ジョー＝宍戸錠　秋本孝二＝アイ・ジョージ　宏＝平田大三郎　由美＝南田洋子　千春＝桂木洋子　和子＝松本典子　おきく＝武智豊子

芦川いづみ＝深沢みふね

77『金門島にかける橋』

日活　カラー　107分　11月3日封切

【スタッフ】脚本＝山崎巌、江崎実生　監督＝松尾昭典　撮影＝岩佐一泉　美術＝中村公彦　音楽＝黛敏郎

【出演】武井一郎＝石原裕次郎　楊麗春＝華欣　王哲文＝大坂志郎　松阪和男＝二谷英明　王美蘭＝唐宝雲　劉少尉＝武家麒　王小栄＝山内賢

芦川いづみ＝高木かおる

78『しろばんば』

日活　モノクロ　102分　11月21日封切

【スタッフ】原作＝井上靖　脚本＝木下惠介　監督＝滝沢英輔　撮影＝山崎善弘　美術＝松山崇　音楽＝斎藤高順

【出演】伊上洪作＝島村徹　伊上七重＝渡辺美佐子　おぬい＝北林谷栄　中川基＝山田吾一　たね＝高野由美　おしな＝細川ちか子　石守校長＝宇野重吉

芦川いづみ＝さき子(山田の婚約者)

【解説】「この作品には映画化の話をきいたときからぜひ出たいと思っていました。こうした心理的な演技を要求される役をやってみたかったのです」(芦川いづみ)

1963―昭和38年

79『青い山脈』

日活　カラー　96分　1月3日封切

【スタッフ】原作＝石坂洋次郎　脚本＝井手俊郎、西河克己　監督＝西河克己　撮影＝萩原憲治　美術＝佐谷晃能　音楽＝池田正義

【出演】寺沢新子＝吉永小百合　金谷六助＝浜田光夫　富永安吉＝高橋英樹　笹井和子＝田代みどり　田中＝藤村有弘　白木＝北林谷栄　新子の父＝清水将夫　校医＝二谷英明　梅太郎＝南田洋子

芦川いづみ＝島崎雪子(英語教師)

80『青春を返せ』

日活　モノクロ　90分　5月12日封切

【スタッフ】原作＝赤城慧　脚本＝井田探、小山崎公朗　監督＝井田探　撮影＝柿田勇　美術＝柳生一夫　音楽＝山本丈晴

【出演】須田益夫＝長門裕之　遠矢＝芦田伸介　松田美子＝田代みどり　豊島刑事＝大森義夫　きぬ＝高野由美　一の瀬弁護士＝清水将夫

芦川いづみ＝須田敦子(長門の妹)

【解説】「殺人の罪に問われ、死刑を宣告された兄の無実を信ずる妹が、その冤罪を晴らそうと青春をすりへらして無実の証拠を集めて歩く。拷問によるデッチあげの調書の作成、あ

いまいな記憶による証言、そしてこれをもとにした死刑の判決という出だしは公式的で説得力に欠ける。しかし、後半、この妹がたんねんに調書や証言のあとを追っていくあたりになると演出は熱をおびてくる。事件を追う新聞記者のように足で描いた画面のすみずみまでに、演出のまじめさが感じられ好感が持てる。女性が中心ということもあって、やや感情に流れたきらいがあり、こうしたデッチあげを生んだ検察機構への批判の目がぼやけたのは惜しいが、人間をあたたかく見ようという演出の姿勢は大切にしたいものである」(市川沖)

81『美しい暦』

日活　カラー　89分　8月11日封切

【スタッフ】原作＝石坂洋次郎　脚本＝三木克巳　監督＝森永健次郎　撮影＝松橋梅夫　美術＝西亥一郎　音楽＝松村禎三

【出演】矢島貞子＝吉永小百合　田村邦夫＝浜田光夫　矢島千絵＝丹阿弥谷津子　滝田＝藤村有弘　源作＝桂小金治　沢田＝内藤武敏　武井＝長門裕之

芦川いづみ＝村尾先生(長門の婚約者)

82『その人は遠く』

日活　モノクロ　83分　10月27日封切

【スタッフ】原作＝藤原審爾　脚本＝金子担、青山民雄　監督＝堀池清　撮影＝姫田真佐久　美術＝中村公彦　音楽＝西山昇

【出演】岡田量介＝山内賢　伊波恵以子＝和泉雅子　岡田久子＝小夜福子　細川叔父＝信欣三　大沢茂好＝井上昭文

芦川いづみ＝細川奈津子

83『真白き富士の嶺』

日活　モノクロ　99分　11月1日封切

【スタッフ】原作＝太宰治(「葉桜と魔笛」より)　脚本＝須藤勝人　監督＝森永健次郎　撮影＝松橋梅夫　美術＝西亥一郎　音楽＝渡辺宙明

【出演】磯村梓＝吉永小百合　富田一夫＝浜田光夫　磯村修平＝宮口精二　山上裕康＝小高雄二　吉川さと＝岡村文子　梓の友人＝進千賀子

芦川いづみ＝磯村梢(吉永の姉)

1964―昭和39年

84『成熟する季節』

日活　モノクロ　82分　1月15日封切

【スタッフ】原作＝山本洋　脚本＝池田一朗、宮内婦貴子　監督＝斎藤武市　撮影＝髙村倉太郎　美術＝坂口武玄　音楽＝小杉太一郎

【出演】花木悠子＝和泉雅子　番村麟太郎＝浜田光夫　悠子の母＝山岡久乃　麟太郎の母＝初井言榮　川田先生＝沢村貞子　山中先生＝長門裕之

芦川いづみ＝奈井先生（長門の婚約者）

85『こんにちは赤ちゃん』

日活　カラー　76分　2月23日封切

【スタッフ】原作＝永六輔、中村八大　脚本＝山崎巌、才賀明　監督＝井田探　撮影＝萩原泉　美術＝柳生一夫　音楽＝三保敬太郎

【出演】清水とも子＝和泉雅子　西坂五郎＝山内賢　谷村利夫＝川地民夫　三好菊次＝桂小金治　大野良平＝藤村有弘　ケニイ＝E・H・エリック　宇田川圭子＝吉永小百合（特別出演）

芦川いづみ＝石田洋子

86『出撃』

日活　モノクロ　101分　4月4日封切

【スタッフ】原作＝高木俊朗　脚本＝八住利雄　監督＝滝沢英輔　撮影＝横山実　美術＝松山崇　音楽＝佐藤勝

【出演】桐原軍曹＝浜田光夫　川路少尉＝伊藤孝雄　岩内軍曹＝和田浩治　圭子＝吉行和子　伊井軍曹＝藤竜也　司令官＝滝沢修　飛行団長＝芦田伸介

芦川いづみ＝川路一枝（伊藤の妻）

87『鉄火場破り』

日活　カラー　106分　7月12日封切

【スタッフ】原作＝甲斐久尊　脚本＝甲斐久尊　監督＝斎藤武市　撮影＝萩原憲治　美術＝坂口武玄　音楽＝小杉太一郎

【出演】関東政＝石原裕次郎　渡世人・藤田＝小沢昭一　カ

ミソリの竜＝山茶花究　壺振りの源＝宇野重吉　権現院主＝菅井一郎　別当＝名古屋章

芦川いづみ＝芸者千鶴

88『執炎』

日活　モノクロ　120分　11月22日封切

【スタッフ】 原作＝加茂菖子　脚本＝山田信夫　監督＝蔵原惟繕　撮影＝間宮義雄　美術＝松山崇　音楽＝黛敏郎

【出演】 久坂きよの＝浅丘ルリ子　吉井拓治＝伊丹一三　吉井秀治＝平田大三郎　久坂あやの＝松尾嘉代　きよのの父＝信欣三　きよのの母＝細川ちか子　小島＝宇野重吉

芦川いづみ＝野原泰子

【解説】「源平合戦で敗れた平家が壇の浦で身を投じた悲劇を太平洋戦争を通して現代に再現しようとしたのだろうが、もっとつっぱなすようなきびしい目で、ずばりとえぐってほしかった。その方が、かえってもののあわれが出たと思う」(磯山浩)

89『若草物語』

日活　カラー　85分　12月31日封切

【スタッフ】 脚本＝三木克巳　監督＝森永健次郎　撮影＝松橋梅夫　美術＝横尾嘉良　音楽＝崎出伍一

【出演】 高村由紀＝浅丘ルリ子　高村しずか＝吉永小百合　高村チエコ＝和泉雅子　矢坂次郎＝浜田光夫　河野健吉＝山内賢　野沢圭一＝和田浩治　高村勇造＝伊藤雄之助

芦川いづみ＝瀬川早苗(四姉妹の長女)

【解説】「森永健次郎演出は、よくいえばあくどいハッタリがなくて、悪くいえば冷えていないビールのごとし」(林玉樹)

1965—昭和40年

90『日本列島』

日活　モノクロ　116分　5月26日封切

【スタッフ】 原作＝吉原公一郎　脚本＝熊井啓　監督＝熊井啓　撮影＝姫田真佐久　美術＝千葉和彦　音楽＝伊福部昭

【出演】 秋山＝宇野重吉　原島＝二谷英明　黒崎＝鈴木瑞穂　涸沢＝大滝秀治　刑事部長＝加藤嘉　日高＝内藤武敏

芦川いづみ＝伊集院和子（元少佐伊集院の娘）

【解説】「一見たいへん政治的に見えるこの映画も、実はたいへんよく出来た推理映画にしかすぎないといわざるを得ないのは、彼が最後まで、日本の庶民としての怒りと悲しみに徹しきれなかったからであろう」（市川沖）

91『結婚相談』

日活　モノクロ　105分　11月23日封切

【スタッフ】原作＝円地文子　脚本＝須藤勝人　監督＝中平康　撮影＝山崎善弘　美術＝大鶴泰弘　音楽＝伊部晴美

【出演】高林正吾＝高橋昌也　鶴川美津子＝山本陽子　氏家幹子＝横山道代　戸野辺力＝沢村貞子　京子＝稲野和子　鶴川時子＝浦辺粂子

芦川いづみ＝鶴川島子

92『四つの恋の物語』

日活　カラー　89分　12月29日封切

【スタッフ】原作＝源氏鶏太　脚本＝三木克巳　監督＝西河克己　撮影＝岩佐一泉　美術＝佐谷晃能　音楽＝池田正義

【出演】三沢三也子＝吉永小百合　三沢志奈子＝和泉雅子　三沢二美子＝十朱幸代　久保隆太＝浜田光夫　尾崎良彦＝関口宏　長田吉夫＝藤竜也　三沢平太郎＝笠智衆

芦川いづみ＝三沢一代（四姉妹の長女）

1966―昭和41年

93『源氏物語』

日活　カラー　111分　1月14日封切

【スタッフ】脚本＝武智鉄二　監督＝武智鉄二　撮影＝渡辺静郎　美術＝大森実　音楽＝千葉裕久

【出演】光源氏＝花ノ本寿　紫の上＝浅丘ルリ子　六条御息所＝川口秀子　明石の上＝川口小枝　頭の中将＝和田浩治　軒端荻＝紅千登世　空蝉＝松井康子

芦川いづみ＝藤壺女御

94『日本任侠伝　血祭り喧嘩状』

日活　カラー　89分　4月10日封切

【スタッフ】原作＝松浦健郎　脚本＝松浦健郎、舛田利雄

監督＝舛田利雄　撮影＝萩原憲治　美術＝横尾嘉良　音楽＝伊部晴美

【出演】緋牡丹の銀次郎＝高橋英樹　玉枝＝和泉雅子　幻の清次＝宍戸錠　代貸長吉＝小高雄二　お栄＝太田雅子　清次の弟＝藤竜也　代貸勘八＝玉川伊佐男

芦川いづみ＝白浜の小春

95『太陽が大好き』

日活　モノクロ　92分　5月11日封切

【スタッフ】原作＝森山啓　脚本＝原源一　監督＝若杉光夫　撮影＝井上莞　美術＝内田喜三男　音楽＝渡辺宙明

【出演】竹山栄子＝太田雅子　松下宏＝浜田光夫　松下勝太郎＝鈴木瑞穂　杉本＝信欣三　かみさん＝佐々木すみ江　竹山久吉＝大森義夫

芦川いづみ＝谷本さち子

96『風車のある街』

日活　カラー　90分　6月25日封切

【スタッフ】脚本＝棚田吾郎、鍛治昇　監督＝森永健次郎　撮影＝松橋梅夫　美術＝西亥一郎　音楽＝埼出伍一

【出演】三浦まり子＝吉永小百合　石倉力三＝浜田光夫　夏川和彦＝平田大三郎　三浦清＝鈴木瑞穂　おばあちゃん＝北林谷栄

芦川いづみ＝平野ふき子（ＫＬＭオランダ航空のスチュワーデス）

97『夜のバラを消せ』

日活　カラー　95分　7月9日封切

【スタッフ】原作＝柴田錬三郎　脚本＝下飯坂菊馬、瀬川昌治、池上金男　監督＝舛田利雄　撮影＝山崎善弘　美術＝木村威夫　音楽＝伊部晴美

【出演】徳川新六＝石原裕次郎　飛鳥井ゆかり＝由美かおる　津守高子＝宮城千賀子　田門正子＝西尾三枝子　佐治＝藤竜也　田門＝清水将夫　千成＝東野英治郎

芦川いづみ＝鶴代

98『殺るかやられるか』

日活　カラー　87分　9月7日封切

【スタッフ】脚本＝中西隆三、藤井鷹史　監督＝野村孝　撮影＝峰重義　美術＝松井敏行　音楽＝伊部晴美

【出演】三上伸一＝高橋英樹　川口紀子＝太田雅子　三上英次＝藤竜也　宇佐見市郎＝郷鍈二　堀内医師＝加藤武　宇佐見雄作＝佐々木孝丸　千葉＝杉浦直樹

芦川いづみ＝村井雅江

99『愛と死の記録』

日活　モノクロ　92分　9月17日封切

【スタッフ】脚本＝大橋喜一、小林吉男　監督＝蔵原惟繕　撮影＝姫田真佐久　美術＝大鶴泰弘　音楽＝黛敏郎

【出演】松井和江＝吉永小百合　三原幸雄＝渡哲也　ふみ子＝浜川智子　藤井＝中尾彬　和江の兄＝垂水悟郎　和江の母＝三崎千恵子　岩井＝佐野浅夫　病院長＝滝沢修

芦川いづみ＝被爆者

【解説】「しかしいずれにせよルーチンの愛が支配する今の時代において、ここに描かれた〝死に値する愛〟の描写の悲劇的感動は、私の心を打った」（田山力哉）

100『不敵なあいつ』

日活　カラー　87分　10月8日封切

【スタッフ】脚本＝甲斐久尊、石森史郎　監督＝西村昭五郎　撮影＝横山実　美術＝横尾嘉良　音楽＝鏑木創

【出演】都築浩介＝小林旭　熊五郎＝東京ぽん太　清二＝藤竜也　峯原京子＝北川めぐみ　龍司＝中谷一郎　式場＝内田朝雄　峯原周平＝佐野浅夫

芦川いづみ＝千加

101『私は泣かない』

日活　モノクロ　91分　10月29日封切

【スタッフ】脚本＝吉田憲二、石森史郎　監督＝吉田憲二　撮影＝姫田真佐久　美術＝川原資三　音楽＝小杉太一郎

【出演】村上早苗＝和泉雅子　原田幸男＝市川久伸　神崎三郎＝山内賢　トシ＝太田雅子　桜井美佐＝藤間紫　原田修一郎＝北村和夫

芦川いづみ＝小沢弓恵（養護学校の教員）

102『嵐を呼ぶ男』
日活　カラー　95分　12月10日封切
【スタッフ】原作＝井上梅次　脚本＝池上金男　監督＝舛田利雄　撮影＝萩原憲治　美術＝千葉和彦　音楽＝伊部晴美
【出演】国分正一＝渡哲也　寺本比佐子＝太田雅子　牧村亜矢＝由美かおる　国分英次＝藤竜也　チャーリー・桜田＝山田真二　国分貞子＝山岡久乃
芦川いづみ＝福島美弥（渡のマネジャー）

1967―昭和42年

103『喜劇　大風呂敷』
日活　カラー　85分　9月14日封切
【スタッフ】脚本＝才賀明　監督＝中平康　撮影＝髙村倉太郎　美術＝坂口武玄　音楽＝山本直純
【出演】大野馬六＝藤田まこと　松田平吉＝田中邦衛　安太郎＝左とん　今井友子＝木の実ナナ　島野健吉＝三遊亭圓楽　大野コマ＝ミヤコ蝶々
芦川いづみ＝島野秋代（圓楽の妻）

104『赤木圭一郎は生きている　激流に生きる男』
日活　カラー　46分　11月3日封切
【スタッフ】構成＝今戸栄一　監修＝吉田憲二　音楽＝大森盛太郎
【出演】赤木圭一郎、笹森礼子、葉山良二、宍戸錠、二谷英明、浅丘ルリ子、山本陽子、芦川いづみ　ナレーター＝波多野憲

105『君は恋人』
日活　カラー　94分　11月3日封切
【スタッフ】脚本＝若井基成　監督＝斎藤武市　撮影＝山崎善弘　美術＝坂口武玄　音楽＝中村八大
【出演】矢代光夫＝浜田光夫　雅子＝和泉雅子　井上しげる＝克美しげる　こん平＝林家こん平　さち＝清川虹子　中川＝近藤宏
芦川いづみ＝芦田看護婦

1968─昭和43年

106『大幹部　無頼』
日活　カラー　97分　4月28日封切
【スタッフ】原作＝藤田五郎　脚本＝池上金男、久保田圭司　監督＝小沢啓一　撮影＝高村倉太郎　美術＝木村威夫、川原資三　音楽＝伊部晴美
【出演】藤川五郎＝渡哲也　橋本雪子＝松原智恵子　木内剛＝内田良平　若林淳＝岡崎二朗　根本勝次＝田中邦衛　杉山夢子＝松尾嘉代
芦川いづみ＝鈴村菊絵

107『娘の季節』
日活　カラー　91分　5月18日封切
【スタッフ】脚本＝馬場当　監督＝樋口弘美　撮影＝萩原憲治　美術＝千葉和彦　音楽＝佐藤勝
【出演】津村みどり＝和泉雅子　古橋次郎＝杉良太郎　津村弘一＝川地民夫　光枝＝日色ともゑ　持田＝藤竜也　ユキ＝水垣洋子
芦川いづみ＝堀込康子（バス会社社員）

108『孤島の太陽』
日活　カラー　106分　9月21日封切
【スタッフ】原作＝伊藤桂一　脚本＝千葉茂樹　監督＝吉田憲二　撮影＝萩原憲治　美術＝川原資三　音楽＝真鍋理一郎
【出演】荒木初子＝樫山文枝　高岡久平＝勝呂誉　咲枝＝二木てるみ　田村＝桑山正一　駐在＝下條正巳　大治郎＝前田吟　門馬医師＝宇野重吉
芦川いづみ＝上村聖恵
【解説】「ヒロイン個人の美談で終始し、その献身のみが大写しされるが、そのうらの社会的視野も必要で、そこにふれた時、この作品の今日性もふくまれる」（飯田心美）
本作をもって芦川いづみは引退する。日活は何か引退についてのコメントをしたのだろうか？　かえって静かに銀幕から去ったことが、その後半世紀以上ファンの心にいつまでも残ることになったのだろう。

参考文献

『日活1954―1971　映像を創造する侍たち』野沢一馬編・日活株式会社協力、二〇〇〇年、ワイズ出版
『芦川いづみ　愁いを含んで、ほのかに甘く』高崎俊夫・朝倉史明編、二〇一九年、文藝春秋
『日本映画作品大事典』山根貞男編、二〇二一年、三省堂
『ヒーローの夢と死　映画的快楽の行方』渡辺武信著、一九七二年、思潮社
『日活アクションの華麗な世界』（合本）渡辺武信著、二〇〇四年、未来社
『西河克己映画修業』西河克己・権藤晋著、一九九三年、ワイズ出版
『ブラックシープ　映画監督「中平康」伝』中平まみ著、一九九九年、ワイズ出版
『中平康レトロスペクティヴ―映画をデザインした先駆的監督』二〇〇三年、プチグラパブリッシング
『撮影監督　高村倉太郎』高村倉太郎著、二〇〇五年、ワイズ出版
『サヨナラだけが人生だ　映画監督川島雄三の一生』今村昌平編、一九六九年、ノーベル書房
『川島雄三　乱調の美学』磯田勉編・カワシマクラブ協力、二〇〇一年、ワイズ出版
『監督　川島雄三　松竹時代』ＫＡＷＡＳＨＩＭＡ　ＣＬＵＢ編、二〇一四年、ワイズ出版
『偽善への挑戦　映画監督　川島雄三』カワシマクラブ編、二〇一八年、ワイズ出版
『鈴木清順　全映画』上野昂志編、一九八六年、立風書房
『清順映画』鈴木清順述、磯田勉・轟夕起夫編、二〇〇六年、ワイズ出版
『無明　内田吐夢』四方田犬彦著、二〇一九年、河出書房新社

参考文献

『石坂洋次郎の逆襲』三浦雅士著、二〇二〇年、講談社
『昭和が明るかった頃』関川夏央著、二〇〇二年、文藝春秋
『いのち微笑む』小髙雄二・清水まゆみ著、二〇〇〇年、学習研究社
『還ってきた海の皇子』渡辺和衛著・赤木圭一郎を偲ぶ会編集、一九七七年、白夜書房
『青春怪談』獅子文六著、一九五九年、角川書店
『陽のあたる坂道』石坂洋次郎著、一九七五年、角川文庫
『火の鳥』伊藤整著、一九七八年、新潮文庫
『家庭の事情』源氏鶏太著、二〇一七年、ちくま文庫
『乳母車・最後の女　石坂洋次郎傑作短編選』石坂洋次郎著、三浦雅士編、二〇二〇年、講談社文芸文庫
「キネマ旬報」「映画芸術」「日活映画」「女学生の友」「石原裕次郎シアター」

あとがき

おムギちゃんに全員集合！　との掛け声で「銀幕が恋した女優たち―黄金時代・昭和の女優を語る」芦川いづみ篇を、大阪のシアターセブンで二〇一九年五月に開いてから五年が経った。翌年三月、コロナウイルス感染が拡大しパンデミックとなった。二〇二一年八月、当初芦川さんの本をお願いしていたワイズ出版の岡田博社長が亡くなった。失意のうちにも執筆は続け、ワイズで孤軍奮闘していた田中ひろこさんが「やりましょう」と言ってくれ本年二月には日活にも協力いただくことになった。ところが三月、突然ワイズの事情により出版は中止となった。乱心狼狽し途方に暮れ、ゼツボーの淵によろめくジイサンは生きる目的を失った。

しかし、絶望は大逆転のパスポートである！　鳥影社から出版しようとのお話をいただいた。いくつかの困難の中で、本書を書き上げることができたのは、芦川いづみファンクラブの中里祥三さんの筆舌尽くせない協力のお陰である。本書はまず、中里さん、田中さんの支えによって成立したものである。さらに心強い援軍として、原稿をチェックしていただいた「ヨコハマ映画祭」の代表であった鈴村たけしさんと写真提供等でお世話になった日活の谷口公浩さんに心からお礼申し上げます。

芦川いづみ出演作を見続けていて、彼女が日活映画的世界の中で、旧来の日本的体質を爽やかに乗り越えている姿に注視した。執筆中、コロナ禍で遠征しなくなった頃、地元で「映画を通して、ＬＧＢＴＱの人権や男女の人権を考えることで、一人ひとりが自分らしく生きることができる多様性を尊重し支えあう包括社会を学ぶ」上映会企画を依頼された。それは芦川いづみ映画に、ジェンダーの視点やシスターフッド映画の兆しがあるという発見につながった。上映会のお声をかけていただいた男女共同参画を進める会「アイリス」代表の柏木はるみさんに大いなる感謝を申し上げます。また多くの情報を提供していただいたネットワーキングステーションの佐藤一男さん、シアターセブンでの講座の労をとってくれた菅野健太支配人、第七藝術劇場の小坂誠支配人さらに本書刊行記念として芦川いづみの特集上映を企画していただいたシネ・ヌーヴォの山﨑紀子支配人に感謝申し上げます。そして映画ファン仲間である稲垣祥子、井山浩美、中山亜弥子、角掛修、十河均、黒田有彦、溝渕一夫、今村重彦、渡辺敏彦の方々の励ましにも支えられた。

思い起こせば、二〇一五年神保町シアターで「恋する女優　芦川いづみ」特集上映が始まったのが、芦川いづみとの「奇跡」の遭遇だったわけで、この企画にまず感謝しなければならない。執筆中は、「日活1954―1971　映像を創造する侍たち」と「芦川いづみ　愁いを含んで、ほのかに甘く」を座右に備え、常時参考させていただいたこともお礼申し上げる。

芦川いづみ出演作、全一〇八作との格闘は終わったわけではない（『黒帯有情　花と嵐』『名寄岩　涙の敢斗賞』『若ノ花物語　土俵の鬼』『出撃』『殺るかやられるか』が未見である！）。この五年間は生きることの根源的な不安と焦燥の日々であったが、鳥影社の思いもよらぬご厚意に助けていただいた。百瀬精一社長、吉田格企画部長、北澤晋一郎次長そして編集担当の戸田結菜さん、矢島由理さん、宮下茉李南さんに心から感謝申し上げます。

願わくは本書が「アシカワイヅミ」を知らない若い女性こそ手にされることを願っている。

芦川いづみとの出会いは、生きる歓びであった。おムギちゃん、ありがとう！

２０２３年10月6日

倉田剛

〈著者紹介〉

倉田　剛（くらた　たけし）

映画評論家。1950 年、三重県生まれ。
大阪の府立高校で国語を担当、2011 年定年退職。
第七藝術劇場企画アドバイザー、関西＝ヤマガタネットワーク代表、市川準研究会代表。
2021 年より三重でジェンダーの視点からダイバーシティを映画で考える上映会や食の安全を考える上映会を企画。
その他市民向けの映画講座を担当。

著書：
『曽根中生　過激にして愛嬌あり』（ワイズ出版、2013）、『ドキュメンタリーが激突する街　山形映画祭を味わう』（現代書館、2015）、『映画監督　市川準　追憶・少女・東京』（ワイズ出版、2018）。

編著：
『平野の思想　小津安二郎私論』（ワイズ出版、2010）。

奇跡の女優◎芦川いづみ

2023年10月6日初版第1刷発行
2024年1月16日初版第2刷発行
著　者　倉田剛
発行者　百瀬精一
発行所　鳥影社 (choeisha.com)
〒160-0023 東京都新宿区西新宿3-5-12トーカン新宿7F
電話 03-5948-6470, FAX 0120-586-771
〒392-0012 長野県諏訪市四賀229-1（本社・編集室）
電話 0266-53-2903, FAX 0266-58-6771
印刷・製本　モリモト印刷

ISBN978-4-86782-053-7　C0074